동아시아 문화론

이희재 지음

신아사

머리말

동아시아 문화론

동아시아의 한·중·일은 가까이 있는 이웃이면서 또 역사적으로 문화적으로 때로는 협조관계 속에서 때로는 갈등관계 있다.

한국과 중국 그리고 일본은 한자를 쓰는 나라들이다. 우리나라의 언어 가운데서 70% 이상이 한자용어이며 일본은 80% 이상이 한자어로 어휘가 구성되어 있으니 문화적으로 언어적으로 아주 가까운 나라라고 할 수 있다.

이 책에서 다루는 동아시아란 바로 한·중·일을 중심으로 한 지역이다. 그러나 이 가운데서 불교문화는 인도를 통해 중국에 들어와 중국화되었기는 하지만, 인도는 고대에 이 지역에 지대한 영향을 끼쳤다. 그래서 인도와 티베트의 문화도 동아시아의 문화 속에 포함시켰다. 그리고 중앙아시아의 샤머니즘과 이슬람의 문화도 이 지역 문화가운데 포함시켰다.

이 책은 한·중·일의 역사와 문화 곧 한자문화의 중심에 있었던 유교문화로부터 시작하고 있다. 이어서 도교의 문화를 거론한다. 도교는 중국에서 형성된 것이지만 티베트의 샤머니즘도 도교의 범주 속에 편입시켰고, 일본의 신도도 도교신앙의 범주 속에 포함시켰다. 불교의 문화는 인도에서 발생하였고 티베트에서는 고유한 티베트불교로 그리고 중국에 와서는 중국불교로 변화하였으므로 따로 한 장으로 구성하였다. 중앙아시아의 유목민족들의 신앙인 이슬람과 인도고유의 힌두교도 장을 따로 하여 다루었다. 마지막장인 아시아문화와 한국에서는 한류와 차문화 그리고 시서화의 문화가 역시 동아시아 문화의 하나로 다루어진다.

이 책은 이미 『동양문화론』이라는 명칭으로 발간했던 것이다. 이전의 구성이 중국, 티베트, 인도 등 특정지역을 중심으로 문제를 설명했었던 것에 비해, 이번에는 이를 수정보완하면서 주제를 중심으로 새롭게 편집하였다.

동아시아 문화에 대한 연구는 우리나라에서 활발하게 연구되는 분야중의 하나이다. 이 책에서 거론되는 것들은 새삼스럽게 제기되는 문제는 거의 없다. 다만 우리가 향유했었던 문화현상들이 우리나라만 독점했던 것들이 아니라 가까운 이웃 나라와 공유하고 있었다는 점을 강조하고 있다는 점이 색다른 것이다.

지금 누리고 있는 미국을 중심으로 편성된 동아시아의 평화가 과연 얼마나 지속될지 기약할 수 없다. 나라의 이해관계에 따라 평화는 순식간에 무너질 가능성도 있다고 본다. 그러나 하나의 원칙은 전쟁은 공멸을 자초할 뿐이므로 역시 평화공존이 바람직하며 상호존중의 자세가 필요하다고 본다.

미래를 위해서 우리는 서로 비슷하지만 서로 다른 문화를 잘 이해할 수 있어야 한다. 더구나 지금은 세계가 아주 좁아져서 지구촌의 이웃이 되었고 과거에 상상할 수 없는 수많은 인원들이 교류하고 있는 상황이다.

상대적으로 지리적으로나 인종적으로 머나먼 유럽의 문화에 대해서는 익숙하게 잘 알면서도 가까운 이웃의 문화에 대해 이해하지 못하고 있는 것은 결코 바람직한 현상이 아니다. 이 책이 역사적으로 문화적으로 가까운 이웃나라의 문화에 대해 오해를 풀고 상호 소통하고 이해하는데 도움이 되었으면 좋겠다.

임진년(壬辰年) 2012년 8월
호심관에서
저자 이희재

목차

동아시아 문화론

IV. 이슬람과 힌두교

V. 아시아 문화와 한국

서론

동아시아 문화의 특성

1. 문화란 무엇인가?

문화는 영어의 'culture'를 번역한 낱말이며, 라틴어 'cultura'에서 유래하였는데, 이 단어는 원래 '농사' 또는 '육체와 정신을 돌봄'이라는 두 가지 뜻을 가졌다. 이렇게 출발한 문화의 개념은 점차 한 민족이나 사회의 정신적 및 예술적 표현의 총체라는 의미로 쓰이게 되었다. 오늘날 문화라 하면 대체적으로 두 가지 의미로 사용된다. 첫째는 교양 있고 세련되었으며 예술적인 것을 가리키는 것이며, 둘째는 인간에 의하여 이룩된 모든 것이 문화라는 범주에 포함된다.

이러한 두 가지 의미를 포함한 문화는 우선 집단구성원에 의해 공유되어 지는 것이 특징이다. 이미 자리 잡고 있는 관습이며 사람들은 사회화를 통해 문화를 배운다. 이처럼 오랜 시간 축적된 문화들은 다양한 문화 사이에 유기적 체계가 있으며, 동시에 문화와 문화 사이에는 쉬임 없는 변화생성의 과정 속에 있다. 이런 입장에서라면 생활방식이 다른 모든 지역을 우리는 문화의 이름으로 붙일 수 있을 것이다. 예컨대 서양문화가 있다면 동양문화가 있을 것이며 중국문화가 있다면 한국문화가 있을 것이요, 영남문화가 있다면 호남문화가 존재할 것이다.

총체적인 생활방식도 문화지만, 그러나 그것은 선택이 아니라 이미 주어진 오랜 습관으로 교양이나 예술등과 같은 영역에 비해 의미가 덜 한 것이다. 한국인이 쌀밥에 김치를 먹는 것이 문화인건 사실이지만, 그것은 문화적 삶과는 무관한 것이다. 쌀밥에 김치와 온돌방 그리고 한글은 문화적 행위라기보다는 습관적 행위인 것이다. 그러기에 문화가 아니라 문화적 삶을 묻는다면 문제는 그리 단순하지 않다.

그리고 문화라는 것이 고정불변의 것일 수도 없다. 한국은 의식주에 있어서는 서구화되어 어느 정도 선택의 폭이 넓어진 것도 부정할 수 없다. 옷도 주거도 종교도 서양문화가 침투해서 오히려 전통문화를 청산해야할 과거로 여기기도 한다. "공자가 죽어야 나라가 산다." 등의 유교전통에 대한 비판에서부터 다양한 문화현상들이 공존하는 현상을 볼 때도 우리 문화마저도 고정된 전통의 틀로 보기 어렵다.

문제는 우리들이 거론하는 오늘날 산업화 서구화 혹은 민주화와 더불어 불어온 문화 풍토는 대중문화를 표방하고 있는데, 그 문화의 질은 점점 상업화 대중화되고 그 품격이 낮아지고 있다는 사실이다. 상업화와 연결된 비속화 퇴폐화의 경향은 문화라기보다는 오히려 반문화의 경향 외에 다른 것이 아니다.[1] 현대가 아무리 IT, BT 등을 거론하며 첨단 공학의 기술을 자랑하는 문명시대라고 하더라도, 그 문화에 선의와 아름다움이 없다면 이는 오히려 높은 질의 문화를 위기로 떨어뜨릴 수도 있는 것이다.

이런 복잡다단한 문화개념이 공존하는 이 시점에, 동양의 문화 특히 동아시아의 전통문화에서 말하는 문화의 개념과 특성을 재조명의 필요를 느낀다. 그리고 그들이 추구한 소위 '문화적 삶'이 무엇이었는가를 살피는 것은 '반문화적 문화'를 극복할 수 있는 대안으

1 윤사순. 한국문화의 탐구, 『민족문화연구』, 고려대학교 민족문화연구소, 1997. p.18. 참조, 필자 역시 오늘날의 대중문화의 상업화와 비속화를 反문화라는 보는 윤교수의 입장에 공감.

로 또한 성찰의 자료로 도움이 될 수 있을 것으로 본다.

2. 동아시아 문화의 특성

문치(文治): 문치교화(文治敎化)로서의 문화

동아시아의 문화전통에서 유교의 입장은 하나의 토대가 된다. 다시 말해서 한자문화는 유교문화를 그 축으로 하고 있다. 그 바탕위에 불교문화가 혹은 도교문화나 민속이 융화되어 있는 것이다. 그런데 그 유교문화는 성선설에 입각한 도덕정치를 이상으로 삼았다. 그것은 인간의 본성이 아름답고 착하다는 이상주의적 문화를 소중히 한 휴머니즘적 전통이라고 할 수 있다. 근대의 부국강병의 시대에 일본[2]을 제외하고는 중국이나 한국은 소위 서구의 부국강병의 힘에 의해 식민지 혹은 반식민지적 고난을 겪었으며, 그런 서구열강의 힘에 대해 유교적 문약(文弱)은 지탄의 대상이 되기도 했다.

서양과 일본이 세계를 향해서 진취적으로 나아가고 지배력을 강화할 때 '인의'의 정신에 젖은 예컨대 '문약(文弱)한' 중국인이나 한국인들이 싸우는 일을 피해 결국 생존경쟁에서 약자가 됐다는 것은, 결국 공자나 맹자의 정통적 유교의 문화(곧 文治敎化)에 대한 폄하로

2 박영재, 「일본근대화와 도쿠가와 관료주의의 유산」, 『19세기 일본의 근대화』, 서울대학교 출판사. 1997. pp.66－67. 여기서 필자는 '역사적으로 일본은 한국, 중국과 함께 유교문화권에 속한 국가다. 그러나 근대 일본은 유교적 규범주의를 벗어나 권력주의적 문화가 우세했다. 규범이 권력의 시녀역할을 한 것으로 권력주의적인 문화전통이 강했다고 진단한다.' 또 필자는 일본의 근대화를 이룬 요소에는 1) 사실지향적 지적 전통에 입학한 권력주의 2) 대외적 위기 안에서 발생한 존왕양이이론의 규범주의 3) 권력주의와 밀착된 해외팽창주의를 들고 있다. 이런 점이 한국, 중국의 화이관을 벗어난 요인이라는 것이다.

이어졌던 것이다. 그들은 미래를 향하는 것이 아니라 과거의 문화적 우월성에 애착하면서 세계의 변화를 감지하지 못했다는 비판이다.

> "한국은 문(文)을 숭상하고 무(武)를 소홀히 한 지 벌써 수 백 년이 되었다. 백성은 나라가 태평함에 기뻐하고 선비들은 사장(詞章)에 빠져 군사력을 갖추는 일을 냉시하였다. . . .근세에 이르러 20세기 제국주의라는 거대한 악마가 육대주를 횡행하는 데도 깨닫지 못하였다. 양반 들은 진부하기 짝이 없는 낡은 책을 보듬고, 조정은 실속 없는 문장과 번거로운 예식을 논의하다가 오늘날의 비참한 지경에 이르렀다. (대한매일신보 영인본, 6권, 6283)"[3]

이런 식의 비판은 동아시아의 문화적 전통을 열등시함과 동시에 윤리도덕을 중시하는 것마저도 묵살하여 왔던 것이다. 이것은 소위 인간의 성선설에 기초한 왕도(王道)가 아닌 성악설에 바탕을 둔 서구열강의 패도(覇道)를 부러워 한 것이다. 왕도는 인의도덕을 중시하지만, 패도는 공리강권(功利强權)을 강구한다. 인의도덕은 정의와 공리(公理)로 사람을 감화하는 것이지만, 공리(功利)와 강권(强權)은 군사력을 사용하여 사람을 압박하는 것이다.

오늘의 문화적 위기는 절제되지 않은 욕망이 횡횡하고 인간의 아름다움에 대한 신뢰가 무너져 가고 있다. 서방문명에 대한 지향은 단지 물질문명을 우선과제로 삼고 최첨단 과학기술이라고 하는 것은 일종의 무력적 문화로 작용하고 있다. 오직 사람을 무력으로 압박하는 문화이며, 동아시적 전통에서 보자면 패도를 행하는 것이다.

동아시아 문화의 중심이 우승열패(優勝劣敗)의 패도가 아니라 인간의 선량함에 호소하는 문치(文治)이며 인정(仁政)에 근거하며 그것이 진정한 문화의 개념임을 잘 표현해 주는 대목이다.

그리고 진정한 문화는 인간의 타고난 양심에 바탕을 둔 '선(善)이

3 박노자,『우승열패의 신화』한겨레, p.379. 재인용함.

며, 동시에 미(美)'[4]여야 하는 것이지 그렇지 않으면 그것은 문화가 아닌 하나의 생활양식을 이름 하는 것에 불과한 것이다.

화이(華夷); 문화와 야만의 틀

화이(華夷)라고 하면 중국우월주의 혹은 중화사상이라고만 생각한다. 같은 동아시아의 문화지만 중국은 중국주변국을 야만시했다. 인도의 불교를 수용했으면서도 늘 이적(夷狄)의 문화로 경원했으며 중국적 문화의 틀에 어긋나면 야만시해서 주변국을 인정하려 하지

4 『禮記正義』, 「樂記」 권39. 北京大學校出版社 '禮減而進 以進爲文 樂盈而反 以反爲文' 進, 謂自勉强也 反, 謂自抑止也 文猶美也 善也. 文이란 아름다움이며 착함이다.

않았다. 말하자면 다원주의나 문화상대주의가 아닌 개념이다. 그러면서도 중화사상은 고급의 주변문화를 항상 수용해온 것이 사실이다. 겉으로는 야만시하지만 속으로는 외부의 장점을 줄곧 수용하여 그들의 문화를 살찌운 것이다.

한국의 문화는 이런 식의 화이(華夷)개념을 수용하여 역시 중국의 문화를 애써 존중하고 받아들였으며 그러한 틀이 오늘날까지도 문화와 야만을 가르는 틀로 작용하고 있다.

우선 문화의 중심을 중(中)이라고 하는 차원에서 중국문화의 바탕이 되는 사상이라고 할 수 있다. 지리적으로도 중국이 세계의 중심이며 중국의 주변국은 야만이라는 생각도 중국중심적 문화개념이다. 하늘은 위에 있고 땅은 아래에 있는데 그 중앙에 있는 것이 중국이고, 구석에 있는 것이 사방의 야만으로 외국이고 중국은 내(內)라는 점에서 중(中)이란 지리적 문화적 중심을 뜻하고 있는 것이다.

이것이 지리적 인종적 개념이 아닌 문화적 개념으로 적용되어 유교문화권의 우월성의 논리를 제공하기도 한다. 성리학에서의 문화로서의 중화(中華)와 야만으로서의 이적(夷狄)의 기준으로 도덕성을 꼽는다. 중화(中華)도 도덕성을 잃으면 야만이 될 수 있으며, 이적(夷狄)도 도덕성을 갖추면 문화가 될 수 있다는 것이다

그러므로 문화개념으로 '화(華)'는 비단 중국만이 아니라 동아시아문화권을 의미한다고 해야 할 것이며, 이에 대한 타자는 서구문명 혹은 미국문화권으로 소위 반문화인 '양이(洋夷)'의 범주로 조선의 선비들의 위정척사(衛正斥邪)적 문화개념이기도 했다.

근대를 맞이하여 서세동점(西勢東漸)의 현상에 대해 일본은 서양을 적극적으로 수용했지만, 중국과 조선이 탄력적으로 대응하지 못하고 종래의 화이관(華夷觀)에서 정체되고 있었는데, 당시 조선의 지식인들 "결국 서쪽 오랑캐들도 만주족처럼 중화의 문물에 감동받아 우리 세계의 일부분이 될 것"이라는 낙관적인 '이적관(夷狄觀)'

을 가지고 있었던 것이다.[5]

그러나 중국의 몰락은 이러한 문화개념을 일거에 일본중심이나 미국중심으로 바꾸게 한 것이 사실이다. 새로운 문명으로서 서구를 화(華)로 그리고 후진국인 아시아를 오히려 이(夷)로 보아왔던 것이 한국의 한 풍토라는 것은 긴 설명이 필요치 않다.

'아시아적 가치'는 일본을 비롯한 동아시아 제국의 공통적 특성이 유교문화권이라는 데서 제기된 것이었는데, 이것은 아시아의 권위주의적 정치체제가 야만이 아닌 문명으로서의 가치를 가지고 있다는 새로운 화이관(華夷觀)의 패러다임이라고 할 수 있다. 이제까지는 서구적 자유민주주의가 문명이고 그에 반하는 동아시아의 유교적 권위주의는 '야만'으로 인식했지만, 경제적 성장을 이룬 아시아에서는 더 이상 이런 서구중심의 문화개념에 동의할 수 없음을 말하는 것이다.

오늘날 동아시아에서 유행하는 '한류'소위 한국의 대중문화가 미국을 비롯한 서구문화를 화(華)로 보고, 아시아적 문화를 이(夷)로서 무시하면서 성장했던 것이지만, 한류가 유행하는 중화문화권에서는 이러한 한류를 화(華)로 수용하고 미국을 비롯한 서구문화를 '양이(洋夷)'로 견제하고 있는 셈이다.[6]

이 입장에서는 선(善)과 악(惡), 미(美)와 추(醜) 혹은 정(正)과 사(邪)와 같은 이분법적 가치관을 적용해서, 바른 쪽은 화(華)이고 잘못된 쪽은 이(夷)라는 문화적 도덕적 우월의식의 틀이다. 이러한 문화개념은 자국문화를 열등한 것으로 간주하는 서구중심으로의 쏠림에 대한 반발로 나온 '아시아적 가치'가 이 문화개념의 연장선상에 자리잡고 있다.

---

5 박노자, 『당신들의 대한민국』, 한겨레. p.274.

6 이희재, 「화이관에서 본 한류」, 『철학연구』 87집. 2003. pp.347－368. 참조

회통(會通)과 상생(相生)

문화를 넓게는 '자연', '야만'의 대립어로 인간의 인위적 활동의 산물을 의미한다. 좁게는 인간 활동 중 경제적, 정치적 활동과 구분되는 교양 예술 등의 뜻을 가지게 되었다. 여기에서 'culture'는 정신적인 면에 'civilization'은 물질적인 면에 중점을 둔다.

자연 상태 그대로를 두면 문화란 성립하지 않는다. 그것은 일종의 야만(野蠻)이다. 그러나 자연상태를 바탕으로 하지 않는 소박함을 져버린 문화란 바람직하지 않는 것이다. 그래서 문화는 자연을 벗어나 버리는 것이 아니라 그 안에서 변화하는 것이다.

동아시아의 문화는 사상과 사상 사이에 배타성이 상대적으로 약하고, 공존하려는 경향이 강하다. 그것은 오래된 샤머니즘의 자연신앙에서부터 대승불교의 화엄사상 유교의 중용, 혹은 노장철학의 제물론에 이르기까지 일관된 회통과 상생의 문화적 특색이다. 동아시아의 이런 전통은 외래문화를 포용하여 자기 것으로 만드는 특성의 하나일 것이다.

> "공자 말하기를 질박함이 문화를 앞서면 야하고, 문화가 질박함을 앞서면 사(史)하다. 두 가지가 조화되어야 군자다."[7]

여기에서 문(文)은 형식이며 제도이고 문화인데 비해 질(質)은 실질이며 자연 상태라고 볼 수 있다. 흔히 문화를 자연 상태에 대한 인위적 노력의 소산으로 본다. 그러나 지나치게 인위적인 제도가 문화가 형식화 될 때 문제가 생긴다고 본다. 마치 음양을 이분화 시켜 양을 존귀하고 음을 비천한 것으로 보아버리면 음양의 의미와

---

7 『논어』, 「雍也」 '子曰質勝文則野 文勝質則史 文質彬彬然後君子'

달라지는 것처럼, 문화와 자연을 이분화 시켜 문화를 존귀한 것으로 보고 자연을 비천한 것으로 보는 것은 문제가 있다. 음양과 존비가 절대적이 아니라 항상 상대적이듯 문질의 경우도 그 조화와 균형이 필요하다는 것이다. 그러나 항상 양극의 극단이 조화를 이룬 것은 아니다. 서구열강과 일제의 침략 앞에 한반도가 무기력했을 때 많은 지식인들은 우리나라의 문약을 질타했다.

"한국인은 너무나 오랫동안 붓의 노예로 살아왔다. 그들은 붓이 철과 탄약을 대신할 수 있으리라고 생각한다. 칼과 목욕탕이 일본 문명의 원천인 데 반하여, 한국의 정신과 희망의 무덤은 바로 붓과 중국 고전들이다."[8]

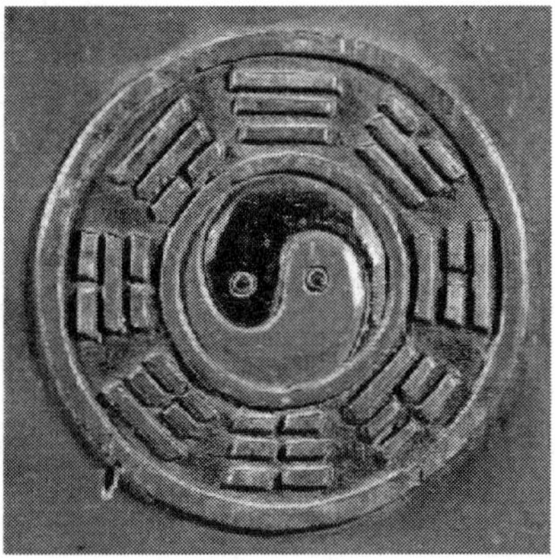

태극 팔괘도

우리나라의 병폐를 유교의 문약(文弱)에서 찾았던 지식인들은 상무정신과 현실감의 부족을 병폐로 지적하고 빨리 이를 벗어나 서구화해야 한다는 논리를 펼친다. 알고 보면 문약(文弱)이란 질(質), 다시 말해서 실질과 현실을 무시하는 쏠림이라고 할 것이다.

8 윤치호 일기, 4권. p.57.

문화와 자연을 이원화시키는 방식에서 벗어나, 동아시아의 문화적 특색은 문질빈빈(文質彬彬)이며 천인합일(天人合一)의 입장이다. 이는 이 문화권이 전통적인 농업사회였기 때문에 자연의 질서에 순응하지 않을 수 없었고, 하늘과 자연의 질서는 엄정(嚴正)하기 때문에 거기에서 불변의 도덕성을 유추해 낼 수 있다. 자연은 야만이 아니라 거기에 있는 질서는 인간보다도 오히려 신뢰할 수 있는 어떤 천명(天命)과 같은 영원성을 가진 것으로 취급되었기 때문에 문화가 자연의 소박함을 벗어나는 것이 아니다. 오히려 삶에 대한 원리는 하늘이나 자연의 원리로부터 도출해 내는 조화적 관계였던 것이다.

과거에는 문약(文弱)으로 현실을 도외시했다면 오늘날은 문화는 오히려 반대로 야해서 文의 면을 도외시하고 있다고 볼 수 있다. 생태계의 파괴를 예로 들자면, 산과 들, 물과 바다 그리고 논밭을 가리지 않고 가능한 곳이면 어디든지 도시로 택지로 개발하려고 한다. 이런 과정은 자연의 파괴이지만, 주거공간으로서의 적합성을 세심하게 판단할 겨를이 없이 자연을 불완전한 것으로 보고 문명과 문화의 이름으로 개발하는 것은 질(質)이라는 소박성을 무시하고 오직 인위적 개발만을 문화로 보는 착각 등을 지적할 수 있을 것이다.

동아시아 문화의 특성은 조화의 문화라고 할 수 있다. 조화란 어느 한편에 쏠림이 없이 여러 다른 개체와 가치가 서로 어우러지는 것이다. 그것은 정지한 것이 아니라 음양의 생성원리로 살아 움직이며, 한쪽으로 치우침이 없는 균형감각을 존중하는 문화이다.

서양의 이원론적 논리와는 달리 음양원리는 '둘이면서 하나이고 하나면서 둘'(二而一 一而二)인 상보적 관계라는 것이다. 그 음양의 차별은 절대적으로 고착화된 차별이 아닌 것이다. 음양의 개념자체가 고착되고 결정적인 차이가 아니라 언제나 상대적이라는 점을 잊어서는 안 된다. 다시 말해서 어머니는 아버지에 대해서 음이지만, 아들에 대해서는 양인 것이며, 나는 부모나 선배에 대해서는 음이지만 자식이나 후배들에게는 양으로 변화하는 가변적인 개념인 것이다. 이것은 대승불교의 '불이(不二)'의 중도사상이나 노장철학의 '모든 것은 평등하다'는 제물론에서도 일치하고 있다.

> 오늘의 자본주의 사회는 서구화와 상업화에 의해 인간의 욕망과 소비를 부추기고 있으며 극심한 경쟁으로 양극화로 치닫고 있다. 그런데 이런 한쪽으로 지나친 편중은 진정한 문화가 아니어서 바람직하지 않다는 것이다. 문질빈빈적(文質彬彬的) 조화는 착취의 대상으로서의 자연과 환경이 아니라 인간과 자연의 상생(相生)과 조화의 문화이다.

3. 문화적 삶의 실천

동아시아 사회에 있어서 문화의 의미는 유교의 문치(文治)의 전통으로부터 찾아 볼 수 있다. '문'이란 인간을 존중하고 신뢰하는 성선설에 바탕을 둔 것이며, 인간성을 부인하고 법과 폭력으로 인간을 억압하는 무력을 반대한다. 그러므로 동아시아 사회에서 특히 유교문화에서 중시하는 것은 도덕성으로서의 인의를 실천하는 것이다.

그리고 문화와 야만의 기준으로 화이관을 들 수 있다. 이때 문화인과 오랑캐의 기준은 지리적인 것이 아니라, 도덕성이 우선하는 것이다. 한국인들은 지리적으로는 중국이 아니었으면서도 도덕과 예의를 중시한다는 점에서 스스로를 문화인으로 보고, 패도와 군사력으로 통치하려는 서구나 일본의 문화에 대해서 양이(洋夷)로 간주했다.

동아시아 문화의 특성은 침략과 지배가 아닌 상생과 조화의 문화다. 이것은 국가와 국가뿐만 아니라 개인과 개인 그리고 인간과 자연에 까지 적용되는 개념이다.

이러한 문화적 특성은 동아시아인들의 삶속에도 깊은 영향을 주었다. 문화현상 가운데 예술은 예술 그 자체로서 의의가 있다기보다는 인격도야에 더 뜻이 있었다. 사람됨이 중요했고 그 다음이 예술이었다. 이러한 예술정신은 도덕과 통했으므로 예술적 삶과 도덕적 삶이 둘이 아니었다. 음악이나 시서화(詩書畫)는 동아시아 지식인들의 삶에 항상 중요한 교양 과목이자 삶을 격을 높였다.

또한 동아시아인들은 단지 이론적 도덕에 그친 것이 아니라 그들의 삶속에서 예의를 실천했다. 물질이나 권력이 우선하는 것이 아니라 예의와 염치는 언제나 존중되었고, 가정과 사회에서 실천해야하는 문화인의 기본자질이었다.

오늘날 세계화의 추세는 서구화로 나아가는 경향이 있지만, 이러한 쏠림은 결코 바람직한 것이 아니다. 문화다원주의시대에서 문화와 문화 사이의 모순현상들이 나타나지만, 이를 잘 조화시키는 것이야말로 오늘을 사는 문화인의 삶에 필요한 자세라고 생각한다.

I

유교의 문화

원시유교의 고향을 찾아서

1. 공자의 시대

공자가 살던 시대는 많은 귀족이 분립하여 여러 도시가 각기 독립한 나라를 이루고 있었으며, 그 중에서 보다 강한 나라는 그 권력과 영토를 점점 더 확대하여 끊임없이 서로 전쟁을 일삼고 있었다. 중국 제국의 주권자인 황제의 권력은 전혀 유명무실이었으니 공자와 뒤에 나타난 맹자도 그들의 사상을 실현하기 위해 여러 나라의 왕을 찾아 다녔지만 직접 황제를 만나 보려고는 하지도 않았을 정도였다.

일종의 무정부상태였던 이 시대는 춘추시대와 전국시대로 구분한다. 춘추라는 말은 공자가 직접 편찬한 그의 시대의 노나라를 중심으로 한 편년체의 역사책인 『춘추』에서 비롯한 것이다. 이 『춘추』는 노나라 은공 원년에서 시작하여 노나라 애공 14년에서 끝나고 있다.

춘추시대에는 그래도 제후들이 가장 세력이 강한 패자를 중심으로 하여 서로 싸우기는 하면서도 주나라 천자를 받들고 오랑캐들의 침입에 힘을 모아 대비한다는 존왕양이(尊王攘夷)의 명분을 잃지 않았던 시대이다. 그러나 전국시대로 들어서면 그러한 명분도 없이 전국칠웅(戰國七雄)이라 불리는 일곱 나라들이 서로 남의 땅을 빼앗고 남의 나라를 쳐부수려고 전쟁만을 일삼던 시대이다. 약육강식의 싸움은 제후들만이 벌린 게 아니라, 제후들 밑의 대부들 사이에도 일어나 결국 남의 집안을 합병시켜 강성해진 대부들이 늘어나서 많은 제후들이 실권 없는 명색뿐인 지위로 밀려나게 되었다. 천자는 천자로서의 권능을 잃고, 제후들은 제후로서의 권능을 잃었던 것이다. 이 북새통에 서주 이래의 주나라의 여러 가지 예의제도가 파괴되고, 백성들은 날로 혼란 속에 괴로움을 당해야만 하였다.

이런 중에서도 공자는 국세를 크게 떨치지 못했던 노나라에 태어났다. 노나라는 지금의 산동지방에 있던 나라로, 주 무왕이 그의 넷째 아우 주공 단을 봉한 데서 비롯된 주왕실과 같은 희성(姬姓)의 나라이다.

노나라는 주나라 왕실과는 가장 가까운 나라의 하나였고, 또 수도인 곡부는 주나라 낙읍 다음가는 당시의 문화중심지로서, 특히 예악에 관한 문물로 뛰어난 곳이었다.

따라서 공자는 무도한 시대에서 무언가 새로운 돌파구를 찾으려고 했는데, 그것은 주(周)나라의 질서를 회복하는 일과 밀접한 관련을 맺고 있었다.

주공(周公)에 의해서 확립된 옛 질서란 천(天)사상에 터하고 있다. 주나라도 무력사용을 크게 주저하였지만 천하의 운명은'천(天)'이 명령한 것이라고 주장했다. 또 '천(天)'은 관례상 군주의 행동을 부단히 감시하고 만약 그가 고칠 수 없을 정도로 포학한 경우에는 새로운 왕조의 창건을 위임한 사람에게 천명을 내리는 법이다. 그래서 주(周)가 상(商)을 정복한 것은 '천(天)'의 하인으로서 그 명령에 따른 것뿐이라고 하여 합법성을 설명했던 것이다.

아무튼 주공의 문화를 계승코자 하는 공자가 나와 유가(儒家)를 이룩하였고, 송나라에는 묵자가 나와 겸애와 근검을 중심사상을 삼는 묵가를 발전시켰고, 초나라에는 노자가 나와 무위자연을 내세우는 도가를 발전시켰다. 이 삼대사상 중에서도 노나라의 공자가 서주 초의 문화를 가장 잘 재현시켜, 새로운 세계 질서를 되찾으려고 노력한 사상가였다고 할 수 있다.

2. 공자의 생애

공자는 기원전 551년 노나라 창평향 추읍에 태어났다. 노나라 도성 곡부 가까이 있는 추읍 근처에는 폭이 한강의 상류 정도지만 더 맑은 사수(泗水)와 그 지류인 수수(洙水)가 흐르고 있고, 또 니구(尼丘)라는 산이 있어 '수사(洙泗)'와 '니구(尼丘)'는 공자의 대칭으로 쓰이기도 하였다. 수수와 사수는 곡부를 끼고 흘러 수수가 사수로 합쳐지고, 사수는 다시 회수(淮水)로 합쳐진다. 지금 공자의 유적지로 유명한 공림(孔林) 뒤 쪽에 사수가 흐르고 있는데, 수수는 공림을 가로질러 흘러나와 사수로 합쳐진다. 그리고 니산(尼山)은 곡부현 남쪽 30킬로되는 지점에 있는데, 유명한 태산의 한 지맥으로 그 주위엔 수많은 산들이 솟아 있다. 니산 서쪽에 창평산이 잇고, 그 아래쪽이 지금의 창평향인데 그 곳의 노원촌(魯原村)이 공자의 출생지라고 한다.

공자의 어머니는 공자를 낳기 위하여 니구산에 기도를 드렸다고도 한다. 공자의 이름이 구이고 자가 중니(仲尼)라는 것도 이 산과의 관련 때문이다. 그러나 나면서 머리 꼭대기 가운데가 움푹 들어가 있어 이름을 구(丘)라 하였다고도 한다.

그는 숙량흘이라는 나이 많은 남자와 안징재라는 젊은 여자의 野合의 소산이었다.

전설에 의하면 공자가 난 날 밤에 창룡(蒼龍)들이 하늘에서 내려오고, 여신들이 공중에서 향기로운 안개를 손으로 받들어 가지고 그것으로 안징재(顔徵在)의 머리를 감겨주었다. 이에 앞서 다섯 명의 노인이 뜰에 늘어서 있었는데 이들은 동서남북 중앙의 다섯 별의 정령이었다. 기린이 궐리(厥里)에서 글을 토해냈었는데, 그 글에는 '물의 정령의 아들은 은나라와 주나라를 이어 소왕(素王)으로 나왔다'고 쓰여 있었다.

공자의 3세에 세상을 떠난 숙량흘은 힘이 세고 용감하였기 때문에, 『좌전』을 보면 그가 전쟁터에 나가 공을 세운 얘기가 두 군데나 기록되어 있다.

공자의 큰 키와 당당한 체구는 그의 아버지 숙량흘에게서 물려받은 것으로 생각된다. 사람들은 공자의 비범한 용모만 보고서도 외경(畏敬)의 뜻을 지녔던 것 같다. 이런 풍채를 읽을 수 있는 것이 옛부터 중국에서는 공자의 모습을 가장 잘 그려낸 것으로 평가받은 당나라 시대의 화가인 오도자의 '선사공자행교상(先師孔子行敎像)'이라고 할 수 있다.

공자의 집안은 가난하고 보잘 것 없는 그때의 사회에서 벼슬할 수 있는 계급 중 가장 낮은 신분인 사(士)에 속했었다. 사(士)라는 계급은 위로는 귀족 대부들이 있고 아래로는 서민과 상공 계급들이 있는 중간 계층이었다. 사(士)에 속하는 유(儒)라는 신분 출신이었고, 유(儒)는 사람들에게 글을 가르치고 예를 돌보아주는 직업을 담당하는 사람들이었다.

노나라에서 외교상의 큰 공을 이룬 공자는 53세에 사공이란 높은 벼슬에 임명되었다. 사공은 육경 중의 한 사람으로 국토를 다스리는 일을 맡았었다.

당시의 권력자 계씨 덕분에 사공이란 높은 벼슬에 까지 올라갔지만 결코 그들에게 아부하지는 않았다. 54세에 다시 사구라는 더 중요한 벼슬로 옮겨갔다. 사구란 형옥을 다스리는 관리로 지금의 대법원장 겸 법무부장관의 직책에 해당한다. 『공자가어』「호생편」에 의하면 공자는 사구가 된 뒤 옥송(獄訟)의 판결을 내리기에 앞서 언제나 많은 사람들의 의견을 물었다고 한다.

이러한 결과 노나라 사람들은 남녀를 분별할 줄 알게 되고 길가에 떨어져 있는 물건도 자기 것이 아니면 줍지 아니하고 남자는 충성과 신용을 숭상하고, 여자는 정절과 순종을 숭상하게 되는 등 공자의 힘으로 노나라가 크게 다스려졌었다고 한다.

그러나 사구의 자리에서 물러난 공자는 다시 그 뜻을 펴기 위해 지도자들을 찾았다.

그가 찾아갔던 나라는 주(周) – 제(齊) – 위(衛) – 진(陳)이었다. 혹 초(楚)나라의 속령인 섭(葉)에 갔었던 것 같다. 그리고 송(宋) – 조(曹) – 정(鄭) 세 나라는 지나기만 하였지 머문 일이 없었다. 전부를 합쳐 보면 지금의 산동 – 하남 두성의 경계 밖을 나가본 일이 없었던 것이다.

천하를 유세하다 노나라로 돌아온 뒤로 공자의 생활을 안정되었던 것 같다. 그 때문에 공자는 여생을 본격적으로 제자들을 위한 '교육'과 만인의 영원한 교과서로 할 경전의 편저에 바치게 된다. 향년 73세의 나이로 세상을 떠나자, 그의 제자들은 3년간 시묘한다. 특히 자공은 약 6년 동안 무덤 가까운 오두막집에 머물렀다가 떠났다. 공자의 제자와 노나라의 주민 백여 가족이 무덤 가까이 가서 살았으므로 공리(孔里), 즉 '공(孔)의 마을'이라 일컫는 부락이 이룩됐다. 공자의 묘에서는 해마다 일정한 시기에 제사가 행해지고 공자주의자들도 무덤 옆에서 학회와 마을 축연과 활쏘기 대회를 열었다.

공자묘는 산동성 곡부현 북쪽 공림이라 부르는 숲속에 남아 있다. 공림은 다시 이림(裏林)과 외림(外林)으로 구분되는데, 이림 한가운데 공자의 무덤이 있고, 그 동쪽에 아들 공리(孔鯉)의 무덤, 그 남쪽에 손자 공급(孔伋; 자사)의 무덤이 있다. 이 밖에도 이림과 외림에는 여러 공자 후손들의 무덤이 50여개가 더 있다. 공림은 특히 100여종에 달하는 여러 가지 고목이 자라있어 유명한데, 이는 각 지방의 공자 제자들이 각기 다른 종류의 나무를 가져다 심어놓았기 때문이라 한다. 공림은 넓이가 40여경(頃)이고, 공자의 무덤은 묘역이 100무(畝), 무덤의 남북 너비는 10보(步), 동서가 13보, 높이가 1장(丈) 2척(尺)이라고 하였다.[9]

공자가 살던 집안에 후세에는 묘(廟)를 짓고 공자의 의관과 금(琴)·수레·책 등을 보관하였는데 한(漢)대에 이르기까지 200년 동안 끊임없이 잘 보전되었다. 한나라 고조는 노나라를 지나다가 태뢰(太牢; 천자가 사직에 지낼 때의 융숭한 제물)로써 제사를 지내었다. 제후들이나 경상이 그 고장에 찾아오면 언제나 먼저 공자묘에 배알한 다음에야 정사를 처리하였다.

3. 공자의 이상

공자는 동포에 대한 사랑과 윗사람의 권위에 대한 존경을 기초로 해서 사회질서를 다시 건설하려고 했던 것이다. 착한 아들이고 착한 아우일진대 그는 이미 참다운 사람이 될 기초가 마련된 것이다.

선량한 자식들과 선량한 형제자매로 구성되는 국민이라면 질서 있고 평화로운 국민이 되지 않을 리가 없다고 공자는 믿었던 것이다. 공자의 가르침은 국민 생활을 다스리기 위한 근본을 가정생활에 두고, 가정생활을 다스리는 근본을 개인생활－개인의 수양에서 구했다.

가정에서 사랑과 존경의 습관을 몸에 익히면 그 사랑과 존경의

[9] 尺은 25센티, 步는 180센티, 畝는 100보, 頃은 100무.

태도를 남의 부형이나 나라의 요인들에게도 바치지 않을 수 없는 것이다.

공자의 원대한 꿈은 미래의 개척보다는 과거의 전통을 계승하여 현재를 행복한 세상으로 만든다는 면이 있음을 알 수 있다. 또한 그러기 위해서는 멀리 있는 집단이 아닌 가까운 집단에서부터 그런 질서가 유지되는 것을 희망했다.

그에게 있어서 과거의 전통이란 무엇일까? 그는 목숨을 빼앗길 뻔한 위기에서 다음과 같이 독백하고 있다.

> "문왕이 돌아 간 이래 문왕의 전통은 내 손에 들어 와 다시 계승되지 않을 것인가. 이 도덕적 전통이 상실돼야 한다는 것이 하늘의 뜻이라면 후대사람들은 이 전통을 지식으로 다시는 받아들일 수 없으리라. 그러나 이 전통이 상실되지 않아야 한다는 것이 하늘의 뜻이라면 광 사람들이 나를 감히 어찌 범할 것인가."

공자는 원래 요(堯)임금과 순(舜)임금으로부터 전해 내려오는 진리를 가르쳤다. 그리고 문왕(文王)과 무왕(武王)에 의해서 수립된 사회적 종교적 법칙의 체계로 이를 완성시켰다. 주공은 건국의 공신이며 특히 주나라 문물제도의 창제자였는데, 공자는 언제나 이 주공을 꿈꾸며 주공이 제정한 문물제도를 그 시대에 새로이 살려내려 하였다. 공자는 자신의 이상을 주공에게 걸고 있었던 것이다. 공자는 평상시에 항상 주공을 생각하였던 모양인지, 나이가 들어 이런 고백을 한다.

> '나는 정말 늙어 버렸나 보다! 오래도록 나는 주공을 다시는 꿈에 보지 못하니...'

공자는 죽음이나 귀신에 대해서는 말하려 하지 않았지만, 평시에 담담하게 그의 관심은 오래 사는 것이 아니라 도리에 맞는 삶임을 이렇게 말했다. “아침에 도(道)를 듣는다면, 저녁에 죽어도 괜찮다.”

4. 공자의 제자

공자는 제자가 3천명이나 되었다고 하는데, 그 가운데 73명은 『시경』, 『서경』, 『예악』의 이론과 실제에 정통하고 있었다고 한다.

덕행(德行)에는 안회(顔回)(자 子淵) 민손(閔損)(자 子騫) 염경(冉耕)(자 伯牛) 염옹(冉雍)(자 仲弓)
언어(言語)에는 재여(宰予)(자 子我) 단목사(端木賜)(자 子貢)
정사(政事)에는 중유(仲有)(자子路) 염구(冉求)(자 子有)
문학(文學)에는 언언(言偃)(자 子游) 복상(卜商)(자 子夏)
이른바 공문십철(孔門十哲)이다.

그 밖의 제자로는 다음과 같은 사람들이 있다.

단손사(顓孫師; 자 子張) 증삼(曾參; 자 子輿) 담대멸명(澹臺滅明; 자 子羽) 복부재(宓不齊; 자 子賤) 원헌(原憲; 자 子思) 공야장(公冶長; 자 子長) 남궁괄(南宮括; 자 子容) 증점(曾點; 자 子晳) 고시(高柴; 자 子羔) 칠조개(漆雕開; 자 子開) 사마경(司馬耕; 자 子牛) 번지(樊須; 자 子遲) 유약(有若) 공서적(公西赤; 자 子華) 무마시(巫馬施; 자 子旗)

논어에 나오는 제자들에 대한 기록은 다음과 같다.

안회(顔回)에 관해서;

‘내가 회를 데리고 이야기하면 진종일 아무 대꾸도 않는 것이 마치 놈팡이도 같아 보이나, 나중에 지내는 것을 보면 뚜렷이 행하고 있다.

회는 놈팡이가 아니야'

'어질다 안회여, 한 그릇 밥과 한 쪽박 물을 마시며 누추한 거리에 살고 있다면 남들은 그 괴로움도 감당치 못할 것이어늘, 안회는 그의 즐거움을 변치 않으니, 어질다 안회여!'

또한 안회의 죽음을 한탄하면서 '...하늘이 나를 망치는구나! 하늘이 나를 망치는구나!'라고 했다.

"안회라는 자가 있어 호학(好學)하였다. 노여움을 아무 대고 옮긴다거나 한번 저지른 잘못은 두 번 다시 되풀이하는 일이라곤 없더니 불행히도 단명하여 죽고 이젠 없다. 그 뒤론 학문을 좋아한다는 이의 이야기를 들어 본 일이 없다."

민손(閔損)에 관해서;

'효성스럽다, 민자건이여! 그의 부모형제들이 칭찬하는 말에 다른 사람들도 이의를 제기하지 못한다.'

염경(冉耕)에 관해서;

'염백우가 병이 나자 공자께서 문병을 가시어, 창 넘어로 그의 손을 잡고 말씀하셨다.'이럴 수가 없는데! 운명이로구나! 이런 사람에게 이런 병이 걸리다니! 이런 사람에게 이런 병이 걸리다니!'

재여(宰予)에 관해서;

재여가 낮잠을 자는 것에 대해 질타했다. '썩은 나무에는 조각 할 수 없고 더러운 흙담은 흙손으로 다듬을 수 없다. 재여 같은 인간에게 무엇을 책하겠느냐!'

공문십철(孔門十哲)에 속하지는 않지만 공자의 제자 중 특히 효도에 뛰어났던 사람으로 증삼이 있다. 그는 흔히 증자라는 존칭으로 불리운다. 후세에 효경도 공자가 증자를 위하여 효도를 진술한 내용이라고 알려졌을 정도이다. 특히 공자의 손자인 공급(孔伋), 자사(子思)에게 공자의 사상을 전수하고, 다시 자사는 그것을 맹자에게 전수한 걸로 알려지고 있다. 이 때문에 증자를 흔히 종성(宗聖)이라고 떠받들기도 한다.

5. 공자의 저술

공자의 진면목은 학자이기 전에 훌륭한 인격자로서의 품위이다. 따라서 저술이 목표가 아니고 저술은 인격을 향상하는 하나의 수단에 불과했다. 그럼에도 그는 어느 성인에 볼 수 없는 고전에 관한 실력을 지니고 있었으며, 그것을 가르쳤다.

시(詩)

공자 자신은 64세 때 『시경』을 편찬했다고 전해진다. 공자는 손수 이들 305편의 노래를 되부르고 현악기를 연주하여 소(韶) 무(武) 아(雅) 송(頌)의 악보에 맞는가를 확인했다.

어느 날 뜨락에 홀로 서 계신 공자 앞을 그 아들 백어(伯魚)가 종종걸음으로 지나가다가 멈추어 서게 되었다. "시(詩)를 공부했느냐?"라고 물으셨기 때문이다. "아직 배우지 못했\습니다."라는 아들의 대답에 아버지는 시를 배워야 할 이유를 다음과 같이 들었다. "시를 통하여서만 사람은 언어를 구사할 수도, 대화를 나눌 수도 있고, 풍부한 어휘를 구사에 힘입어 사고력을 기를 수도 있다."

역(易)

공자는 만년에 『역경』 특히 그 서편(序篇) '전''계(繫)''상(象)''설괘(說卦)''문언(文言)'의 연구를 즐겼다. 그는 『역경』을 철저히 읽었으므로 가죽 끈이 세 번이나 끊어졌을 정도였다.

'역경을 연구하기 위해 내게 몇 년 동안의 여생이 보장된다면 나는 인사(人事)의 변역(變易)에 관한 철학에 통달하련만'이라고 독백하면서 역(易)에 대한 관심을 표했다고 한다. 주역의 십익(十翼)은 옛날에는 모두 공자가 지은 것이라 믿어왔다. 그러나 송대 구양수의 「역동자문」을 필두로 하여 그 뒤로 많은 학자들이 십익을 공자가 지었다는 설에 대하여 의문을 제기하였다.

십익은 역전(易傳)이라고도 부르는데 그 중 일부만을 공자가 짓고, 나머지는 후세 유가들에 의하여 보충된 것이다.

공자는 육경(六經)에 대해 다음과 같은 의미를 부여했다.

* 사람들이 온유하고 돈후하면서도 어리석지 않으면 시(詩)를 깊이 공부했다고 할 수 있다.
* 마음이 소통되고 먼 일을 알면서도 그릇된 말을 믿는 일이 없다면 서(書)를 깊이 공부했다고 할 수 있다.
* 마음이 넓고 선량하면서도 사치스럽지 않다면 악(樂)을 깊이 공부했다고 할 수 있다.
* 마음이 깨끗하고 고요하며 정미하면서도 남을 해치지 않는다면 역(易)을 깊이 공부했다고 할 수 있다.
* 공손하고 검소하며 점잖고 공경스러우면서도 번거롭지 않다면 예(禮)를 깊이 공부했다고 할 수 있다.
  어느 날 공자의 아들이 뜰을 총총히 지나가매, 아버지가 그를 불러 "예를 배웠느냐?"라고 묻자, "아직..."이라고 하니, 역시 "예를 배우지 않으면 남 앞에 나설 수 없다.(不學禮 無以立)"라고 하셨다.
* 말이 조리 있고 사리의 분별이 밝으면서도 어지럽지 않다면 춘추(春

秋)를 깊이 공부했다고 할 수 있다.

이러한 육경(六經)은 공자 자신의 손으로 편찬되고 교수되고 후세에 전해진 역사적 학문의 체계를 있음이 사실이다. 그러나 문헌연구를 군자교육의 극히 일부에 불과한 것으로 여겼으며, 보다 근본적인 것은 인격의 도야와 사회적 존재로서 친척 및 동료들과 함께 살아가는 것을 배우는 것이라고 생각하였다.

6. 공자의 영향

춘추전국시대를 마무리하고 중국통일을 성취한 진시황제는 수도 부근에만도 진귀한 보물과 미녀로 가득 찬 궁궐이 270개나 있었고, 자신의 능을 건설하기 위해 70만 명을 동원하였다. 만리장성을 쌓는 데도 수많은 인명이 희생되었다.

그는 백성들 간에 의혹과 혼란이 유포되는 것을 방지하기 위하여 백성들이 소지하고 있는 책 중에서 의술, 점복, 농업에 관한 것을 제외한 모든 서적을 소각해야 한다는 이사의 제안이 허락되었으며, 기원전 212년 진시황은 460명의 '여러 유생(諸生)'을 생매장하라는 명령을 내렸다. 그러나 진시황에 의한 유가서적의 추방과 유가의 탄압은 오히려 유가의 평판을 크게 높힌 결과가 되었을 것이다. 진섭이 반란에 가담한 유학자들을 환영한 것도, 또 공자의 자손을 박사란 관직에 임명한 것도 바로 이 때문이었을 것이다.

한(漢)무제의 치세이후부터 약간의 기복은 있었지만 유교는 정부의 후원을 계속 받았으며, 때때는 너무 지나칠 정도의 지원을 받기도 하였다. 그 결과 유가로 자처한 대부분의 사람들이 정치권력을 장악한 사람들의 요구에 어느 정도 부응하지 않을 수 없었으며, 유교는 때때로 백성을 통제하는 수단으로 이용되기도 하였고, 때로는 백성을 억압하는 데조차 이용되었다.

그러나 유교가 결코 조직화된 일이 없었던 것은 다행한 일이었다. 유교에는 수장(首長)도 교리도 조직도 없었기 때문에 결코 파괴되거나 철저하게 지배될 수도 없었다. 공자에 대한 제사는 있었지만, 그것은 국가의 행사였고 유교의 행사는 아니었다.

많은 사람들은 유교가 봉건왕조에 이론적 배경을 제공한 반민주적 사상이라고 오해하는 경우가 있는데 이것이야말로 공자의 이상과는 거리가 먼 것이라 할 수 있다.

오히려 유교의 사상은 제수이트회에 의해 서양에 소개되어 서구의 민주주의를 이룩하는데 기여했다는 사실을 알아야 한다. 한나라 이래 중국에서 관리등용방법은 유교경전에 의한 과거제도로 서민의 자제도 관리가 될 수 있는 개방적인 방법이었다.

이론상 모든 농민의 아들들이 가장 세력 있는 대신이 될 희망을 품을 수 있고, 또 그중 한사람 정도는 이따금 그런 지위에 오르기도 하는 곳에서는 사회의 계층화가 용이하지 않았다.

유럽의 중국예찬론자들은 누구나 공적만 있으면 국가의 최고지위에 오를 수 있으며, 사회계층상의 구분도 각자의 공적에 따라 이루어지는 반면, 군주의 총애나 가문이란 이점을 가졌을지라도 덕망과 학식이 없으면 갈 수 없는 자리에 부정한 수단으로 기어들어 갈 수가 없는 나라를 중국에서 발견하였다고 생각하였으며, 더욱이 그런 나라는 중국밖에 없다고 생각하였다. 유럽에는 이런 일이 드물었거나 전연 있지도 않았기 때문에 국적 여하를 불문하고 모든 선교사들은 오로지 공적만을 기초로 조직된 이 경이로운 중국의 관계조직을 열광적으로 찬양하였던 것이다.

손문은 『삼민주의』라는 유명한 저서에서 중국이 세계에서 정당한 지위를 회복하려면 중국 고대의 도덕을 부활시키는 것이 불가결하다고 선언했다.

손문이 마르크스의 영향을 받았다는 것은 잘 알려진 사실이지만, 마르크스와 유교가 충돌한 경우, 왕왕 패자가 되는 것은 마르크스 쪽이다. 손문은 모든 사람이 보통선거를 통하여 정부를 통제할 수 있는 동등한 힘은 가져야 하지만, 반면에 필요한 지식과 능력을 가진 사람만이 공직을 가져야 한다고 생각하였다. 모든 사람에게 자격을 갖출 수 있는 동등한 가치는 부여되어야 하지만, 그 자격은 고시제도를 통하여 시험되지 않으면 안 된다.

한국인에게 있어서 공자와 유교의 영향은 무엇일까. 단지 삼강오륜의 봉건적 윤리라고 보는 것은 우리들의 짧은 안목이 아닌가를 다시 생각해 보자.

공자의 문답법과 개성존중의 소통방식

1. 서론

오늘날 소통에 대한 주제는 우리사회의 소위 소통부재라는 성찰과 더불어 인문학의 화두로 등장된 개념이다. 소통(疏通)[10]은 본시 한자어에 있었던 것인데, 커뮤니케이션(communication)에 대한 번역어이기도 하다. 커뮤니케이션은 라틴어 'communis'에서 유래했는데, 그 어원은 '공통되는(common)' 것과 '나누다(share)'의 두 가지를 포함한 것이라고 한다.

우리는 소통을 다룸에 있어서 동아시아의 문화적 전통이 민주주의적이라기보다는 권위주의라는 고정관념을 가지고 있다. 소위 '아시아적 가치'[11]란 경제부국을 이룸에 있어서 권위주의적인 가치도 일조했다는 의미를 가지고 있어서 소통부재의 권위주의가 유교적 위계질서에서 유래한 것으로 보고 있다. 혹자는 1960년대 이래 한국

10 "고착된 자신을 터버리고[疏] 타자와 근원적으로 통(通)하려는 의지" 邱鎭京 撰, 『論語思想體系』, 文津出版社, 民國 70년, 147쪽. "禮記經解篇, 曾記孔子之言, '入其國, 其教可知也. 溫柔敦厚, 詩教也. 疏通知遠, 書教也." 서경을 설명하면서 역사의 의미가 소통하여 심원하게 아는 것이라고 한 점 역시 같은 맥락이다.

11 "*Asian Values" and Democracy in Asia*, Proceedings of a Conference, Shizuoka Prefecture Government and the Organizing Committee of the Asian–Pacific Forum. 28th March, 1997.

의 군사정권이 급속한 산업화의 수십 년 동안에 그들의 권위주의적 통치를 옹호하기 위해 충효의 유교사상을 사용해왔으며, 오늘날까지 이러한 사상은 공식적으로 더 이상 강제되지는 않을지라도 사회의 보수적 힘으로 기여하고 있는 것이 사실이라고도 한다.[12]

공자에게 있어서 소통이란 무엇일까? 소통에 대한 기존의 연구[13]는 인(仁)이야 말로 공자와 유교의 소통을 설명하는 주요개념이 된다. 인(仁)은 자신의 양심과의 대화이기도 하려니와 대인관계의 사랑이기도 한 것이며, 다른 사람을 사랑하고 존중하는 소통의 방식이라고 한다.

그러나 이러한 소통의 개념은 너무 광대하기 때문에 이 글에서는 상호존중을 바탕으로 한 공자의 대화의 정신을 주로 다루고자 한다. 대화의 의사소통이란 예나 지금이나 다른 사람과의 관계를 맺고 의사를 주고받는 일인데, 고대에서의 소통방식은 문자와 대화가 주류를 이루었을 것이다. 공자에게 있어서는 분명하고 보편적인 가치체계가 있었지만 어떤 주제나 개념에 대해 절대불변의 고집을 가지고 임하기보다는 어떤 주제에 대해 다른 사람과 충분히 논의하고 있는 것을 발견할 수 있다.

그의 일상생활을 담은 어록인 『논어』는 그의 소통방식을 들여다 볼 수 있는 자료가 된다. 여기서는 많은 대화들이 오가는데 그는 열린 마음으로 언제나 대화의 문을 열어 놓고 있으며 자신의 의견에 집착하지 않고 상대의 이야기에 귀 기울이며 소통하는 모습들을 쉽게 찾아 볼 수 있다.

그리스의 소크라테스가 진리를 탐구하는 과정에 대화를 존중하고

12 Kim Uchang, *Asian Values and Modernity: From Morality to Law*, International Conference on Universal Ethics and Asian Values, 4－6 October, 1999. 4쪽.

13 William Yau－nag Ng. *Confucian Ideas on Communication*, Journal of the Asian Research Center for Religion and Social Communication, Vol.3. No.1. 2005.

제자들 스스로 진리를 깨닫게 도와주었던 것처럼 공자 역시 제자들과 대화를 통해 교감하면서 문제를 해결하는 방식을 취하고 있다. 만약에 적절한 제자들의 질문이 없었더라면 공자의 중요한 사상들이 세상에 알려지지 않았을 정도로 제자들의 질문은 중요한 의의가 있고, 그런 질문으로 인해 유교사상의 중요한 이론들이 형성될 수 있었다. 공자 역시 제자들에게 반문을 하기도 했다.

공자의 시대가 지나가고 유교가 관학으로서의 권위를 갖게 되면서 마치 고정된 절대불변의 진리처럼 절대화되기도 했으나, 적어도 공자의 시대에서는 이런 고정된 유교진리가 있기 보다는 자유롭게 의사소통을 통해 논의의 여지를 남기고 있었다.

공자는 문답과 논의를 중시했고, 대화상대를 존중하는 태도를 가졌을 뿐만 아니라 교육에 있어서도 제자들의 개성에 부응해서 임했다. 이러한 것들이 소통방식의 중요한 실마리가 되는데, 본 논문에서는 그의 문답법의 특징과 개성존중의 소통방식을 알아보려고 한다.

2. 공자의 문답법의 특징

1) 개방성

논어를 보면 많은 부분이 대화로 이루어지고 있다. '공자 가라사대' 란 공자가 자문자답하기보다는 누군가 질문했을 때의 대답이라고 볼 수 있다. 만약에 다른 사람의 질문이 없었다면 공자의 사상은 풍부하지 않았을 정도로 문답이 중요한 비중을 차지하고 있는 것이다.

『공자의 인간과 신화』에서 크릴은 공자에게 있어서 절대 신이나 절대 진리의 불변성 같은 것을 찾아보기 힘들다고 하면서, 그런 점에

서 권위적인 인간이나 권위적인 도그마 혹은 체면존중의 태도와는 사뭇 다른 것으로 보고 있다.[14]

공자의 주장은 자신의 의견을 절대적으로 옳다고 밀어붙이는 스타일이 아니다. 자신도 잘못되고 허물이 있을 수 있는 것이라고 인정한다. 중요한 것은 잘못된 것을 그대로 밀고 나가는 것이 아니라 언제든 고칠 수 있는 개방적인 자세가 필요하다. '오류를 범하고도 고치지 않는 것이야말로 오류를 범하는 것이며' '만약 과오를 범하였을 때는 그것을 인정하고 고치는 것을 꺼리지 말라'라는 것을 거듭 강조하였다.[15]

> 공자께서 끊어버린 일이 네 가지가 있으니, 자의대로 하는 일이 없었고, 기필코 하는 일이 없었고, 고집하는 일이 없었고, 자기를 내세우는 일이 없으셨다.[16]

무의(毋意)란 어떤 선입견이나 고정관념과 같은 마음을 갖지 않는다는 것으로 공정한 태도라고 하겠다. 무필(毋必)도 기필코 하겠다는 혹은 자신이 절대적으로 옳다는 강박관념이 없는 태도이다. 무고(毋固)는 완고하지 않다는 뜻이며, 마지막으로 무아(毋我)는 아집이나 자기중심이 아니라는 뜻이다. 이런 태도야 말로 공자의 대화를 할 수 있는 자세로서의 열린 마음이라고 할 것이다. 그에게 있어서는 편견과 선입관 같은 것에 의해 결론은 미리 예단하는 것은 옳지 않은 것이었다. 모르는 것에 대해 모르는 것으로 인정함으로써 바른 인식

14 H.J 크릴, 이성규 역 『공자, 인간과 신화』 지식산업사. 158쪽.
H.G. Creel, Confucius and the Chinese Way(1947)

15 『論語』, 「學而」 "허물이 있으면 고치기를 꺼리지 말 것"(過則勿憚改) 「述而」 "선하지 못한 것을 고칠 수 없는 것이 나의 걱정"(不善不能改 是吾憂也) 「子罕」 "허물이 있으면 고치기를 꺼리지 말 것"(過則勿憚改)「衛靈公」 "허물을 고치지 않는 것이 바로 허물"(過而不改 是謂過矣)

16 『論語』, 「子罕」: 子 絕四 毋意. 毋必. 毋固. 毋我.

에 이를 수 있다고 말하고 있다.[17]

만약 공자가 자신만이 유일한 진리의 수호자라고 자부하고 자처하고 있었더라면 자유로운 대화의 여지는 없었을 것이다. 대화는 정해진 결론이 있는 것이 아니라 의견이 서로 다를 수 있기 때문에 그 문제에 대해 논의할 수 있는 것이다. 한쪽의 의견만이 아닌 양쪽의 입장이 고려된다는 점에서 일방의 의견을 벗어나 타협이 가능해지는 것이다. 공자의 자세는 언제나 자신의 오류나 무지를 솔직하게 받아들일 수 있었다. 공자 스스로가 자신을 성인(聖人)이라고 자처한 적이 없다.

> 자공이 물었다. 선생님은 성인이십니까?
> 공자가 대답하기를, 성인은 나에게 가능하지 않다. 나는 배우기를 싫어하지 않고 가르치는 일을 싫증내지 않을 뿐이다.[18]

과거 주자학적 가치를 절대시한 시대에는 분명 이러한 공자의 개방성이 강조되지 못했다. 유교가 공자의 태도와 달리 권위적이고 교조적인 역할을 더 나아가서 체제유지를 위한 이데올로기적 역할을 했음에도 불구하고 오늘날까지 유교가 살아남을 수 있는 것은 그의 절대적 진리성이 아니라 공자본래의 개방성에 기인한다고 볼 수 있다.

공자 학단에는 스승과 제자 사이에 인간적인 교섭과 대화의 장이 있었다. 거기서는 일방적으로 가르치기만 한 것이 아니라 서로가 서로를 가슴이 열린 자연스러운 분위기가 있었으며, 서로에게 배우는 '교학상장(教學相長)'[19]의 장이었던 것이다.

17 『論語』, 「爲政」: 子日 由 誨女 知之乎 知之爲知之 不知爲不知 是知也.

18 『論語』, 「公孫丑」

19 教學相長에 관련된 논문으로 김일환, 「儒教 教育論의 教學의 相關性」, 『한문고전연구』, 19집이 있다. 여기서 필자는 教學을 '가르침과 배움'이라고

스승 또한 '나를 닮으라.'고 명령하는 것과는 달리, 나도 아니고 너도 아닌 그이, 곧 서로가 「인간」 그것을, 이상적 인간상을 그려 놓고 이를 닮아갈 것을 기원하는 것이다.[20]

권위적이며 준엄한 스승이 아닌 제자의 어떤 질문에도 마음을 열고 대화하는 모습이야말로 공자적인 자세였다는 것을 짐작할 수 있다. 이렇게 마음을 열고 대화하는 자세야말로 공자방식의 소통방식이었음은 물론이다. 그는 어떤 주제에 대해서도 마음을 열어두었으며, 논의할 수 있는 대화 상대로서의 스승이었으며, 제자의 어리석은 질문에도 모욕하거나 우습게보지 않도록 했고, 어리석은 질문과 말이라고 생각되더라도 그 질문을 무시하지 않았다.

2) 정직성

공자의 대화하는 태도는 꾸밈없이 자신의 의사를 곧게 말하는 데 있었다. 그래서 자신의 심중에 있는 것과 표현되는 것이 일치하지 않는 것을 부끄럽게 생각했다.

교묘하게 꾸민 말과 곱게 꾸미는 얼굴빛에는 인애(仁愛)의 덕이 적으니라.[21]

말을 꾸며서 하고, 얼굴빛을 좋게 하고, 지나치게 공손한 태도를 보이는 것을 좌구명(左丘明)이 부끄럽게 여기더니, 나도 또한 부끄러워하노라. 원망을 숨기고서 그 사람과 친구로 지내는 것을 좌구명이 부끄럽게 여기더니, 나도 또한 부끄러워하노라.[22]

해석하면서, 사제 간의 교감과 소통을 유교 교육의 중요한 특성으로 보고 있다. 그리고 그 전거를 『書經』과 『禮記』에서 찾는다.

20 정종, 『공자의 교육사상』, 集文堂. 248쪽.

21 『論語』, 「學而」: 子日 巧言令色 鮮矣仁.

22 『論語』, 「公冶長」: 子日 巧言令色足恭 左丘明 恥之 丘亦恥之 匿怨而友其人

오늘날에 좋은 매너교육에 좋은 말과 밝은 태도는 훈련해야할 에티켓이라고 할 수 있는데 가장 중요한 것은 마음에 없는 데도 마치 진정이 있는 것처럼 말하고 표정을 꾸미는 것은 진실성이 없다는 것이다. 마음속에 원망이 있으면서도 그 원망을 숨기고 사귄다는 것은 부끄러운 일이라고 말하고 있다. 그렇다면 대화에 있어서의 태도도 진실하고 솔직한 태도가 필요하다는 것이다. 제자들과 대화함에 있어서 공자는 자신을 꾸미지 않았으며 소탈하게 있는 그대로 자신을 노출했다.

> 너희들은 내가 무엇을 숨기고 있다고 생각하느냐? 나는 너희들에게 숨긴 것이라고는 없노라. 내가 행하는 일치고 너희들에게 보여주지 않은 것이 없으니, 그것이 바로 나이니라.[23]

또 아는 것은 안다고 하지만 모른 것을 아는 척 하거나 침묵하지는 않았다. 그러므로 아는 것을 안다고 하고 모르는 것을 솔직하게 모른다고 하는 것은 중요하다. 모르는 것을 아는 척하고 묻지 않는다면 그는 알 수 있는 기회를 놓치고 말 것이다.

> 유(由)야! 너에게 안다는 것을 가르쳐 주마, 아는 것을 안다고, 모르는 것을 모른다고 하는 것이 참으로 아는 것이니라.[24]
>
> 사람의 삶은 곧은 것이니, 곧지 않으면서 사는 것은 요행히 환난을 면하고 있는 것이니.[25]

左丘明 恥之 久亦恥之.

23 『論語』, 「述而」: 子曰 二三子 以我爲隱乎 吾無隱乎爾 吾無行而不與二三者 是丘也.

24 『論語』, 「爲政」: 子曰 由 誨女知之乎 知之爲知之 知之爲知之 不知爲不知 是知也.

25 『論語』, 「雍也」: 子曰 人之生也 直 罔之生也 幸而免.

공자는 대화의 기술로서 정직성을 말하고 있을 뿐만 아니라 인간의 기본 태도를 정직으로 보고 있다. 속이고 꾸미고 허세를 부리는 태도는 공자에게 가증스런 것이었다. 그는 자신의 장례준비를 거창하게 하려했던 자로에 대해 신랄한 비판을 가했다. 위급한 병으로부터 회복된 공자는 제자를 가신으로 삼아 장례를 준비한 것은 잘못된 것으로 보았다.

> 오래 되었구나, 유(由)가 거짓을 행한 지가, 가신이 없는데 가신이 있는 것으로 한다면, 나는 누구를 속이자는 것인가? 하늘을 속이자는 것인가? 또 나는 가신의 손에서 죽기보다는, 차라리 너희들 제자들의 손에서 죽는 편이 나을 것이다. 또 내가 훌륭한 장례를 받지 못 한다고 하더라도 길에서야 죽겠느냐?[26]

공자가 관리로 일하면서 소정묘(少正卯)[27]를 처형했는데, 이에 대해 제자인 자공(子貢)이 의구심을 표하자 공자는 그 이유에 대해 설명하고 있다. 그것은 공자가 보는 악인(惡人)의 전형이라고 할 것이다.

> 천하에는 대악(大惡)이 다섯 가지 있는데, 도적질은 그 속에 들지도 않는다. 첫째는 마음이 반역적이며 음험한 것이다. 둘째는 행동이 편벽되면서도 고집 센 것이다. 셋째는 말이 거짓되면서도 번드르하게 꾸며대는 것이다. 넷째는 아는 것이 추하면서도 넓은 것이다. 다섯째는 그릇된 길을 따름으로써 윤택하게 지내는 것이다.[28]

---

26 『論語』, 「子罕」: 子 疾病 子路 使門人爲臣 病間曰久矣哉 由之行詐也 無臣而有臣 吾誰欺 欺天乎 且予 與其死於臣之手 無寧死於二三子之手乎 且予縱不得大葬 予死於道路乎.

27 소정묘는 나름의 사상체계를 가지고 학파를 창립하여 활동하였으나, 전승되지 않았다. 그에 대한 이야기는 『荀子』, 「宥坐」, 『史記』, 「孔子世家」, 『孔子家語』, 「始誅」, 『白虎通』, 「誅伐」에 등장함

28 김학주, 『공자의 생애와 사상』, 113~114쪽. 명문당. 1997.

여기서 음험하다는 것, 편벽된 것, 말이 거짓된 것, 그릇된 길은 모두 정직하지 않은 태도에 반하는 것이라고 할 수 있다. 허세와 허식을 버리고 마음을 열뿐만 아니라 속이지 않는 이러한 태도는 그가 의사소통을 할 수 있는 바탕이라고 할 수 있다. 그러기에 자기보다 지위가 낮은 사람에게 깨우침을 받는 것을 부끄럽게 여기지 않았으며 훌륭한 아랫사람을 자기와 동렬로 끌어올릴 만큼 정직한 사람을 칭찬하였다.[29]

이 정직성에 대해 부언할 것은 논어에 아버지를 고발하는 아들을 정직하다고 보지 않은 점이다.[30] 아버지의 죄를 감싸주는 행위 안에 정직성이 들어있다고 말하는 공자의 입장은 사회정의의 입장에서 분명 오해의 소지가 있지만 전체적인 면에서 보자면 공자의 태도는 진실과 양심에 따르자는 것에 있지 무엇인가를 숨기고 허식을 부리는 것이 아니었다.

3. 개성존중의 소통

1) 상대성

말은 자신의 의사를 전달하는 과정이어서 일방통행인 반면에, 대화는 의사를 교환하는 과정이어서 쌍방통행적이다. 이처럼 대화는 상대방과의 상호관계에서 이루어지기 때문이다. 대화는 한 사람 한

29 『論語』, 「公冶長」: 子曰 敏而好學 不恥下問 是以謂之文也. "민첩하게 배우기를 좋아하고, 아랫사람에게 묻기를 부끄러워하지 않았다. 그래서 시호를 문이라고 한 것이다."

30 『論語』, 「子路」: 葉公語孔子曰 吾黨有直躬者, 其父攘羊, 而子證之. 孔子曰 吾黨之直者, 異於是, 父爲子隱, 直在其中矣.

사람이 상대하여 행하여지는 말이며, 대화의 진행에 따라 대화하는 쪽이 듣는 편도 되고, 듣는 쪽이 대화의 상황에 따라 자유롭게 바뀌어 갈 수 있지만, 문답에서는 화제(話題)가 일정하며 그 이야깃거리를 해결하려고 서로 협력하는 관계가 되기 때문에 대화이다.

공자는 대화를 함에 있어서 미리 확정된 정답을 가지고 말하기보다는 상대방과 대화하면서 보편적 가치를 찾으려 했다. 그래서 제자들에게 관심을 가졌고, 그 개성에 맞게 항상 가르치려고 했다.

자로가 "들으면 곧 행해야 합니까?"하고 물으니, 공자께서 "부형이 계시니 어찌 듣고 바로 행하겠는가?"하고 대답하시고, 염유가 "들으면 곧 행해야 합니까?"하고 물으니, "들으면 곧 행해야 한다." 하고 대답하셨다. 공서화가 옆에서 듣다가 "유가 들으면 곧 행해야 합니까?" 하고 물었을 때에는 '부형이 있느니라.' 하시고, 구가 '들으면 곧 행해야 합니까?'하고 물었을 때에는 '듣고 곧 행할 것이라'하시니, 적이 의심스러워 묻습니다.'하니, 공자께서 이렇게 대답하셨다. "구는 퇴영적이므로 나아가게 한 것이고, 유는 겸인의 용기가 있으므로 조금 뒤로 물러서게 한 것이다.[31]

같은 질문에 대해 전혀 상이한 대답을 하는 공자는 상대의 그릇에 따라 그에 맞는 대답을 하고 있다.[32] 이것이 공자의 상대에 따른 소통방식이라고 볼 수 있다. 공자사상의 본질이라고도 불 수 있는 인에 대해서조차 그 대답의 방식은 같지 않다.

---

31 『論語』, 「先進」: 子路 問聞斯行諸 子曰 有父兄 在 如之何其聞斯行之 冉有 問聞斯行諸 子曰 聞斯行之 公西華曰 由也問聞斯行諸 子曰 有父兄在 求也 問聞斯行諸 子曰 聞斯行也 赤也惑 敢問 子曰 求也 退故 進之 由也 兼人故 退之.

32 이 질문에 대해 논어를 영역한 James Legge(1815－1897)는 問을 'asked'라고 하고 言을 'talked'라고 하고 제자들에 대한 질문에 대한 응답으로서의 子曰은 'The Master said'로, 왕이나 귀족들에게는 응답으로서의 對曰은 'replied'로 번역하고 있다. James Legge, The Chinese Classics, Hong Kong University Press, 中華民國 69年.

공자는 인(仁)의 개념에 대해 체계적이고 일관된 정의를 하지 않았다.[33] 안연에게는 "자신의 욕망을 극복하고 예를 행하는 것이 인이 된다."[34]고 했고, 중궁에게는 "문 밖에 나가서는 사람을 귀빈 대하듯 하며, 백성에게는 제사 모시듯 하며, 내가 싫어하는 것을 남에게 시키지 않는 것이다. 나라에서는 원한이 없고 집에서도 원한이 없을 것이다."[35] 사마우(司馬牛)에게는 인이라는 것은 말을 참는 것"[36]이라고 했으며 번지에게는 "사람을 사랑하는 것"[37]이라고 말한다.

공자는 언제나 상대에 맞추어서 대화했다.

> 공자께서 자기 마을에 계실 적에는 공손하시어 마치 말할 줄 모르는 사람 같으셨다. 그러나 종묘나 조정에서는 말을 잘 하시되 오직 신중히 하셨다.[38]
>
> 조정에서 하대부(下大夫)들과 말할 때에는 강직하셨고, 상대부(上大夫)들과 말할 때에는 밝고도 부드러웠으며, 임금이 계실 때에는 몹시 공경스러우면서도 의젓하셨다.[39]

대화는 언제나 상대가 있기 마련이다. 상대가 누구냐에 따라서 대화의 분위기는 달라질 수 있는 것이다. 상대방의 반응을 고려하지 않고 일방적으로 말하는 것은 대화의 정신이라고 할 수 없는 것이다.

---

33 彭鐵浩, 『논어에서 발견되는 임기응변적 사유』, 『중국학논총』, 2003. 국민대학교 중국문제연구소. 196쪽.

34 『論語』, 「顔淵」: 克己復禮爲仁.

35 『論語』, 「顔淵」: 出門如見大賓 使民如承大祭 己所不欲 勿施於仁 在邦無怨 在家無怨.

36 『論語』, 「顔淵」: 仁者 其言也訒.

37 『論語』, 「顔淵」: 愛人.

38 『論語』, 「鄕黨」: 孔子於鄕黨, 恂恂如也. 似不能言者. 其在宗廟朝廷, 偏便言, 唯謹爾.

39 『論語』, 「鄕黨」: 朝與下大夫言, 侃侃如也. 與上大夫言, 誾誾如也. 君在, 踧踖如也. 與與如也.

공자는 상대방을 알고 상대방의 반응을 충분히 살피면서 그에 걸맞게 응하는 소통방식을 취했던 것이다.

자기만이 절대적이라는 태도는 공자의 대화방식도 소통방식도 아니다.[40] 남의 입장을 긍정하는 관용의 입장이기 때문에 공자의 사상은 절대유일의 진리를 주장하는 하지 않으므로 종교적 도그마가 될 수 없었으며 언제나 대화의 문이 열려있다고 할 것이다.

2) 경청과 침묵

성공적인 대화의 기본은 경청이며, 남의 이야기를 잘 듣는 것을 말한다. 공자는 말과 대화만으로 소통했던 것은 아니다. 말 이전의 따뜻한 사랑의 마음, 말 이전의 진실과 진리에 대한 탐구정신이야말로 더 의미심장한 것들이다.

> 공자께서 '나는 말하는 일이 없기를 바란다.'고 말하자 자공이 '선생님께서 말씀하지 않으신다면 저희들은 무엇을 전하겠습니까?'라고 말했다. 공자께서 '하늘이 무엇을 말하더냐? 그래도 사계절이 운행되고, 만물이 생겨난다. 하늘이 무엇을 말하는가?'라고 했다.[41]

대화란 언어를 필요로 하지만 소통에 있어서는 반드시 언어만을 필요로 하는 것이 아니다. 때로는 침묵이 필요한 것이며, 언어를 넘어선 자연과 인간의 관계 혹은 인간과 인간의 관계도 가능한 것을

40 半頭大雅, 山田邦男, 『論語と禪』, 春秋社, 1988. 한국어 번역본은 최효선 역, 『논어와 禪』, 민족사, 1992. 228쪽. 세계의 전쟁은 유일신교를 신봉하는 민족 간에 일어나며, 그 특징은 자신만이 절대의 선이고 그 이외의 것은 절대적으로 악이라는 입장이라고 지적하면서 공자의 입장은 자기와 남이 동시에 성립할 수 있다고 한다.

41 『論語』, 「陽貨」: 子曰予欲無言 子貢曰子如不言則小子 何述焉 子曰天何言哉 四時行焉 百物生焉 天何言哉.

말하고 있다. 시종일관 설득과 소통을 위해서 언어를 활용하는 것이 아니라 때로는 경청과 침묵이 필요할 때도 있는 것이다.

> 군자는 말이 행동보다 앞서는 것을 부끄럽게 생각한다."[42]
>
> 군자를 모시고 있을 때 저지르는 세 가지 허물이 있으니, 말을 하지 않았는데 먼저 말하는 것을 조급하다 이르고, 말을 했는데도 말하지 않는 것을 숨긴다고 이르고, 얼굴빛을 보지 아니하고 함부로 말하는 것을 눈치 없다고 이르느니라."[43]

말과 대화는 일방적으로 하는 것이 아니라 언제나 상대와 하는 것이다. 상대방은 대화의 준비 경청의 준비가 되어있지 않는데 나 혼자 말을 독점하거나 설득하려는 것은 조급하다. 대화를 했는데도 말하지 않는 것도 문제가 있으며, 상대방의 반응을 살피지 않고 일방적으로 말하는 것은 대화의 태도가 아니다.

> 자공이 벗에 대해 물으니, 공자께서 '충고하여 이끌되 듣지 않거든 그만두어 스스로 욕됨이 없게 할 것이다."고 말씀하셨다.'[44]

이것은 공자가 고집스럽고 자기중심적이 아니며 자신의 의견을 막무가내로 상대에게 강요하는 자가 아님을 말하는 대목이다.

> 더불어 말할 만한데 말하지 아니하면 사람을 잃고, 가히 더불어 말할 만하지 못한데 말을 하면 말을 잃는다. 지혜로운 이는 사람을 잃지 않고, 또한 말도 잃지 않느니라.[45]

---

42 『論語』, 「憲問」: 君子恥其言 而過其行. 또는 「里仁」의 言之不出 恥躬之不逮也.

43 『論語』, 「季氏」: 孔子曰 侍於君子有三愆 言未及之而言 謂之躁 言及之而不言謂之隱 未見顏色而言 謂之瞽.

44 『論語』, 「顔淵」: 子貢 問友 子曰 忠告而善道之 不可則止 無自辱焉.

45 『論語』, 「衛靈公」: 子曰 可與言而不與之言 失人 不可與言而與之言 失言

실인(失人)과 실인(失言)의 설명이 흥미롭다. 서로 소통할 수 있는 사람임에도 불구하고 대화하지 않으면 사람과 사람의 관계가 소원해져서 사람을 잃는다. 그러나 누구하고나 소통되는 것은 아니다. 대화의 준비가 되지 않은 사람에게 소통과 대화를 강요하면 그것은 오히려 쓸데없는 실언이 된다는 것이다. 여기서도 역시 공자의 상대에 따른 소통방식을 알 수 있다.

공자는 또한 모든 것에 대해 자신의 의견을 피력한 것이 아니었다. 그는 자로의 질문 가운데 형이상학적인 귀신이나 죽음의 문제에 대해서는 알지 못한다고 하면서 침묵했으며, '괴이한 것, 힘에 관한 것, 난동, 귀신(怪力亂神)[46]'에 대해서도 말하지 않았다.

> 사람도 제대로 섬기지 못하는데 어찌 귀신을 섬길 수 있겠느냐?[47]
> 삶도 모르는데 어찌 죽음을 알겠느냐?[48]

소통이란 오로지 대화와 언어만으로 하는 것은 아니다. 그 언어 이외의 말투와 표정 그리고 분위기가 또한 무시할 수 없는 요소일 것이다. 공자는 막무가내로 소통하는 것이 아니라 때로는 경청과 침묵으로 그리고 때로는 뜨거운 눈물로도 자신의 마음을 전했던 것이다.

공자가 자로·증석·염유·공서화와 함께 대화하면서 자신들의 포부를 이야기하게 한 적이 있다. 자로는 정치적 야심을 이야기했고, 염유 역시 정치적 포부를 이야기 했고, 공서화는 의례에 관련된 꿈을 이야기 했는데 유독 증석은 자연 속에 즐기고 싶다는 이야기를 했다.

知者 不失人 亦不失言.

46 『論語』, 「述而」: 子不語怪力亂神.

47 『論語』, 「先進」: 未能事人, 焉能事鬼.

48 『論語』, 「先進」: 未知生, 焉能死.

늦은 봄에 봄옷이 다 되면, 어른 대여섯 명과 아이들 예닐곱 명과 어울리며, 기수(沂水)에서 목욕하고 무우(舞雩)에서 바람을 쐬고 노래를 읊조리며 돌아오는 것입니다. 이 말을 들은 공자는 '나도 점과 함께 하겠다.'고 대답했다.[49]

여기서의 대화는 제자들의 의견을 들어보는 공자의 경청의 자세를 볼 수 있고, 정치적 야심이나 의례에 천착하기 보다는 대자연속에 들어가 어울리고 사람들과 어울리는 일에 더 매력을 느끼는 공자의 일면을 읽는다. 그는 대화하기를 좋아했지만 듣는 것을 더 좋아했고, 자신의 주장을 억지로 펼치지 않았다. 말하자면 경청과 침묵으로 소통할 수도 있었으며 그 여백이 또한 소중했던 것이다.

4. 결론

공자의 소통방식은 어떤 편견과 독단에 사로잡히지 않고 문답을 통한 대화에 있었다. 대화의 정신은 개방성에 있는 것으로, 자신의 입장을 고집하지 않고 잘못된 경우 수정하는 자세다. 이것은 대화를 통해 자신의 입장을 일방적으로 가르치려는 것이 아니라, 이야기하는 상대와 서로 함께 배우는 자세라고 할 수 있다.

물론 공자는 학생들보다 훨씬 우위에 있는 실력과 인품을 지녔고 존경받은 위대한 스승임에 틀림없다. 이미 탁월한 인품과 지식을 겸비한 공자가 제자들에게 던진 질문은 대화를 통해서 자신의 신념과 의지를 전달하는 방법으로 활용되었음을 부인하기 어렵다. 또한

49 『論語』, 「先進」: 暮春者, 春服旣成, 冠者五六人, 童子六七人, 浴沂水, 風乎舞雩, 詠而歸, 夫子喟然歎曰, 吾, 與點也.

대화에서 사용된 '수사적 기능의 질문'과, 학습자가 배워야 할 내용을 수렴하여 항목화한 '수렴형의 질문'은 개방적인 것이 아니라 폐쇄적 형태의 질문이라고도 할 수 있다. 대부분의 경우에 있어서 자신이 의도하는 방향으로 대답을 유도하거나 미리 대답을 결정짓게 되므로 이러한 특징은 유가의 '전관적(全觀的) 스승 상(像)'에서 기인한다고 주장한[50] 것도 물론이다.

논어가운데 스승에 대해서 나오는 대목은 두 가지 종류의 것이 있다.

> 세 사람이 같이 길을 가면 그중에는 반드시 나의 스승이 있다. 그들에게 좋은 점은 가려서 따르고, 좋지 못한 점은 거울삼아 고치기 때문이다."[51]

여기에서의 스승은 반드시 나보다 도덕적으로나 능력으로 우위에 있을 필요가 없다. 나보다 못한 자에게도 그 나쁜 행동을 거울삼아 그렇게 하지 않도록 배우는 것이다. 하물며 제자들에게 배우지 못할 이유가 없는 것이다. 물론 또 다른 스승상은 제자들의 의문을 풀어질 수 있는 자이어야 함은 물론이다.[52]

공자의 이와 같이 자신보다 못한 자에게까지도 배우려는 태도는 개방적이라고 할 수 있다. 이 개방성은 정직성을 요구한다. 근엄하고 권위적인 태도가 아니라 솔직하고 진실한 것으로 미사여구를 구사하고 마음에 없는 표정의 거짓된 자세가 아니다.

---

50 장윤수, 「공자의 발문을 통해서 본 유가적 교학이념의 특징」, 『철학논총』 38집, 새한철학회, 2004, 66-7쪽 참조.

51 『論語』, 「述而」: 三人行, 必有我師焉. 擇其善者而從之, 其不善者而改之. 또 다른 전거는 "유능하면서도 무능한 사람에게도 묻고, 많이 알면서도 적게 하는 사람에게도 묻는다."(『論語』, 「泰伯」: 以能問於不能, 以多問於寡.

52 『論語』, 「爲政」: 溫故而知新, 可以爲師矣. 공자가 유가의 기본경전인 五經을 편찬하여 교재로 삼으려 했던 것도 해박한 지식에 바탕을 둔 것이다.

공자는 대화의 상대에게 관심을 가졌으며, 그 상대의 입장에 맞게 자신의 의사를 전달했다. 상대가 원치 않는데 일방적으로 대화하지 않았으며 상대의 입장을 고려해서 말했다.

공자의 의사소통은 언어이외의 방법도 간과해서는 안 된다. 공자는 진실성이 없는 말은 침묵보다 못한 것이라고 보았으며, 상대한 진정한 관심과 진실한 마음이야말로 언어를 넘어선 가장 중요한 소통의 본질이었다고도 볼 수 있다.

공자의 소통방식이 이와 같은 개방성과 정직성 그리고 자신과 다른 의견을 묵살하지 않고 상대의 존중과 배려했다. 후일의 유학이 이단(異端)을 사설로 배척하고 자신의 의견을 고집하는 방식의 절대불변의 불통의 이데올로기가 된 것은 공자의 정신과는 사뭇 다른 것이다.

도산서원 그리고 하회동

조선의 선비정신

조선시대에 들어와 유교의 선비정신이 적극적으로 보충되면서 선비라는 용어는 유(儒)와 사(士)가 함께 사용되었다. 선비는 사족이나 양반에 포함될 수 있지만, 사족이나 양반이란 문벌과 관료가 갖고 있는 신분적인 의미가 주로 되고, 선비는 그 사람의 교양, 품격, 지조 등을 주로 말한다.

> "선비에게 가장 귀한 바는 인품이 고상한 것이요, 재질과 학문은 그 나머지다." - 이덕무
>
> "선비는 덕이 닦아지지 않음을 걱정하고 이름이 세상에 알려지지 않음은 걱정하지 않는다. 학업이 넓지 못함을 걱정하고 맡은 일이 없음을 걱정하지 않는다. - 이익

이런 한국의 선비의 사표가 될 만 한 분은 퇴계 이황이다. 비록 후학들에 의해 선비정신이 당파적 이익과 결부되어 일그러진 이미지를 가질지라도 퇴계와 같은 분이 몸소 실천했던 선비정신은 한국 정신문화의 진수라고 할 것이다.

1. 퇴계와 도산서원

퇴계 선생이 언제나 자기를 깊이 감추고 오로지 학문을 닦는 데만 힘썼을 뿐 말과 글로는 일체 나타내지 않았지만 나이가 들어갈수록 덕은 자꾸만 높아가고 그 맑고 화려함이 절로 외부에 나타나, 훌륭한 인품을 감출 수 없게 되었다.

그러자 그때부터 학자들이 많이 모여들어, 그를 스승으로 높이 섬기게 되었다. 바른 학문을 밝게 드러내고 후학들을 잘 이끌어 올려서 결국은 공자, 맹자, 정자, 주자의 도를 불꽃처럼 우리나라에 밝게 비쳐준 인물이다.

부제학으로 있으면서 고향인 안동에 도산서당의 기지를 마련하여 독자적으로 서당을 짓기 시작했던 사실을 보면 퇴계는 젊어서부터 관리생활에는 뜻이 없고 인재 교육에만 큰 뜻을 품고 있었음을 알 수 있다. 향리들에게 대해서는 항상 겸손하고 정중했기 때문에 향리들은 퇴계가 높은 벼슬을 지낸 사람임을 모르고 있을 지경이었다.

율곡은 퇴계의 덕을 흠모하여 안동의 도산서당을 방문했다. 율곡이 23세요, 퇴계가 58세 때의 일이다. 율곡은 퇴계에게 초면 인사를 올리고 나서, 그의 학덕을 찬양하는 다음과 같은 한수를 지어 올렸다.

> 시냇물은 수사에서 한 갈래 나뉘어
> 드높은 봉우리는 무이(武夷)처럼 뛰어 났소
> 천권 경서 속에 보람 있게 살아가니
> 고요한 뒷방이 한가하기만 하도다
> 회포를 풀고 나니 맑은 하늘에 달이 떠오르듯
> 웃으며 나누는 얘기에 거친 물결 잠자오.

소자가 뵌 것은 도를 듣고자 함이니
한나절 헛되이 보냈다 생각지 마옵소서.

이상과 같은 율곡의 헌시에 대해 퇴계는 다음과 같이 화답하였다.

병들어 문 닫고 봄빛을 못 보다가
그대 만나 얘기를 나누니 심신이 상쾌하다.
비로소 이름난 선비 헛되지 않음을 알았으니
지난 날 경 공부 소홀함이 부끄럽고
아름다운 벽에 가라지 먼저 익게 마오
새로 닦은 거울에는 티끌도 해가 되오
지나친 말을 깍아 버리고
힘써 공부하여 서로 더욱 친해보세

퇴계는 완락재에서 제자들을 가르치며, 좌우에 가득히 쌓아놓은 책을 줄곧 읽고 있었다. 책 읽기에 지치면 산과 들을 산책하며 언제나 사색에 잠겨 있었는데, 그의 심오한 성리학의 이론은 그런 때에 착착 심화되어 가고 있었던 것이다.

그 무렵에도 퇴계는 가세가 곤궁하여 끼니를 이어 나갈 정도였었다. 제자들이 많다고는 하지만 그들에게서 사례금을 받는 것이 아니라, 숙식까지 이쪽에서 제공해 줄 지경이었으니 그럴 수밖에 없었다.

그러나 아무리 곤궁해도 그런 기색은 나타내지 않고, 언제나 화락한 얼굴을 하고 있었기 때문에 그가 그처럼 곤궁한 것을 알 수 없었다. 그는 생활을 초월하여 정신수양에만 치중했던 까닭에 도가 더욱 깊어져서, 언제든지 기쁨에 잠겨 있었던 것이다.

도산서당 산 너머에는 토계라는 시내가 있다. 벼슬에서 물러나 시내 위에 살게 된 그는 퇴거계상(退居溪上)이라고 해서, 자신의 아호를 퇴계라고 지었던 것이다. 그가 살았던 서당은 세 칸인데, 가운데

한 간은 주자의 '명당실기'라는 글에서 따서 완락재(玩樂齋)라 하고 동쪽 한 간은 역시 주자의 글에서 따서 암서헌(巖棲軒)이라 짓고, 두 개를 모두 합해서 도산서당이라 한 것이다.

숙사는 모두 여덟 간인데, 각각 '시습재'니 '지숙료' '관란헌'이라는 이름으로 불렀고, 그 모두를 합해 '농운정사'라 부르기로 하였다. 서당 동 편에 조그맣게 모진 연못을 파고 연을 심어 '정우당'이라 하고, 이 연못동쪽에 '몽천'이라는 샘을 팠다. 그리고 샘 위의 산기슭을 깍아서 암서헌과 마주 보이게 단을 쌓고 매죽(梅竹)과 송국(松菊)을 심어 절우사라 부르게 하였다.

퇴계는 자연을 사랑했고 즐겼다. 누군가가 무사안일한 삶의 태도가 아니냐고 묻자 이렇게 대답했다.

> "만일 그대의 말과 같다면 공자가 무엇 때문에 늦은 봄날 새 옷을 갈아입고 동자를 거느리고 무우에 가서 바람을 쐬었고, 기수에 가서 목욕하고 시를 읊조렸겠는가. 주자는 일생을 두고 노봉에 사는 것이 소원이어서 항상 노봉을 두고 시를 읊었는데 그것 역시 그는 산수에서 즐거움을 맛볼 수 있었기 때문이 아니었겠는가."

지금의 도산서원은 퇴계가 세상을 떠난 후 서당을 확장한 것이다. 서원이란 단순한 사당에 머무는 것이 아니고 훌륭한 인물을 제사하는 역할을 첨가한 것이다. 지금의 '도산서원'이라는 현판은 선조대왕 때의 사액이며, 글씨는 석봉 한호의 글씨다.

선비가 세상에 태어나 간혹 벼슬에 나아가거나 산림에 머물거나 혹은 때를 만나거나 때를 못 만나거나 간에 오직 몸을 깨끗이 하고 도의를 실천할 뿐이요, 화복(禍福)을 논하지 않는다는 것이 퇴계의 지표였다.

퇴계의 사상은 주자학을 계승한 것이지만 천리(天理)의 적극적이고 주체적인 활동을 밝힌 점에서는 오히려 주자의 이론체계에서 한

걸음 더 나아가 이(理)의 자발성을 논리화시킨 특징이 있다.

그는 성학에 접근하는 구체적 수양방법으로 경을 강조하였다. 경이란 항상 깨어 있는 상태(醒醒)에서 주어진 일에 전일하는(主一無適) 마음공부이다. 주자학적 수양관에 따라 철저하게 자기수행을 하고 후학들에게 수범을 보인 퇴계의 후학들은 조선조 주자학의 견인차 역할을 했다.

뿐만 아니라 그의 사상은 16세기말 일본의 거유인 후지하라 세이카(藤原惺窩, 1561 ~ 1619)와 그의 제자 임라산(林羅山)은 퇴계학에 매우 심취하였으며, 야마자키 안사이(山崎闇齋)는 퇴계의 "자성록"과 "주자서절요"를 읽고 퇴계를 지극히 흠모하면서 퇴계학을 강의하여 일본문화의 밑거름이 되기도 하였다.

퇴계의 제자로는 서애 유성룡, 학봉 김성일, 고봉 기명언 같은 대학자들이 초기에 도산서당의 문을 두드린 이들이었다.

2. 하회마을의 전통

안동의 하회마을은 우리나라 전통건축물이 생활공간 속에서 살아 숨 쉬는 독특한 전통문화의 보고라고 할 수 있다. 여기에는 퇴계의 학문을 이은 선비의 문화적 유산이 남아있을 뿐만 아니라 하회탈춤과 같은 서민대중들의 민속도 함께 잘 남아있는 곳이다.

하회출신의 선비가운데 손꼽을 수 있는 이들이 겸암 유운룡과 서애 유성룡 형제다. 겸암은 퇴계가 향리 도산에 서당을 열었을 때 제일 먼저 찾아가 배움을 청하였을 뿐 아니라, 퇴계 또한 그의 학문적 재질과 성실한 자질에 감복하여 총애가 끊이지 않았다.

부용대 남쪽 기슭에 정사를 지어 학문에 정진할 때 '겸암정사'라는 이름을 지어 준 것도 퇴계였으며, 겸암은 그 이름을 귀하게 여겨 자신의 호로 삼았다.

서애는 겸암의 아우로서 임진왜란의 국란을 슬기롭게 극복한 선조조의 명신이자 퇴계의 학통을 이은 학자이다. 벼슬길에 나아간 지 30년, 재상의 자리에만 10년을 있었으나 청빈하여 끼니를 잇기가 어려울 만큼 가난한 생활을 하며, 임란의 참담했던 일을 기록하여 '난후잡록'과 '징비록'을 저술하였으며, 성리학에 깊은 연구를 하여 퇴계 학맥의 한 갈래를 이루는 여러 저술을 남겼다.

하회마을의 양진당은 겸암종택으로 그 13대 손부가 거주하고 있으며, 1600년대의 건축물로 추정하고 있다.

충효당은 서애의 사당이다. 행랑채의 솟을 대문을 들어서면 바로 사랑채의 대청을 마주하게 되고, 대청 가운데 후원으로 통하는 문 위에 걸려 있는 충효당이라는 미수 허목이 쓴 전서체 현판이 눈에 얼른 띈다.

3. 하회탈

하회탈은 우리나라 문화유산으로서 국보 탈인 동시에 세계의 문화유산으로서 국제적인 탈이라 해도 지나치지 않다.

탈의 한자말은 '가면'이다. 가면은 가짜 얼굴이라는 뜻이다. 영어에서는 탈을 마스크라고 한다. 마스크 또한 거짓얼굴을 뜻하는 것이자, 얼굴 가리개라는 뜻을 지녔다.

탈은 재앙이자 질병이며 문젯거리일 뿐 아니라, 세상의 부조리한 모습들을 잘 보여주는 '덧뵈기'이기도 하다. 덧뵈기의 탈을 가면이 아니라, 오히려 우리의 위선적인 거짓 얼굴을 가림으로써 숨겨져 있던 진짜 모습을 드러나게 하는 '진면'구실을 하는 셈이다.

일제 때 탈을 보관하던 동사에 불이 났을 때도, '탈이 불타버리면 서낭님의 노여움을 어찌 할까'하고 안타까워하다가 누군가 불 속에 뛰어 들어가서 탈이 든 상자를 안고 나와 무사할 수 있었다. 마을 사람들의 신앙의 힘이 하회탈을 지금껏 보존하는 전승력 구실을 했던 것이다. 하회탈가운데 가장 반듯한 것이 양반탈이라면, 가장 삐뚤어져 있는 것이 초랭이탈이다.

이목구비의 균형과 불균형, 조화와 부조화를 통해서 반상의 차별성이 갖는 사회적 억압의 양상을 대립적인 얼굴 모습으로 형상화한 것이다.

부네와 각시 등 여성탈은 콧대를 중심으로 세로선이 수직을 이루지 못하고 기울어져 있는 반면에, 초랭이와 이매 등 하인탈은 눈과 입의 가로선이 수평을 이루지 못하고 기울어져 있다. 삐딱한 세로선이 남녀 간의 성적 차별을 나타낸다면, 기울어진 가로선은 반상간의 신분적 차별을 나타내는 셈이다.

턱이 떨어져서 광대가 말을 할 때나 움직일 때 턱이 자유롭게 움직이는 탈에는 양반·선비·중 등이 있다. 이들은 한결같이 남성탈이자, 지체가 높은 인물의 탈로서 언론의 자유가 보장되어 있는 탈이다.

턱이 붙어 있는 탈은 부네와 각시·할미 등 여성탈과, 초랭이와 같은 하인탈이다. 아랫것들이나 여성들은 당시에 언론의 자유가 보장되어 있지 않았다는 것을 뜻한다.

각시탈은 무진생 김씨 서낭신을 상징하는 것으로 아직 처녀이다. 물론 출산을 한 처지도 아니다. 부네는 사정이 다르다. 뭇 남자들과 가리지 않고 어울리면서 노는 여성이다. 한창 출산력을 지닌 젊은 여성이 바로 부네라 하겠다. 그런데 할미는 완전히 폐경기를 지난 늙은이 이므로 여성으로서 출산의 구실을 담당하지 못할 처지이다.

이런 탈은 동제의 하나인 별신굿의 도구이기도 하다.

하회 마을 사람들을 혈연이나 가문의 지체와 상관없이 하회사람으로서 평등하게 하나로 묶어 주는 구실을 하는 동제 또는 당제를 주목해 본다. 하회에는 다른 마을에 비하여 동신을 모시는 당이 5개나 될 정도로 많다.

가장 중요한 당으로는 화산 중턱에 있는 무진생 김씨를 모신 서낭당과 화산 자락의 묘지와 논들 사이의 숲속에 외따로 자리잡고 있는 국사당, 그리고 마을 가운데 자리 잡고 있는 삼신당 등이다. 이들 당은 화산의 지맥과 연결되어서 화산 중턱과 자락, 그리고 혈의 응결점에 제각기 놓이면서 마을과 산을 이어 주는 정신적 구조물 노릇을 하고 있다.

하회별신굿은 반상 및 남녀의 차별 관념과 학식 및 지체의 상하관계 속에서 공고하게 다져진 사회질서를 허구적으로 뒤집어 버림으로써 극적인 해방감을 만끽하는 공동체의 축제이기도 했다.

별신굿의 효험은 양반지배세력인 풍산 류씨들의 풍요와 안정을 보장해 주는 제의인 것이다. 그러므로 자신들을 비판하는 극적인 풍자를 조금 감수하더라도 주술적인 목적을 염두에 둔다면 그들 스스로 지원해 줄 만한 제의이지 금압할 난장판은 아니었다.

아랫사람들은 탈춤을 통해서 기존체제를 전도시키고 통쾌한 해방감을 만끽하게 되므로 실제적인 변혁 의지를 무디게 하는 동시에 축제 동안 초래되는 사회적 무질서나 극중에서 형상화된 전도된 질서를 경험함으로써 변혁의 혼란을 두렵게 여기고 자제하게 하는 구실도 할 수 있었던 것이다.

4. 하회의 풍수지리

많은 마을들이 자신들의 풍속과 단절되어 현대화되었는데도 안동 지방의 문화재들과 풍속은 생활공간 속에 남아있는지 궁금할 것이다.

무엇보다도 첫 번째 이유는 지리적 고립이라고 할 것이다. 하회의 마을 형상과 절묘한 자연경관 그리고 풍수지리상의 길지는 수많은 국가적 난리와 소요로 부터 하회를 지켜줄 수 있었다.

군사적 안전지대로서 왜적의 침입을 받지 않게 되어 한 차례도 전란을 겪지 않았다는 이 사실이 유형문화재들이 고스란히 남아 있는 이유 가운데 하나이다.

지금까지도 하회마을 사람들은 함부로 우물을 파지 않는다. 화천의 물을 길어 먹었으며, 양수기로 화천의 물을 퍼 올려 식수로 쓴다. 우물을 파지 않는 데에는 그들의 풍수적 관념이 남아있음을 의미한다. 곧 그 마을이 다리미 형국이기 때문에 우물을 파게 되면 다리미의 불을 꺼트리게 된다고 생각하는 것이다.

혈을 감싸고 있는 전후 좌우의 지세를 흔히 좌청룡, 우백호, 남주작, 북현무라고 한다. 그러므로 산세의 혈이 한 지점에 모이고, 이 혈을 중심으로 좌청룡, 우백호, 남주작, 북현무가 형성되어 있는 땅이 명당인 것이다.

물론 하회마을에도 풍수적으로 약한 곳이 있다. 이 허한 곳을 보완하기 위한 비보숲으로 만송정을 조성했다고 한다. 만송정은 풍수지리학적으로는 비보숲인 동시에 차거운 북서풍을 막아 주는 것은 물론 화천의 범람까지 막아 주는 방풍림과 방수림 구실까지도 한다. 이런 인공적인 비보숲의 조성으로 하회는 마을의 풍수지리적 조건을 완벽하게 갖추었다고 하겠다.

5. 전통과 현실

우리나라에서 지정문화재가 가장 많은 곳이 안동군이다. 전국의 고가옥문화재 가운데서 3분의 1이 북부 경북지역에 집중되어 있고, 그 가운데 3분의 2가 안동지역에 분포되어있다.

이 점에서 본다면 안동은 살아 있는 목조건축 박물관이라 할 만하다. 서원건축으로 말할 것 같으며 안동은 1개시가 보유하고 있는 서원의 수효도 최다이다.

중요한 것은 도산서원과 하회의 옛 건축이기도 하려니와 학문을 사랑하고 산수를 즐길 수 있었던 그런 옛사람들의 선비정신이다. 그리고 하회의 아름다움은 산과 강의 아름다움만이 아니라 무속에 가까운 민속과 선비정신이 융화했던 그런 넉넉하고 여유 있었던 마음이 아닌가 생각한다.

향교의 의례와 그 기능

광주향교를 중심으로

1. 유교문화와 향교

한국인은 한자문화권에 속하는 바탕을 가지고 있다. 한자문화의 정신은 유교라고 볼 수 있고, 우리는 마치 공기를 마시고 살면서도 공기를 의식하지 못한 것처럼 유교적 가치를 내면화했으면서도 유교의 가치를 의식하지 못하는 경우가 많다.

그렇다면 유교란 무엇인가? 그것은 간단히 말하자면 공자의 가르침이며, 중국의 문화이면서 한국문화에 지대한 영향을 끼쳤다. 지금도 우리주변에서는 본토인 중국보다도 더 '대성지성문선왕(大成至聖文宣王)으로 위대한 성인으로 기념하고 있다. 그의 가르침은 동아시아에서 지금까지도 지대한 영향을 미치고 있으며, 단순한 윤리적 가르침인 원시유교가 아니라 심오한 철학적 주자학에 이르기까지 그 학문영역은 방대하다. 유교의 경전은 사서삼경(四書三經)으로 과거사회에서는 필독서요 교양서였다. 공자의 고향인 중국에서는 모택동의 공자비판으로 공자비판을 자행하다가 최근에는 유교문화가 복원되고 있다. 그 이유는 공자의 사상을 바탕으로 한 한자문화권의 지구적 약진에 기인하는 것이다.

현대는 유교의 문화가 그저 한갓 문화재로서 박제화된 것으로 오인될 수 있다. 그런데 첨단기술에 바탕을 둔 정보화 사회가 되어 가면서 사람들은 그 놀라운 스피드를 즐기면서도, 한편으로는 우리 문화에 대한 향수를 가지며, 다시 한 번 옛 사람들의 정신을 새겨본다. 우리의 가치가 일방적으로 미래를 향해서만 기운 것이 아니고, 그렇다고 해서 과거에 집착하는 복고적 퇴행이 아닌 균형의식의 발로라고 생각한다. 도심의 빌딩 숲을 나와 오래된 문화유적을 찾고 거기에서 한국과 우리 고향의 오랜 문화적 유산을 생각해 보는 그런 풍조는 환영할 만한 일이다.

유교의 문화와 문화재를 이해하기 위해서 무엇이 필요할까? 우선적으로 문묘(文廟) 곧 향교를 이해하지 않으면 안 될 것이다. 향교라는 공간이 무엇을 하는 곳을 알아야 그에 따른 문화재를 이해할 수 있을 것이다. 그런데 향교라고 하는 공간은 한 지역에 하나가 있을 따름이다. 광주향교는 광주광역시에 오로지 하나만 있을 뿐이다.

향교와 비슷한 목적을 가진 공간이지만 서원과 사당은 아주 많다. 향교는 국가에서 지정한 국립이지만, 서원과 사당은 개인이나 단체가 설립할 수 있는 사립이기 때문일 것이다. 물론 서원중에서도 국가가 세운 사액서원은 향교의 위상을 훨씬 능가하기도 한다. 사당도 사액의 사당이나 유서 깊은 사당은 향교나 서원이상으로 비중이 있다. 대체적으로 우리역사의 서술은 이 서원과 사당이 붕당정치의 폐해를 주었다고 부정적으로 기술하는 경우를 볼 수 있다. 중요한 것은 배향된 인물이 지연, 학연, 혈연에 의해서만 그들 이익집단의 상징으로 변질될 때 그러한 부정적 효과가 있겠으나, 그렇다고 해서 서원과 사당의 의미를 축소할 필요는 없다. 그 선현(先賢)에 대한 제사의례라고 하는 것은 상당히 중요한 의의가 있기 때문이다. 적어도 한 지역이나 한 가문의 향사(享祀)의 대상이 되는 인물은 대체적으로는 사표가 되는 훌륭한 인물이기 때문이다.

향교와 서원 그리고 사당 혹은 가묘(家廟) 등 유교의 문화재는 한

정되어 있고, 거의 멸실되어 가는 형편에 처해 있다. 나라에서는 중요한 공간을 문화재나 주요사적지로 지적하여 보호하고 있는 것은 다행스럽다.

광주지역의 경우 향교는 1398년(태조 7년) 서석산 장원봉 아래 건립하였는데 호랑이의 피해가 많아서 읍성 안으로 옮겼다가 1488년(성종 19) 현감 권수평(權守平)에 의해 현재의 위치로 옮겼다. 정유재란 때 불에 타서 다시 지금의 건물로 중건하였는데 현재는 대성전을 비롯하여 명륜당, 동무, 서무, 내삼문, 외삼문, 동재, 서재, 사마재(司馬齋; 文會齋)[53], 양사재(養士齋)[54] 등의 구조로 되어 있는 역사적 공간이다.

광주향교의 경우 1951년 2월에 이르러 대성전 동서벽에 종향한 10철(哲)을 매안하면서 6현(賢) 중 여국공 정호, 휘국공 주희는 우리나라 18현과 같이 동서벽에 같이 모시게 되었다. 따라 동·서무(東·西廡)에 배향되었던 우리나라 18선정은 대성전 안 동서벽에 승격시켜 모시고 향사(享祀)하고 있다. 이러한 제사기능 이외에도 사회교육기능으로 한문강좌와 유교교양강좌를 실시하여 오랜 전통을 유지하고 있는 곳이다.

53 고을의 生員과 進士들이 거처하여 학업을 연마하게 했던 곳
54 아직 벼슬이 없는 幼學들을 위한 공간

2. 향교의 성립과 위상

1) 향교의 성립

고려조 향교의 건물은 묘학동궁(廟學同宮)의 제도를 취하였다. 즉, 공자 이하 십철(十哲) 72현(賢)을 모신 대성전(공자묘)을 중심에 두고 그 앞의 동서로 무(廡)를 설치하여 여러 유생들이 거처하며 접촉하고 강독하게 하고 입구에 문을 설치하였다.

공자 이하 제현을 봉향하는 대성전은 애초에 화상(畫像)을 봉안하였던 신라의 국자감을 이어받은 것으로 생각된다. 신라 진덕여왕 2년(648) 김춘추가 당나라의 국학에서 석전을 행하는 것을 보고 온 이후, 성덕왕 16년(717) 태감(太監) 수충(守忠)이 당으로부터 문선왕(文宣王 ; 곧 공자)과 십철(十哲) 72제자의 화상을 가져와서 태학에 비치하게 한 일이 있었다.

고려 숙종 6년(1101) 국자감의 문선왕전에 새로 61자(子) 22현(賢)의 화상을 봉안하고 석전에 종사하게 한 제도는, 각 지방에 그대로 통용되었는지는 알 수 없다. 여러 가지 기록에서 모이는 바로는 오성(五聖) 십철(十哲)만 향교에 모신 것을 나타나기 때문이다. 그 밖에 중앙의 성균관[55]에서는 고려 현종 11년(1011) 최치원을 문묘에 배향하였고, 13년(1103)에는 설총을 홍유후(弘儒候)로 추증하여 종사하였으며, 충숙왕 6년(1319)에는 안향을 종사하게 하였는데, 지방의 향교에서도 그렇게 하였는지는 분명하지 않다.

왕조의 교체와 관계없이 고려조의 향교가 조선조의 향교로 이어지면서 적어도 『동국여지승람』이 완성된 조선 성종 17년(1488)까지

55 *원래 음악을 조율한다는 말로, 어그러짐을 바로 잡고－整成－ 과불급을 고르게 한다－均平－는 뜻

는 전국에 일읍일교(一邑一校)의 체제를 갖추게 되었다. 공자 이하 유현(儒賢)에 대한 석전을 드리는 향사(享祀)기관으로서 제생(諸生)에 대한 교육기능을 가진 향교는 사실상 지방관학의 중심기관으로서 지방의 인재를 육성하는 역할을 수행해 왔다.

향교의 주변에는 대개 홍살문과 하마비 은행나무가 있다. 홍살문은 잡되고 삿된 것을 막는 신성한 공간이라는 표시이고, 하마비는 말에서 내려 걸어들어 가야하는 신성한 공간임을 말하고, 은행나무는 공자가 공부하던 강당에 은행나무가 있었기 때문에 상징이 된 것이다.

2) 향교의 위상

향교는 지방민을 교육하고 교화하는 학교 이전에 '문묘'라고 하는 제사영역을 갖추고 있었기 때문에 그 존재 의미가 있었다. 조선시대에는 종묘와 더불어 문묘는 국가의례로 큰 의미를 두었다. 지금과는 달리 국가기관에 속했으므로 감사가 군·현을 순방할 때, 수령이 새로운 근무지에 도착했을 때 반드시 행하여야 할 의례가 문묘 참배였다.

지방관은 출관(出官)한 다음 날 향교에 알성(謁聖)한다. 춘추의 석전(釋奠)과 향교의 일은 주의 깊게 해야 한다. 석전제는 반드시 몸소 참석해야 한다. 부임 초에 마땅히 엄숙하게 사직과 향교에 배알하고 체임하여 돌아올 때도 작별의 배례를 한다. 오늘의 지방자치단체의 기관장이 새로 부임했을 때에는 먼저 향교의 문묘에 참배하고 있으며 아울러 석전제에도 초헌관으로 참석하고 있는 것은 이런 전통의 연장이라고 볼 수 있다.

3) 향교의 사회교화적 기능

비록 조선후기의 향교가 피폐했다고는 하지만 그 고유의 기능인 춘추의 석전과 삭망분향의 향사(享祀)를 통한 교화의 기능은 그대로 유지하고 있었다. 특히 석전은 유가적 규범의 온존 및 보급의 차원에서 중요시되었을 뿐만 아니라 그 행사에 회동한 사람들이 일향(一鄕)의 공론을 조성했기 때문에 주목되어졌다. 그렇기 때문에 석전은 고려조 이래로 중춘(仲春) 및 중추(仲秋)의 상정일에 행해졌으며, 현재까지도 향교의 가장 중요한 행사로 남아 있다.

문묘에 향사되는 공자 이하의 위차(位次)는 고려조의 국자감과 향학에서 시행된 것을 습용(襲用)하였다. 대성전의 정위(正位)에는 공자 곧 대성지성문선왕(大成至聖文宣王)을 봉안하였다.

광주향교는 광산향교라고도 병칭하였다. 조선조 명신 기대승(奇大升)의 광주향교기에 의하면 광산으로 표기하고 있다. 광주가 원명이지만 때때로 강등되었을 때는 광산현(光山縣)으로 쓰였고 이내 다시 광주로 복구되는 과정이 여러 번 있었기 때문이다.[56]

> "대승(大升)은 이 고장 광산 사람이라 학교의 새로운 모습을 보고 한편으로 훗날 다시 폐추(廢墜)될까 근심을 하였는데 여러 유생(儒生)들의 글을 지어 달라는 간청이 있어 감히 사양하지 아니하고 사실의 대강을 이와 같이 기록하였다."[57]

고봉 기대승은 광주향교의 상량문과 중수기를 남겨 광주향교와 깊은 인연을 가진 인물이다. 또 정유재란에 일본에 포로로 잡혀 돌아

---

56 조선 인조 2년(1624) 광산현으로 강등 그해에 다시 州로 복귀. 조선 숙종 27년(1701)년 광산현으로 강등하였다가 숙종 33년(1707)년 다시 州로 복구되었다. 근래에도 두 지명을 병칭한다.

57 광주민속박물관 ≪광주읍지≫ 2003. p.36.

온 영광의 수은 강항(姜沆)도 광주향교의 대성전에 상량문을 남기고 있는데 선비정신을 기르는 공간으로 그만큼 소중하게 여긴 흔적들이다.

3. 향교의 의례

1) 석전제(釋奠祭)

향교의 의례 가운데 가장 중요한 의례는 일 년에 두 번 올리는 석전제라고 할 수 있다. 원래 '석(釋)'은 '놓다(舍)' 또는 '두다(置)'의 의미를 지닌 글자로서 '베풀다' 또는 '차려놓다.'라는 의미이다. '두다(置)'의 의미를 지닌 글자로서 '베풀다' 또는 '차려놓다'라는 뜻이다. 또 한 '전(奠)'은 일종의 상형문자로서 '추(酋)'(오래된 술)와 '대(大)'의 합성자이다. 여기에서 '추(酋)'는 술병에 수를 담아 놓고 덮개를 덮어 놓은 형상으로, 빚은 지 오래된 술을 의미하며, '大'는 물건을 얹어 두는 받침대의 모습을 상징한다. 따라서 이는 곧 정성스레 빚은 술을 받들어 올린다는 뜻이다.

이와 유사한 것으로서는 석채(釋菜)가 있는데 이는 나물 종류만을 차려 올리는 단조로운 차림으로서 음악이 연주되지 않는 조촐한 의식이며, 이에 비해 석전은 생폐(牲幣)와 합악(合樂)과 헌수(獻酬)가 있는 성대한 제전이다. 한편 석전은 '정제(丁祭)' 또는 '상정제(上丁祭)'라는 별칭으로도 불렸는데 이는 석전을 매년 봄과 가을에 걸쳐 2차례씩 음력 2월과 8월의 상정일(上丁日)을 택하여 봉행하여 온 데서 비롯된 것이다.

[석전제(釋奠祭)의 대상]

석전의 제사 대상은 공자만이 아니라 공자의 정신을 이은 중요한 제자들이다. 공자는 실제로는 왕이 아니었지만 역대의 중국의 황제나 제후국의 왕들이 제사를 지냈기 때문에 "대성지성문선왕(大成至聖文宣王); 공자(孔子,기원전 551－478)"로 가장 중요한 제사의 대상이 되는 것이다. 그 다음은 사성위(四聖位)로 공(公)의 칭호를 부여하는데 복성공(復聖公) 안자(顔子; 기원전 521－490), 종성공(宗聖公) 증자(曾子; 기원전 505－ 436), 술성공(述聖公) 자사(子思; 기원전 483－402) 그리고 아성공(亞聖公) 맹자(孟子; 기원전 372－289)이다.

그 다음은 공자의 10대 제자(孔門十哲)로 민손(閔損; 기원전 507－?), 염경(冉耕; 기원전 544－?), 염옹(冉雍; 기원전 522－?), 재여(宰予; 기원전 522－458), 단목사(端木賜; 기원전 507－420), 염구(冉求; 기원전 522－489), 중유(仲由; 기원전 542－480), 언언(言偃; 기원전 506－?), 복상(卜商; 기원전 507－400), 전손사(顓孫師; 기원전 503－?)이다. 여기에 중국 송나라 시대의 육현(六賢) 곧 송조(宋朝) 6현(賢) 도국공(道國公; 周敦頤. 1017－1073), 예국공(豫國公) 정호(程顥. 1032－1085), 낙국공(洛國公) 정이(程頤. 1033－1077), 신안백(新安伯) 소옹(邵雍. 1011－1077), 미백(郿伯) 장재(張載. 1027－1077) 그리고 휘국공(徽國公) 주희(朱熹. 1130－1200)가 제사의 대상이 된다.

한국의 18현(賢)[58]도 제사의 대상이 된다. 조선의 왕이 제사를 올렸기 때문에 公과 候로 가장 선비다운 선비의 위상을 가진다.

광주향교의 대성전 향사 위차도는 표로 살펴보자면 다음과 같다.

58 홍유후(弘儒候) 설총(薛聰 650－740), 문창후(文昌候) 최치원(崔致遠 857－?), 문성공(文成公) 안향(安珦 1243－1306), 문충공(文忠公) 정몽주(鄭夢周 1337－1392), 문경공(文敬公) 김굉필(金宏弼 1454－1504), 문헌공(文獻公) 정여창(鄭汝昌 1450－1504), 문정공(文正公) 조광조(趙光祖 1482－1519), 문원공(文元公) 이언적(李彦迪 1491－1553), 문순공(文純公) 이황(李滉 1501－1570), 문정공(文正公) 김인후(金麟厚 1510－1560), 문성공(文成公) 이이(李珥 1536－1584), 문간공(文簡公) 성혼(成渾 1535－1598), 문원공(文元公) 김장생(金長生 1548－1631), 문열공(文烈公) 조헌(趙憲 1544－1592), 문경공(文敬公) 김집(金集 1574－1656), 문정공(文正公) 송시열(宋時烈 1607－1689), 문정공(文正公) 송준길(宋浚吉 1606－1672), 문순공(文純公) 박세채(朴世采 1631－1695).

대성지성문선왕(大成至聖文宣王)

서위(西位)	동위(東位)
성국종성공(郕國宗聖公) 증자(曾子)	연국복성공(兗國復聖公) 안자(顔子)
추국아성공(鄒國亞聖公) 맹자(孟子)	기국술성공(沂國述聖公) 자사(子思)

서벽(西壁)	동벽(東壁)
문창후(文昌侯) 최치원(崔致遠)	홍유후(弘儒侯) 설 총(薛 聰)
휘국공(徽國公) 주 희(朱 熹)	예국공(豫國公) 정 호(程 顥)
문충공(文忠公) 정몽주(鄭夢周)	문성공(文成公) 안 유(安 裕)
문헌공(文獻公) 정여창(鄭汝昌)	문경공(文敬公) 김굉필(金宏弼)
문원공(文元公) 이언적(李彦適)	문정공(文正公) 조광조(趙光祖)
문정공(文正公) 김인후(金麟厚)	문순공(文純公) 이 황(李 滉)
문간공(文簡公) 성 혼(成 渾)	문성공(文成公) 이 이(李 珥)
문열공(文烈公) 조 헌(趙 憲)	문원공(文元公) 김장생(金長生)
문정공(文正公) 송시열(宋時烈)	문경공(文敬公) 김 집(金 集)
문순공(文純公) 박세채(朴世采)	문정공(文正公) 송준길(宋浚吉)

석전제의 시기는 음력 2월과 8월 초정일(初丁日)인데 정자(丁字)가 든 날이 길하다는 유래에서 근거했다. 광주향교에서는 석전제에 참여하는 이들에게 다음과 같은 재계(齋戒)를 하도록 했다.

1. 석전제 이틀 전에 모두 목욕하고 옷을 갈아입는다. (祭前二日 皆沐浴更衣事).
2. 석전제 하루 전에 새벽에 제사에 나가 제사장소를 청소하고 정침(正寢)에서 묶는다.(祭前一日 質明赴祭 掃灑祭所 宿正寢事).
3. 재계 중에는 술 마시지 않고, 냄새나는 음식 먹지 않으며, 조문가지 않고, 문병가지 않으며, 음악을 듣지 않고, 형살(刑殺)문서

의 일을 맡지 않으며, 더러운 일에 참여하지 않는다(齋戒中 不繼酒 不茹? 不弔喪 不問病 不聽樂 不行署刑殺文書 不預穢惡事).

석전제를 지낼 때 당연히 마음을 경건히 하는 재계가 필요하지만 광주향교의 석전제에서는 구체적으로 제사 참여자들의 주의를 환기시키기 위해 재계의 방법을 열거해서 지키도록 했다. 가장 중요한 것은 목욕하고 깨끗한 옷을 입는 것이고, 또한 제사공간을 청소하며 일과를 접고 미리 하루 전에 묵으며, 구체적으로 제사 참여자들이 금주, 냄새나는 음식 안 먹기, 조문과 문병금지, 음악 등의 가무를 금지하고 벌주거나 싸우는 일을 하지 않으며 더러운 일을 피하는 것 등을 명시하여 석전제를 올리는 마음을 갖도록 하고 있다.

2) 향음주례(鄕飮酒禮)

[향음주례]

향교에서 향음주례가 거행되었고, 국왕에 의해 반포되는 사문(赦文)의 봉독이 향교에서 이루어졌으며, 향촌의 풍속과 기강을 바로잡기 위한 회합인 유림에서 올리는 소장(疎狀)의 발기가 향교에서 이루어졌기 때문이다. 이러한 역할은 조선 후기 향교가 담당하고 있었기 때문에 향교는 유교적 이념에 입각해 향촌민을 교화시키는 데 중요한 위치에 있었다.

향음주례는 주기적으로 행한 것은 아니고, 향교의 큰 공역이 마무리되면 관장이 향촌의 유림들을 초치하여 향음주례를 베풀고 있다. 원래 향음주례는 향교뿐만 아니라 향사당이나 관아에서도 베풀었으나, 조선후기에는 주로 향교에서 행해지고 있다. 향촌의 선비·유생들이 학교·서원 등에 모여 학덕과 연륜이 높은 이를 주빈으로 모시고 술을 마시며 잔치를 하는 향촌의례의 하나, 어진 이를 존중하고 노인을 봉양하는 데 뜻을 둔다.

향음주례에 대한 또 다른 기록인 『의례』 '향음주'의 조에 의하면 향음주란 향대부가 나라 안의 어진 사람을 대접하는 것으로, 향음주례를 가르쳐야 어른을 존중하고(尊長) 노인을 봉양하는(養老) 것을 알며, 효제(孝悌)의 행실도 따라서 실행할 수 있는 것이고 귀천의 분수도 밝혀지며, 주석(酒席)에서는 화락하지만 지나침이 없게 되어, 자기 몸을 바르게 하여 국가를 편안하게 한다.

우리나라의 향음주례는 해마다 맹동(孟冬)의 길진(吉辰)을 택하여 한성부와 도·주·부·군·현에서 행하였으며 주인(소재지의 官司)이 유덕한 연장자 및 효행자를 택하여 학당에 주탁(酒卓)을 마련하고 서민까지도 자리를 달리하여 참석시켰다. 주인과 손님 사이에 절도 있게 술잔을 헌수하여 연장자를 존중하고 유덕자를 높이며 예법과 사양의 풍속을 일으키도록 하였다.

『국조오례의(國朝五禮儀)』에 있는 「향음주의(鄕飮酒儀)」 또는 『증보문헌비고(增補文獻備考)』의 「학교고(學敎考)」에는 향음주례의 차례는 다음과 같이 설명하고 있다.

1) 해마다 10월에 주(州), 현(縣)에서 길일을 택하여 주인(지방관)이 주빈(연세가 높고 덕이 높은 사람)을 청한다(每年孟冬 擇吉日 主人戒賓[年高有德行者]).
2) 행사 당일에 주인이 주빈을 향교문 밖에서 맞이하는데, 주빈이 예절을 갖추어 들어오면 손님이 따라 들어와 마루 위로 오른다(其日主人迎賓于學堂 門外相者指導揖讓 入衆賓隨之至堂).
3) 주빈이 두 번 절하면 주인이 답하여 절하고, 여러 손님이 다 같이 예를 행하며 자리에 앉는다. (賓再拜 主人答拜 衆賓

行禮如上儀就位).

4) 풍악을 울리고 주인이 주빈에게 술을 올리면, 주빈이 주인에게 답하여 잔을 올려 5회의 잔 돌림을 한 뒤에, 손님과 주인이 함께 일어선다. (奏樂主人獻賓 賓酌主人 觴行五遍 賓主皆興).

5) 사정(司正; 여러 사람의 추천을 받은 이)이 말하기를 "국가를 추앙하고 옛 풍습으로 이끌고 예교를 숭상하여 이제 향음을 거행하니 이는 오직 음식만을 위한 것이 아니다 라고 한다.(司正[衆所推服者]告戒日 仰惟國家 率由舊章 崇尙禮敎 今玆擧行鄕飮 非專爲飮食而已). 우리 노소(老少)는 서로 권면하여 나라에는 충성하고, 어버이에게는 효도하고, 가정에서는 화목하고, 향리에서는 잘 어울리고, 서로 일깨우고 가르쳐 잘못이 있거나 게으름 펴서 삶을 욕되게 하는 일이 없도록 할 것이다."(我長幼各相勸勉 忠於國孝於親 內睦於閨門 外比於鄕黨 胥訓告胥敎誨 無或惢 隨以? 所生)라고 한다.

6) 자리에 앉은 사람들이 모두 재배하고 처음과 같이 손님이 내려서 나가며, 여러 손님들이 나간다. 주인은 평소의 예처럼 문밖에서 전송한다.(在位者 皆再拜如初 賓降出衆賓隨出 主人送于門外如常禮).

결국 향음주례는 수령이 앞장서 향중(鄕中)의 유덕자를 골라 베푸는 주연이며, 음주에서 그치는 것이 아니라 효제목인(孝悌睦隣)을 권장하는 주례(酒禮)를 통한 훈련이기도 하였다.

광주향교의 양사재에서 거행되었던 향음주례에 대한 분위기를 알 수 있는 시문이 있다.

풍경소리 고요하고 풍악소리 요란하네
수많은 선비들이 문단(文壇)에 모였네.
남주(南州)의 높은 선비들 자리를 함께 하고
북해(北海)의 호탕한 정, 술동이를 마주했네.
옛 도리 펴는 선비 있으니 참으로 사랑스럽고,
향음주례를 행하니 도(道)가 여기에 있었네.
오늘 아침의 이 모임이 어찌 우연한 일일까.
태평을 노래하고 성은(聖恩)을 찬양했네[59]

음주례는 술을 마시는 모임이지만 흥청망청 무절제하게 술을 마시는 것이 아니라 나이 드신 분께 술과 안주 또 음악연주로 잔치를 열어 절을 하고 또한 그 가운데서 잔치를 여는 것으로 경노사상을 실천하는 의례라고 할 수 있다.

[문회연(文會燕)]

향교의 사마재는 생원과 진사들을 위한 공간이었기 때문에 여론을 주도하고 또 향촌의 권력을 가진 기구로도 기능을 했다. 각 지방의 향교마다 사마재가 설치되어 있는 곳이 있었는데 광주향교에서 행해진 사마재의 연회인 문회연이 있었다. 이 모임의 목적은 존경받는 학자들을 지방관이 모시고 연회를 베푸는 것이었다. 연례적인 행사는 아닌 좀 특별한 향음주례의 양상이라고 할 수 있다.

광주향교의 사마재(司馬齋, 지금은 문회재라고 하며 향교의 경내에 복원되어 있음)는 생원과 진사들이 문학으로 모인 곳인데 여기에서는 향음주례이외에도 사마연이라는 연회가 있었다.[60] 오겸(吳謙; 1496－

---

59 국역『광주읍지』, 광주민속박물관, 2003. p.37. 참조. 광주목사 김재헌의 시문이다.

60 위의 책, PP－38－39참조.

1582)[61]이 광주목사로 있을 때 대학자인 기대승과 이후백(李後白; 1520－1578)을 초대하여 술자리를 베풀고 연회를 했는데, 즉석에서 두 학자의 시와 서예의 솜씨를 보았다. 첫날은 기대승이 시 8편을 지었고, 이후백은 80명의 기생들에게 자유롭게 글을 써 나누어 주었다. 다음날은 강목(綱目) 150책에 대한 내용의 암송이 있었는데, 두 선비에게 오겸이 절을 올렸다.

이 연회에는 기생들이 화려한 옷을 참여하여 엄숙하기 보다는 즐거운 자리였다. 참여한 기생의 숫자는 80명이었는데 첫날 시회(詩會)[62]에서는 이후백이 즉흥적으로 시를 써서 참여한 기생들에게 나누어 주어 기대승을 압도했다. 물론 광주목사 오겸은 술잔치를 베풀었다.

다음날은 역시 술을 베풀고 오겸은 두 선생에게 역사에 대한 토론을 부탁했다. 이후백은 강목(綱目)에 대해 외우고 이야기 했다. 기대승은 이후백이 말한 강목(綱目)을 더욱 세밀하게 외우고 이후백의 지식을 압도했다고 하면서 학문의 즐거움을 누리는 광주향교의 잔치에 대해 큰 자부심을 가졌다.

이러한 문회재가 매년 있었던 것 같지는 않지만, 다른 지역에 볼 수 없는 것으로 지방관과 저명한 석학과 유생 그리고 기생들이 무려 80명이 참여하는 것으로 보아 상당히 독특한 향음주례의 형식이다.

3) 향사의(鄕射儀)

매년 3월 3일과 9월 9일에 행했다. 효제충신(孝悌忠信)과 예를 잘 행하는 자를 손님으로 삼았다. 『증보문헌비고(增補文獻備考)』의 「학

61 그는 광주목사를 거쳐 이후 1559년 예조판서가 되었으며 우의정에 이르면 당시의 인재라고 할 수 있다.

62 이후백이 長篇, 短篇, 律詩, 古詩를 생각나는 대로 썼다고 기록됨.

교고(學敎考)」에는 향사례의 차례는 다음과 같이 설명하고 있다.

1) 해마다 3월 3일, 9월 9일에 예를 행하며, 하루 전에 주인(지방관)이 손님에게 알린다.(每年三月三日 九月九日 行禮前一日主人戒賓[孝悌忠信 好禮者].
2) 행사 당일에 단을 만들고, 단에서 90보 밖에 과녁을 세운다.(其日除地爲壇 張侯去九十步).
3) 손님을 문밖에서 영접하고 예의를 갖추며 여러 손님이 들어와 따라서 단에 이르며, 주인은 동쪽에 손님은 서쪽에 자리하여 손님이 재배하고 주인이 답배한다. 앉으면 음악이 연주된다. 주인이 손님에게 술을 권하고 손님이 잔을 돌린다. 주인이 술을 3회 권하고 술자리를 치운다.(主人迎賓于門外相者指導揖讓 入衆賓 從之至壇 主人在東 賓在西 賓再拜主人答拜如上儀就坐奏樂 主人獻賓 賓酌主人 酒三遍乃撤卓).
4) 사사(司射; 여러 사람의 추천을 받은 자)가 단에 올라 활을 쏘면 손님과 주인이 짝을 같이 하여 셋은 꽂고 하나는 끼고 차례로 쏘며, 화살이 나아갈 때 마다 풍악을 울린다. (司射衆所推服者]陞壇 射賓主 比?搢三 狹一 以次而射 每發矢 皆樂).
5) 쏘기를 마치면 사사가 제자에게 명령하여 술상을 베풀고, 활을 맞추지 못한 자에게는 벌주를 준다. 술을 마시면 다시 탁자에 잔을 내려 논다. 여러 손님들과 맞추지 못한 자가 차례로 술을 마시고, 마시고 나면 잔을 치운다.(作射畢司射 命弟子設? 不中者 卒?反置于卓)以次繼飮 飮遍 乃撤?于卓 衆賓不中者 以次繼飮 飮遍乃撤?).
6) 손님과 주인이 모두 재배하는 것은 처음과 같으며, 손님이 나가고 다른 손님도 따라 나가면 주인이 문밖에서 전송하는 것

은 평소의 예처럼 한다.(賓主皆再拜如初 賓出衆賓隨之 主人送于門外如常禮).

광주향교와 사직단 가까이 소재한 광주의 국궁장(國弓場)인 관덕정(觀德亭)은 향사례의 장소로 추정된다. 활쏘기는 하나의 즐거운 스포츠이기도 하지만 연장자를 모시고 예의를 연마하는 향교의례중의 하나였다.

4. 향교의례의 의의

향교의 문묘에서 거행되는 석전은 조선시대에는 각 행정관서의 수령의 책임 하에 실시되는 지방적 행사로서 유교이념과 그에 입각한 유교의례를 향촌주민들의 삶에 밀착시킬 수 있는 좋은 기회였다. 향교는 크게 교육의 기능과 공자를 위시한 성현제사의 기능을 통해 사회교화를 담당한 지방의 교육기관이었다.

광주의 향교는 현재의 광주공원에 있으며 향교와 같은 국가의례를 수행했던 사직단은 바로 옆의 사직공원에 자리 잡고 있다. 일제강점기에는 광주향교의 주변에 1914년에 일본의 천황을 봉안한 신사가 자리 잡게 되며, 향교의 기능은 축소되었다. 그 축소란 학교의 기능으로서 인재양성을 하는 기능의 축소와 역대선현들의 제사 기능의 축소를 의미한다. 조선조에는 이러한 기능들이 국가의례로서 수행되었지만 일제강점기에는 이미 새로운 학교가 등장하고 국왕대신 천황으로 대체되고 선현들은 더 이상 국민적 사표로서 기능을 수행하지 못했다.

조선왕조가 사라지고 일제강점기이후 이러한 향교의 기능은 오직 제사를 올리는 문묘의 기능만을 유지하고 있고 그 교화적 기능은 쇠퇴하였다. 광주향교 역시 조선시대의 본래의 공간에서 지속적으로 유지·관리되고 있으며, 본래의 기능인 선현들에 대한 석전제가 이어지고 있다. 다만 다른 지역과 달리 사회교화기능으로서의 한문강좌 등 여러 가지 교육기능을 수행하고 있어서 다른 양상을 보이고 있다. 물론 석전제 이외에 향음주례나 향사례가 있었는데 이중 사마재에서 거행했던 문회연이 독특한 의례였다.

지금 우리사회는 극도의 윤리적 혼란을 겪고 있다. 인간과 인간사이의 예절이 약해져서 이웃을 존중하고 배려하지 않고, 전통적인 공동체의 미풍양속이 사라져 가고 있다. 그렇다고 해서 서구의 신뢰사회적 예절이 자리 잡은 것도 아니다. 이러한 혼돈상황에서 향교는 단지 옛날의 건물정도로 인식되고 있고, 전통적인 제사기능을 수행하고는 있지만 그 영향력은 심히 약해졌다. 우리사회가 물질과 향락으로 치닫는 마당에, 과거 훌륭한 선현(先賢)을 존중하고 제사지내며 그 과정을 통해 좋은 전통과 예절을 배우게 했던 향교의 역할을 재조명해 보았다.

II

도교의 문화

노장철학의 고향을 찾아서

1. 노자의 시대

유가의 사상이 중국 북방(황하 유역)의 기질로 대표한 사상이라면 도가 사상은 중국 남방(장강유역)의 기질을 대표한 사상이라고 흔히들 말한다. 그것은 공자가 중국의 북방인 노(魯)나라(지금의 산동성) 출신이고, 노자는 남방의 초(楚)나라(지금의 하남성)출신이라는 이유에서 뿐만이 아니라, 이것들은 중국 북방과 남방의 성격을 잘 드러내고 있기 때문이다.

도가 사상은 노자 한 사람에 의하여 창시된 것이 아니라, 이미 춘추시대에 초국 문화를 뒷받침하는 사상으로서 널리 행해지고 있었던 것이다. 후세 노자는 사상가 중에서도 가장 특출했고, 전국시대에 와서 도가사상을 집대성시키는 데 있어서 가장 뚜렷한 근거를 제공했던 사람이라고 생각된다.

노자가 살았던 초나라는 묘족(苗族)의 후예로서, 주나라 초기에 그 조상이 문왕 무왕을 따라 전쟁에 공을 세웠던 덕분에 성왕(成王) 때에 웅역(熊繹)을 단양(지금의 호북성)에 자작으로 봉해 줌으로써 생겨난 나라이다.

초나라는 장강 유역의 만인(蠻人), 회하(淮河)유역의 이인(夷人)들을 그들이 정복한 중원의 한인들과 융합케 하여, 한문화에 오랑캐

문화가 가미된 새로운 초나라 문화를 건설하였다. 춘추전국 시대에 사람들은 유가와 묵가를 현학(顯學) 즉 대표적인 학파로 불렀다. 그러나 춘추 말기 이후, 특히 전국 중기 이후의 사상계에서 가장 영향력이 컸던 것을 꼽으라면 마땅히 도가 사상을 첫손에 들어야 할 것이다.

공자가 주나라로 가서 노자를 찾아뵙고 예(禮)에 관한 가르침을 요청했다는 전설도 있다. 이것이 사실이라면 노자는 공자와 거의 같은 시대의 인물이며, 노자가 공자보다 나이가 위였음이 분명하다.

2. 노자의 생애

노자는 초(楚)나라 고현(苦縣) 곡인리 사람이다. 성은 이(李) 이름은 이(耳) 자(字)는 백양(伯陽)이고 시호는 담(聃)이다. 그의 출생지는 지금의 안휘성 지역에 자리 잡은 박현－이전의 박주－으로부터 40리 즘 떨어진 하남성 녹읍이라는 곳에 해당한다.

노자는 일찍이 동주(東周) 수장실(守藏室)의 관리, 즉 문헌 자료의 수집과 보관을 관장하는 관직을 맡고 있었다. 이는 오늘날 국립도서관의 관장에 해당한다고 말하기도 한다.

노자의 생애에 관한 기록은 사마천(B.C 145－86)의 『사기』에 노장한신열전(老莊申韓列傳)에 가장 자세하다. 노장신한이란 노자, 장자, 신불해(申不害), 한비(韓非)의 네 사람을 뜻하며 노자의 전기는 이들의 전기와 함께 한 편으로 묶여져 있는 것이다. 이 밖에도 후세 도가들의 저서 속에는 노자에 관한 전설들이 많이 기록되어 있으나, 이것들은 모두 믿을 수가 없는 얘기들이다.

노자의 생애에 관한 기록으로서 가장 신빙성이 있는 것이 『사기』

이나 실상은 『사기』의 기록에도 많은 문제가 있는 것은 사실이지만 현재로서는 이 자료에 의존할 수밖에 없다.

노자의 시대에 동주(東周)는 이미 쇠퇴하여 주나라 천자는 유명무실한 상태였다. 노자는 주나라가 쇠퇴함을 보고 관직을 버리고 서쪽으로 갔다. 함곡관(오늘날 하남성 영보현)에 이르자 관령(關令) 윤희(尹喜)가 노자에게 "선생님께서 이제 은거하시려 하니 청컨대 선생님의 사상을 남겨 놓을 수 있는 책 한권을 써 주시기 바랍니다."라고 부탁하였다. 이것이 도덕경이 나올 수 있었던 배경이다.

노자가 오랑캐 땅으로 나가 부처가 되었다는 전설은 이미 후한대에 유행하고 있었다. 이것을 근거로 후세에는 지금 도장(道藏) 속에 전하는 이른바 『노자화호경(老子化胡經)』, 『노자서승경(老子西勝經)』 따위도 생겨났던 것이다.

3. 노자의 제자들

노자의 제자들이란 도가사상들이다. 도가 가운데 영향력이 비교적 컸던 것으로 양주(楊朱) 학파, 열자(列子)학파, 장자 학파 및 황로학파 등을 들 수 있다. 그것들은 모두 노자의 도가 사상에 나름의 이론을 발전시킨 것들이다.

장자는 노자의 본체론을 더욱 적극적으로 밀고 나가서 모든 상대적인 가치를 부정하며, 자아와 만물을 제등(齊等)한 것으로 보면서 무위자연의 사상을 더욱 발전시켰다. 한편 신도와 한비는 현실을 긍정하면서 노자의 본체론보다도 그의 도술(道術)의 개념을 더욱 발전시켜 마침내는 법가(法家)를 이룩하게 된다. 신도와 한비는 인간과 만물에 대하여 평등할 수 있는 것은 그 본질이 아니라 그것들을 지배하는 법이라 생각했던 것이다.

장자의 이름은 주(周)이며 자는 자휴(子休)다. 송나라의 몽(蒙) 사람이다. 일설에 몽은 지금의 하남성 상구시(商丘市) 동북쪽에 있다고 하며, 또 다른 설에는 몽은 지금의 안휘성(安徽省) 몽성(蒙城)이라고 한다. 일찍이 장자는 몽 지방의 칠원사(漆園史)가 되었으며, 명가(名家)의 위대한 스승인 혜시와 절친하게 교류하였다. 집이 가난하여 감하후(監河侯)에게 쌀을 꾸기도 하였다. 그렇지만 관리가 된다거나 정치에 종사하려고는 하지 않았다. 전해오는 바로는 초의 위왕(威王)이 장주가 지혜롭다는 말을 듣고 사신을 보내 넉넉한 재물로 그를 맞이하여 재상이 되어 주기를 바랐지만 장자는 거절하였다고 한다.

4. 노자의 이상

노자의 관심은 내세의 문제보다는 주로 현세에서의 보다 나은 삶을 사는 문제에 쏠려 있다. 노자가 적절한 형태의 금욕적인 생활을 강조하면서도 다른 한편으로 정적(靜寂)주의적 태도가 가져다주는 온갖 이점을 넌지시 암시하고 있는 것도 이러한 맥락에서 보면 수긍이 가는 일이다. 노자는 공자와 같은 적극적인 사회참여를 조롱한다. 그는 공자와의 대화에서 다음과 같이 말한다.

> "내가 듣건대 훌륭한 장사꾼은 상품을 깊숙이 저장해 두고 가게는 텅 빈 듯이 한다고 하며, 군자는 훌륭한 덕을 쌓고 있으면서도 외모는 어리석은 듯이 한다고 하였소. 당신의 교만한 기와 많은 욕망 및 그럴싸한 겉모양과 지나친 뜻을 속히 버리시오. 이런 것들은 모두가 당신 자신에 아무런 이익도 되지 않소. 내가 당신에게 얘기해 줄 수 있는 것은 오직 이것뿐이오."

그는 또 유교적 가치에 대해서도 매우 비판한다. “위대한 도가 무너지자 인의(仁義)가 생겨났다. 지혜가 생겨나면서 대단한 거짓이 존재하게 되었다. 육친(六親)이 친화(親和)하지 않게 되자 효도와 자애가 존재하게 되었다. 국가가 혼란하여지자 충신이 존재하게 되었다.”

노자의 입장에서 그 시대의 혼란은 사람들이 인위적으로 제정한 예의제도에서 말미암은 것이라 단정하고 주나라 초기의 봉건제도는 물론 모든 인위적인 수단을 부정하고 나섰다.

유가는 예치(禮治)와 인정(仁政)을, 묵가는 상현(尙賢) 정치를, 그리고 법가는 법치를 숭상하였다. 노자에 따르면 이러한 것은 모두 인간의 자연스런 본성에 어긋나는 인위(人爲)의 정치이다. 이러한 인위정치로 말미암아 백성은 원초적인 순박성을 잃고 교활한 백성이 되었다고 주장한다.

소박하고 겸손한 태도는 제왕의 통치방법이기도 하다. 통치자는 겸허한 태도로써 언제나 겸손한 위치에 처하며 다른 사람과 다투지 않아야 한다는 것이다. 이미 무위하고자 한 이상 감히 작위적으로 무얼 하려고 들지는 않는다. ‘감히 뭔가를 하지 않는 데 용감’하려면 다른 사람 아래나 뒤에 처해야 하고, 무슨 일에서건 사람들 앞에 나서거나 다른 사람들 위에 서지 않아야 한다.

제왕이라면 반드시 겸손한 위치에서 처신해야 한다고 말한다. “스스로를 과인이라 칭하며” 항상 무심하여 백성의 마음으로 자기 마음을 삼고” “스스로를 과인이라 칭하며”, “만물이 저절로 그러함을 도와 강제로 작위(作爲)함이 없어야만”, 통치자(제왕·성인)는 백성을 다스릴 수 있다는 것이다.

5. 노자와 도교

도교에서도 흔히 노자를 자기네의 개조(開祖) 또는 중흥조로 받들고 있어서 도가 사상과 혼동하기 쉽지만 도교와 도가는 판연히 다른 것이다. 무엇보다도 도교에서는 불로장생을 지향하며 선술(仙術)을 믿고 있는데, 이것은 생사를 초월하는 노자나 장자의 사상과 크게 다른 것이다.

도교는 민간신앙을 바탕으로 한 것이어서 노자 이외에도 존수되는 신들이 무수히 많다.

원시천존(原始天尊-옥황상제), 노군(老君)
북극성인 현천(玄天)상제, 북두칠성
문창제군(文昌帝君-文昌星), 후토(后土)
성황신, 종산신(鐘山神)
도신(都神), 조군(부엌신)
화합신, 삼궁(三官)
재신(財神), 개로신(開路神)
문신(門神), 관제(關帝)
왕령궁(王靈官), 여조(呂祖)
천비(天妃), 잠신(蠶神)
자고(紫姑), 팔선(八仙)
유맹(劉孟)장군, 삼모군(三茅君),
허진군(許眞君), 오성(五聖)
충우무열대제(忠祐武烈大帝), 홍은령제진군(洪恩靈濟眞君)
익성보덕진군(翊聖保德眞君), 화신(火神)·수신(水神), 풍백(風伯)·
뢰공(雷公) 등 온갖 잡신

이것을 통해서도 도교의 성격을 어느 정도 짐작할 수 있을 것이다.

도교가 성립되기에는 적어도 세 가지 문화가 배경에 깔려있다. 첫째는 고대 사회의 귀신 숭배 문화(무축문화)이다. 둘째는 전국 시대 이래의 신선방술 사상이다. 셋째는 노자의 도가 사상이다. 이 세 계통의 사상이 하나로 융합되어 도교라는 사상 체계를 이루어 낸다.

귀신과 상제에 대한 믿음은 고대인들에게 중요한 종교 사상이 되었다. 이러한 사상은 특히 민간에 광범위하게 유포되어 이후 중국 도교가 귀신을 숭배하게 되는 주요한 사상적 근원이 되었다. 도교신앙의 근본 취지는 장생불사하여 신선이 되기를 바라는 신선학에 있다. 이 도교 신선학은 전국 시대 이래의 신선방술 사상에 직접적인 연원을 둔다. 중국 고대의 신선가는 방사(方士)로 불렸는데 그 까닭은 이들이 주로 장생불사의 방술을 이야기하였기 때문이다.

황로학은 황제와 노자를 신앙의 대상으로 한 도가이다. 황제의 황(黃)자가 중국인들이 오방색(五方色) 중에서도 가장 높이는 중앙의 황색에서 나왔고, 황하가 연상되며, 또 후에의 도가들이 노자와 함께 황제를 그들의 교조(教祖)로 받들어 황로지학이란 말이 생겼다.

전국 시대의 황로학은 사회적으로 매우 커다란 영향을 끼쳤다. 특히 신불해와 한비 등 법가학파 중, 신한(申韓) 학파의 사상은 모두 황로학과 밀접한 관계를 갖고 있다. "신불해의 학문은 황로에 근본하며" 한비의 학문도 "배움의 근본이 황로이기" 때문에 그들은 모두 황로 사상에 학문적 연원을 두고 있다. 신불해와 한비 등 법가에게 보이는 한 가지 공통적인 특징은 그들이 모두 형명 법치를 중시하고 무위의 정치를 숭상한 황로학 사상을 흡수하고 있다는 점이다.

이렇게 한(漢)대 초기 황로학은 주로 실제 정치 속에서 청정무위를 강조하는, 이른바 백성과 더불어 휴식을 함께하는 것이라는 특징을 지닌다. 이러한 황로학 사상은 당시의 시대적 요구에 부응하는 것이다.

황로(黃老)사상의 단계에서는 황제와 동격의 지위로 간주되던 노자는 이후 경전의 계시자인 동시에 인간 구원자로서의 노군(老君)의 지위에 도달함으로써 결정적으로 황제를 능가하게 되었다.

165년 후한 환제(桓帝)의 명령으로 노자의 고향으로 알려진 고현(苦縣)에서 거행된 노자에 대한 제사에서 함께 만들어진 노자명(老子銘)은 당시 이미 도교 신자들에게는 노자가 원초적인 혼돈으로서 도를 발현하는 신인 동시에 삼청(三淸)과 함께 영원히 존재한다고 신앙되는 존재였음을 보여준다.

노자가 대체로 도가의 수호자로 인식되었다면 종교로서의 도교를 실제로 창시한 개조는 장도릉— 장릉이라고도 함—이라는 또 하나의 인물을 흔히 꼽는다. 그는 147년에서 167년까지 지속된 환제의 치세 기간 동안에 태어난 것으로 보인다. 그는 불로장생을 위한 양생법을 배우고, 황제구정단법(皇帝九鼎丹法)을 익혀서 불사의 영약을 만들어보기도 했다. 그 뒤에 장도릉은 촉(蜀; 지금의 사천지방) 땅으로 들어가서 도서(道書) 등의 저술에 힘쓰는 한편 현지 주민들의 교화에도 힘을 기울여 큰 성공을 거두었다. 그의 도에 귀의하는 사람은 누구나 쌀 5말을 바쳐야했으므로, 여기에서 연유하여 그의 종파를 일컬어 오두미교라고 했다. 오두미교는 동시에 천사도(天師道)라고도 하였는데 이 명칭은 장도릉의 뒤를 이어 교단을 이끈 지도자들을 '천사(天師)'라고 부르는 데에서 따온 것이다. 그의 교세는 급격히 확장되어갔다. 때마침 몰락해가는 한 왕조의 정치적 상황을 적절히 이용해가면서 오두미교는 장도릉의 아들 그리고 손자 대에 이르러 한중(漢中) 지방에 독립 왕국을 이룩하게 되었다.

한편 중국동부— 지금의 화북지방—에서도 또 하나의 교단이 일어나 세력을 키운 뒤, 이윽고 184년에 8주(州)의 백성을 이끌고서 이른바 '황건의 난'으로 불리는 반란을 일으킴으로써 한왕조를 멸망 직전까지 몰아세웠다. "태평도"라고도 불렸던 이들은 새로운 시대가 곧 도래할 것이라고 주장하는 한편 자신들의 성전인 "태평경"에 묘사된 바대로의 이상향을 세울 것을 약속했다.

두 교단의 지도자들은 대부분 의술을 겸비한 치료사로 자처했는데 바로 이 점이 이들 두 교단이 성공을 거두게 된 중요한 요인으로 작용했던 것으로 보인다. 병자를 고치기 위해 이들은 부적이나 부수(符水) −신비한 효험이 있는 성수를 가리킴−를 이용했지만 병에 걸린 것 자체가 자신이 지은 죄의 결과로 여겼기 때문에 병자를 치료하는 주요 수단은 환자 자신의 고백과 참회였다.

당대에 와서는 왕실에서 자기네와 종씨인 노자의 도교를 숭상하여 현종(玄宗)의 천보(天寶) 9년(759)에는 장자를 남화진인이라 부르도록 조명(詔命)이 내렸다. '남화'란 말은 장자가 조주(지금의 산동성) 남화산에 숨은 일이 있다는 데서 유래한 것이다.

667년에 고종은 노자에게 태상현원황제(太上玄元皇帝)라는 존호를 내렸고, 737년에는 도가철학을 공식적으로 강의하는 공식기관(崇玄學)이 설립되었는데, 이런 일은 전례가 없었던 것이다. 1687곳에 달하는 도교사원(道觀)이 존재했고 황실의 황녀들도 출가하여 도사(道士)가 되는 일이 허다했다.

6. 노자와 도교의 영향

엄격하게 노장철학과 도교는 서로 다른 성격을 보였지만, 후대에 도교지도자들이 노자를 신격화함으로써 밀접한 관련이 맺어지게 되었다. 뿐만 아니라 도교는 중국의 민간신앙을 수용하여 자신들의 교리의 범주로 채용하였다.

노장의 철학은 농촌사회인 고대 중국에 어울리는 가르침이었다. 인생에 대한 달관의 태도 등은 매우 고차원적인 가르침이며, 예교에 집착하지 않은 자유로운 태도는 인생과 세계를 보는 폭을 넓게 함으로써 유교가 제시하지 못한 면을 보완해 주었다.

도교는 불로장생이라는 중국인의 꿈을 실현하는데 기여했다. 질병의 치료를 위한 의학의 발달에서부터 민간신앙의 미혹됨에 이르기까지 도교적 사고는 중국의 서민들의 삶속에 침투했다. 현재의 중국은 여전히 도교적이라 할 수 있다. 심지어는 화교들의 사회에서 통용되는 종교활동 역시 조상숭배를 비롯한 유·불·도가 어울린 신앙이다.

노장사상에 있어서 평등과 관용의 의미

1. 서론

21세기를 맞이하여 노장사상은 어떤 역할을 수행할 수 있을까. 그것은 두 가지 면에서 일정한 의의를 가지고 그 역할을 수행할 수 있을 것으로 기대한다. 첫째는 그의 평등사상이다. 이 세상에 존재하는 모든 것들이 제 나름의 가치를 가지고 있다는 노장사상의 관점은 포스트모더니즘의 신시대에 적절한 가르침으로 그 역할을 수행할 수 있을 것이다. 다른 하나는 관용의 사상이다. 폭력과 전쟁 그리고 인종적, 종교적 또는 사회적 갈등에 직면해 있는 인류에게 상호인정의 관용의 정신은 시비와 대립의 굴절된 시각을 넓게 할 수 있는 지혜의 가르침이다.

노장사상은 조직적인 종교나 체계적인 교리를 가진 종교가 아니면서도, 동양사회에서 언제나 민중의 가치를 드높이는 그런 기치를 내세울 때 그의 평등의 가치가 응용되곤 하였다. 역사적으로 태평도 등으로부터 시작하여 민중을 봉기시킨 조직적 운동은 적지 않았으며[63], 그러한 사상적 배경에는 도가의 모든 인간이 평등하게 노력하

63 『현대의 위기 동양철학의 모색』 중국철학회. 예문서원 p.235 이 책에서 이승환은 중국에서 '정의'를 일으키려 했던 사람들은 예외없이 '고른 분배'(均平)를 기치를 내걸었다고 지적한다. 張角과 張魯는 "天道는 남는 것을 덜어서 부족한

면 신선이 될 수 있다는 그런 가르침으로서 동양사상의 한 축을 담담해 온 것이 사실이다.

물론 이런 민중적 도교는 본래의 노장사상의 개념과 일치하는 것은 아니다. 반대로 그의 본질과는 어긋나는 방향으로 가기도 했지만, 그만큼 노장사상에 함축한 다양한 성격을 반증하는 것이다. 이와 같이 노장사상은 여러 영역에서 여러 가치로 해석될 개연성을 가지지만, 그의 기본정신은 모든 사물들의 개성을 인정한다는 점과 다양성을 수용한다는 점이다. 따라서 본 논문에서는 주로 노장사상가운데 현대적 의의를 가진 평등과 관용의 정신을 조명해 보고자 한다.

2. 평등과 관용의 의미와 그 보편적 가치

오늘날 민주주의의 가치를 논할 때 필수적으로 제기되는 가치가 자유와 평등이라는 사실은 자명하다. 서구에서는 이런 평등의 개념이 기독교적 평등관에서 출발한다. 말하자면 피부색이나 성별이나 사회적인 신분이나 계급을 불문하고 모든 인간은 신 앞에서 평등하다는 것이다.

프랑스혁명 이후 근대와 들어와서 시민의 목소리는 신의 목소리로 인식되어졌고, 모든 권위는 하느님의 목소리로부터 나온다고 생각하였다. 과거와는 달리 국가라든가 왕 대신에 국민 한 사람 한 사람의 개인적인 인격이 신성하게 생각되었으며, 인간에게는 어느

것에 보태 준다."(天道損有餘而補不足)는 균평 사상을 이념으로 내세웠고, 북송 때 왕소파는 '빈부의 균등'(均貧富)을 내세웠으며. 또 당대의 黃巢는 자신의 칭호를 '沖天太保 均平大將軍'이라고 부르고, 왕선지는 '天補平均大將軍'이라고 부르며 '균평'을 염원하던 민중들의 지지를 얻고자 했다고 지적한다. 여기에서 균평을 평등으로 대치할 수 있을 것이다.

누구도 박탈할 수 없는 절대권이 부여되어 있다는 생각이 확립되기 시작한 것이다.

> "모든 사람은 이 세상에 태어날 때부터 평등하며 하느님으로부터 결코 양도할 수 없는 절대적인 권한을 부여받았는데, 이 중에는 생명에 관한 권한, 자유에 관한 권한, 그리고 개개인의 최상의 행복을 추구할 수 있는 권한 등이 포함되어 있다."[64]

17－18세기의 서구의 인권사상에서 평등개념이 나와서 정치적으로 중요한 개념이 된 것은 주지하는 바와 같이 프랑스 혁명이다. 프랑스 계몽 사상가들의 인권사상도 그 뿌리는 역시 기독교적 평등의 정신을 계승한 것이다. 오늘날 근대 국가에서는 그 표현을 '법 앞의 평등'이라고 하여 법으로써 규정되는 규범 체계 속에서 그 가치가 존재하고 있음은 물론이다.

민주주의는 평등만을 내세우는 것이 아니고 자유가 또한 강조된다. 그렇다고 하더라도, 민주주의의 실제적인 면에서 자유만이 있고 소유와 기회의 균등성이 없다면, 민주주의란 한낱 공허한 형태에 불과할 것이다.

마르크스와 엥겔스는 19세기 자본주의의 모순 속에서 소외된 노동자들을 선동하면서, "모든 나라의 노동자들이여, 단결하라"고 했다. 그들은 인류의 역사는 계급투쟁의 역사라고 본다. 그 계급은 자유인과 노예, 귀족과 서민, 영주와 농노 등으로 간단히 말하면 압제하는 자와 압제받는 자로 서로 반대의 입장에 서있는 것으로 파악하고 있다. 그래서 종극적으로 공산주의가 추구하는 가치는 계급의 질곡 속에서 소외된 자가 없는 계급 없는 평등사회가 주요한 목표라고 했던 것이다.

64『민주주의란 무엇인가』 칼 베커 / S.M립세트 / 마 상조 역/ 종로서적 pp.39－40

이런 점에서 민주주의라고 자처하는 어떤 체제도 평등을 보편적 가치로 받아들이고 있다는 것을 인식할 수 있다.

다음은 사회적 안정과 인권을 향유하기 위해서는 전제되어야 할 것이 관용이라 할 것이다.[65] 관용이란 상대를 인정하는 태도다. 세계의 평화를 위협하는 것은 불관용과 폭력이라고 할 수 있다. 오늘날 세계도처의 인권문제나 전쟁 등은 타자에 대한 불관용에서 기인한 폭력과 압박이라고 할 수 있다.

관용에는 제도적 측면과 심리적 측면이 있다. 관용은 민주주의를 위한 개인에 있어서 심리적 필수조건이라고 할 수 있을 것이다. 설령 사회적 평등이 실현되었다고 하더라도 관용이 없는 평등이란 공산주의자들이나 권위주의적 체제와 같이 진정한 민주주의가 이룩되지 못하기 때문이다. 그렇다면 관용이란 다원주의와 밀접한 관련을 맺고 있음을 알 수 있다. 서로 다른 다양한 의견들이 공존하는 다원주의적 사고를 수용하는 태도라고 할 수 있다.[66]

그러므로 다양성이야말로 생산적인 것의 원천이며, 복합성이야말로 모든 교양의 기초라고 할 수 있다. 반대로 불관용성은 넓은 의미로 다름 아닌 자기패배의 자세이다. 관용의 세계란 다양성을 수용하는 자세이다. 만약 다양성을 수용하지 않는다면 생물학적인 근친상간이나 동종교배와 같아서 그 사회의 미래는 퇴보하고 말 것이다. 관용이란 자신의 신념(윤리적, 종교적, 정치적, 학문적인 것 등등)을 포기하는 것을 의미하지 않는 것이 아니라 선택할 만한 가치가 다양함을 의미하는 것이다.[67]

열린 민주사회는 폭력과 배타주의 감정적 취약으로 나아가는 불

---

65 「Conflict, Coexistence & Forced Dispalacement」 Gopal Krishna Siwakoti－United Nations Year For Tolerance－ 1995

66 「Tolerance and Education in Korea」UNESCO International Expert's Meeting. Yong Sop Ahn, 1996.

67 『Why Tolerance』 Kathinka Evers, Excalibur Press, London. 1996

관용적 광신이나 독단으로는 유지될 수 없다는 점에서 관용이란 사회의 안정과 인류의 평화를 위해 보편적 가치를 가진 덕목임을 인식할 수 있다.

노장사상에서 구체적으로 이러한 '평등'과 '관용'이라는 용어는 없다. 그러나 용어는 없다. 또한 사회주의자들이 주장하는 사회적 제도 및 권리에 대한 접근을 모든 사람에게 균등하게 개방하는 기회의 평등이나 조건의 평등과는 분명 다른 개념이다. 또한 자유주의자들이 주장하는 일한 결과만큼의 분배의 평등과도 다른 개념이다.

노장사상에 있어서 평등성이란 고정된 가치관에서 탈피한 것으로, 도(道)의 입장에서 볼 때 만물은 제각기의 가치를 가치고 있다는 것으로 상대주의적 가치관을 의미하는 것이다. 말하자면 고정된 가치, 절대적 척도를 벗어남으로써 모든 존재의 평등성을 확보할 수 있다는 것이기 때문에, 이것은 기존의 고정적 절대적 가치관을 전제로 하지 않는 관점이라 할 수 있다.

노장사상에 있어서 가장 강조되는 부분이 오늘날의 소위 '다원주의'라고 할 수 있다. 말하자면 사람을 위시한 모든 존재가 저마다의 개성과 가치를 가진다는 사상이다. 논자는 바로 이점을 평등성으로 간주하고 있다. 이와 같은 점에서, 노장사상의 진수가 다름 아닌 평등과 관용의 정신이라는 것이 논자의 명제이며 한결같은 입장이다.

관용이라는 개념 역시 '다원주의'에 근거를 두고 있다. 교조적이고 절대적이고 독단적인 가치는 언제나 대립과 모순에 휘말리고, 상호 대립적 가치는 미래 인류의 평화를 위협하는 요소가 아닐 수 없다. 서구에서의 정치적 자유주의는 이기적 개인주의에서 요청되는 자유주의적 관용으로 사실은 일정한 편협성이 내재되어 있다. 명분은 언제나 관용이면서도 본질에 들어가면 소위 서구적 가치관을 그대로 견지하는 경향을 읽을 수 있다.

그러나 노장사상에 있어서 관용은 상대적인 것을 그대로 두는 것이 아니라, 상대와 나의 일치를 의미하고 있어서 서구적 관용보다도 한 걸을 더 화해적인 것이라고 할 수 있다. 그렇지만 대체적으로 자기입장과 이해를 달리하는 상대를 인정한다는 점에서 노장사상의 다원주의는 또한 서구적 관용과 큰 차이가 있는 것만도 아니다.

오늘날 인류는 물론이거니와 한국사회가 안고 있는 난제를 해결하기 위해서는 이러한 노장사상의 평등과 관용의 가치는 높게 평가된다. 바로 이점에서 노장사상에서 보이는 평등과 관용의 보편적 가치를 조명하는 의의를 찾고자 한다.

3. 노장사상에 있어서 평등

1) 제물(齊物)의 이론과 평등

제물이란 『장자』의 모든 사물은 평등하다고 하는 제물론의 편명에서 유래한다. 「제물론」에서는 인간을 비롯한 모든 존재가 각기 그 나름의 분수와 역할이 있으므로 대립과 부정으로부터 대대(對待)와 긍정의 태도를 가져야 한다고 가르친다. 그렇게 되면 온갖 시비쟁탈의 근원도 스스로 깨달아 스스로 그 매듭을 풀 수 있게 될 것이라고 한다. '제물(齊物)'이라고 한 것은 바로 "세상의 온갖 물론(物論)을 제일(齊一)시킨다"는 뜻과 나아가서 인간세계의 다툼뿐만 아니라 "천하 만물의 차별, 분별까지도 평등의 경계로 돌린다."는 의미가 있다.[68]

모든 존재와 가치의 제일(齊一) 사상은 바로 평등주의적 보편주의의 특징을 지닌다. 즉 모든 존재, 인식, 도덕, 가치는 상대적이므로

68 『노장철학강의』 김충열. 예문서원 p.241

배타주의적 시비의 태도는 올바른 것이 아니다. 배타주의적 태도를 지양하고 도의 관점에서 모든 다양성과 차이성들이 동등한 가치를 가지고 하나로 통일되어야 한다는 것이다.

도를 아는 사람의 입장에서는 모든 주장들이 나름의 정당성을 가지고 있기 때문에 일단은 고정관념과 편견이 없이 평등하게 바라본다고 한다.

> "성인은 고집하는 마음이 없어 백성의 마음으로써 마음을 삼나니, 착한이도 내 이를 좋다고 하고, 착하지 않은 사람도 내 또한 좋게 알아주면, 끝내는 모두 착함뿐일 것이오, 신실한 이도 내 이를 미덥게 여기고 신실하지 않은 사람도 내 또한 이를 미덥게 여기면 끝내는 모두 신실함뿐일 것이니라."[69]

말하자면 도를 아는 성인은 편파적이거나 고정된 마음을 갖지 않는다는 공평무사하고 평등한 경지에 있다는 것이다. 여기에서 성인의 편견 없는 마음이란 말하자면 무심(無心)이며 허심(虛心)이다.[70] 어는 한편에 머무르지 않는다는 이점이 바로 평등의 입장이라고 할 수 있다.

그렇다면 노장사상의 무심(無心)이나 허심(虛心)은 사물에 대한 무관심이 아니라 공평성을 의미하는 것이라고 본다. 오늘날 세상의 불평등 혹은 불공평이란 거의 사사로운 당파에 치우치는데서 기인하는 것이라면 어느 한쪽에 치우치지 않는 척도가 바로 노자의 허심임과 동시에 장자「제물론」의 기본 입장임을 알 수 있다.

이 제물의 이론은 다름 아닌 노자의 평등사상을 구체화한 것이며, 『도덕경』에서는 다음과 같이 말한다.

69 『도덕경』'聖人 無常心 以百姓心爲心 善者 吾善之 不善者 吾亦善之 得善矣 信者 吾信之 不信者 吾亦信之 得信矣,

70 『노장철학연구』 大濱皓. 임헌규 역. 청계 p.262

"성인은 항상 사람을 잘 구원하므로 버려진 사람이 없고, 항상 물건을 잘 구원하므로 버려진 물건이 없다. 이를 일러 밝은 덕을 간직하고 있다고 한다. 그러므로 착한 사람은 착하지 못한 사람의 스승이 되는 것이오, 착하지 못한 사람도 착한 사람의 도움이 되는 것이다. 그 스승을 귀히 여기지 않고 그 도움을 사랑하지 아니하면 비록 슬기로운 사람이라도 크게 미혹될 것이니 이것을 종요롭고 미묘한 길이라 한다."[71]

이러한 노자와 장자의 논리에는 모든 존재는 옳음만 있을 뿐 그름은 없는 것처럼 보인다. 말하자면 시비 대립은 전체 광장 속에 들어가 각기 자기의 위치와 기능을 다할 수 있는 존재이고, 또 그것들은 대립에서 벗어나 서로 대대(對待)되는 관계에 놓이므로 일대 긍정으로 돌아가게 된다.[72]

존재에 대한 긍정과 평등의 입장에서 대립과 투쟁이란 도를 모르는 자의 소행이 되고 만다. 왜냐하면 세상의 대립과 투쟁은 거의 어떤 것에 대한 거부와 부정에서 출발하기 때문이다. 자기중심적 의견주장에 대해 장자는 "자기와 의견이 같으면 찬성하고 자기와 의견이 다르면 반대한다. 자기와 의견이 같으면 옳다고 하고 자기와 다르면 그르다고 한다."[73]고 하면서 도대체 옳은 것과 그른 것의 절대적인 기준이 무엇인지에 대해 의문을 제기한다.

대립하는 상대의 어느 한쪽에 섰을 때 그 대립은 종식되지 않기 때문에 둘을 다 긍정하지 않을 수 없다는 논리다. 그는 제자백가 가운데 유교와 묵가의 대립에 대해 시비를 초월한 명지(明智)에 서있는 것을 선택한다.[74] 말하자면 어느 한쪽이 옳으면 다른 쪽은 그릇되

71 『道德經』 27장 '是以聖人 常善救人 故無棄人 常善救物 故無棄物 是謂襲明 故善人者 不善人之師 不善人者 善人之資 不貴其師 不愛其資 雖智 大迷 是謂要妙'

72 위의 책. p.285

73 『莊子』「寓言」 '與己同則應 不與己同則反 同於己爲是之 異於己爲非之'

게 되는 한 밝은 지혜가 아니라는 것이다.

장자는 최후에는 옳음도 없고 그름도 없으며 옳고 그름은 결국 같다는 이른바 제시비(齊是非)의 결론에 이른다.[75] 제물의 이론은 모든 존재를 포괄하고 있지만 인간사회의 갈등과 모순을 제일(齊一) 혹은 제시(齊是)함으로써 갖가지 주의 주장들을 가장 평화롭게 잠재우는 효과가 있다고 할 것이다.

이처럼 '제물(齊物)'에 있어서의 모든 존재의 평등적 가치란 사물과 사물의 관계뿐만 아니라 인간과 인간의 가치의 척도에 있어서 하나의 척도를 고수하지 않고 개인과 개인의 다양한 차이성을 인정하는 평등성을 표현하고 있는 이론이다.

2) 도추(道樞)의 이론과 평등

도추의 이론 역시 「제물론」에 등장하는 용어로 앞의 이론과 그 궤를 같이 하고 있다.

노장사상의 다원주의적 평등과 보편주의적 가치관을 전제하고 있는 것은 도추(道樞), 양행(兩行) 등의 개념이다. 이 이론은 다양성의 회통과 조화를 중시하는 노장사상의 입장을 대변하는 이론이다.

이것과 저것이라는 구분과 대칭이 없는 것을 '도추(道樞)'라 한다. '도'는 전체이고 '추'는 전체의 중심을 말한다. 말하자면 원(圓)의 원주와 동일한 거리를 가지고 있는 가운데의 '추'(지도리)이다. 이 추가 원의 한가운데를 점하고 이리저리 돌면 그 어느 지점도 다다르지 못하는 곳이 없다는 것이다.[76]

---

74 『莊子』「齊物論」'故儒墨之是非. 以是其所非, 而非其所是, 欲是其所非, 而非其所是, 則莫若以明'

75 許抗生. 『老子與道敎』 新華出版社.1991

76 『莊子』「齊物論」'彼是莫得其偶, 謂之道樞, 樞始得其環中, 以應無窮, 是亦

장자의 이러한 방법은 어느 한부분의 입장에 아닌 대립하는 입장을 전체 속에 평등하게 회통시켜 해결하는 방식이다.

이러한 도추의 이론은 노자의 가르침을 충실히 계승하고 있음은 물론이다. 노자야말로 참된 도의 특징은 한쪽에 치우치지 않는 평등을 공평성으로 설명하고 있음을 확인할 수 있다.

> "너그러우면 공평할 것이오, 공평하면 임금 될 만할 것이요, 임금 될 만하면 곳 자연 그것일 것이오, 자연 그것이면 곧 참된 '도'일 것이요, 참된 '도'이면 곧 오랠 것이니, 종생토록 위태롭지 않을 것이다."[77]

도는 이처럼 공평한 입장을 택한 채 한쪽으로 기울지 않아야 한다. 까다롭지 않고 쉬우면서도 사심이 없으며 얽매인 것을 떠나 무엇을 주(主)되게 내세우지 않는다. 생각에 잠기지도 지모를 꾸미지도 않고 사물을 선택하지 않는다. 모두 만물과 함께 행동하는 것 이것이야 말로 도(道)의 실천인 것이다.[78]

영원불변의 도를 알면 모두 받아들이고 육성하는 도와 하나가 되기 때문에 모든 것을 포용하게 된다. 모든 것을 포용하면 이미 좋고 싫음이 차별이 없기 때문에 공평하다. 그러므로 노장사상에 있어서 평등함이란 세상의 제각기의 존재를 인정한다는 점에서 평등일 뿐만 아니라 도추의 이론에서처럼 공평성을 의미함을 알 수 있다.

도를 아는 성인은 옳음과 그름 어느 입장에도 서지 않고 천(天; 자연, 전체)의 입장에서 양면을 동시에 비춰 본다. 그러나 세상 사람들은 자신의 입장 혹은 자신의 당파의 입장에서만 사물을 판단하기 때문에 분쟁이 계속되는 것이다. 이런 분쟁의 해결방법은 무엇인가?

一無窮, 非亦一無窮也, 故曰 莫若以明'

77 『道德經』 16장 '容乃公 公乃王 王乃天 天乃道 道乃久 沒身不殆'

78 『莊子』「天下」'公而不黨 易而无)私 決然无主 趣物而不兩 不顧於慮 於物无擇 與之俱往 有在於是者'

이를 위해 도추(道樞)의 이론이 필요한 것이다.

자신의 견해를 절대시하고 다른 입장에 대해서 배타적인 태도를 갖는 것을 장자는 '성심(成心)'이라고 한다. 시비와 대립 문제의 근본적인 해결은 바로 이 성심부터 무너뜨려버리는 것이다. 그렇지 않으면 아무리 뛰어난 논리 방법을 쓰더라도 그것은 섶을 지고 불에 뛰어들거나, 불을 끄는데 기름을 끼얹는 것처럼 오히려 논쟁을 악화시킬 뿐이다. 이런 까닭에 장자는, 어렵기는 하지만 사람들 자신이 자신의 성심과 성견을 없앨 것을 제안한다.

그렇지 못하고 어느 한쪽의 의견에 치우칠 경우, 전부를 포괄하지 못하며 보편성이 없으니 편협해 지는 것이다. 그렇게 되면 천지의 순미(純美)는 분열되고 만물의 도리 역시 분열되고 고인의 전덕(全德)을 편벽되게 본다. 이런 입장에서는 천지의 순미를 갖추고 신명(神明)의 모습에 부합될 수 있는 사람은 드물다.

도추(道樞)와 같은 개념으로 '천균(天均)'의 용어도 사용 한다. 둘 다 평형감 평등성을 의미하는 용어라 할 것이다. 성인은 이 시비의 대립을 조화하고 해소시키기 위해 천균의 세계에 편안해지는 천균이란 '자연의 균형'이라고도 풀어 말할 수 있을 것이다. 즉 대립하는 양자의 어느 쪽에 가담하는 것도 아니며, 모든 존재를 사실 그대로 인정하여 가치를 똑같이 간주하는 것이다. 이처럼 천균(天均)의 의미와 함께 말해지는 도추(道樞)의 이론은 하나의 입장에서 한 쪽을 인정하고 다른 쪽을 부정하는 대립적인 것을 지양하고, 어떠한 방향으로도 모든 것을 긍정하고, 수용하는 공평한 태도를 말한다.

여기에서 도추(道樞)의 공평한 태도라고 하는 것은 사물의 객관적 가치를 수동적으로 인식하는 그런 사물에 내재한 평등성이 아니라, 사물을 보는 주관적인 태도를 강조하는 말이라고 할 수 있다. 그 이유는 사물을 공평하게 보는 곧 도추를 실현한 인간이 성인으로 묘사되고 있다는 점에서 그렇다.

3) 무사(無私)의 이론과 평등

제물·도추와 더불어 노장사상의 평등이론에 있어서 중요한 개념은 무사(無私)의 입장이다. 성인은 자기를 부정하고 무사(無私)가 된다. 즉 자연에 맡기고 자연에 따른다. 그래서 성인은 자기의 몸을 뒤로 하지만 오히려 남에게 추대되어 다른 사람보다 앞서는 결과를 낳는다.

말하자면 자기의 눈으로 보는 것이 아니라, 자기를 부정하고 도에 의해서 보기 때문에 오히려 지혜가 밝아진다. 자기의 판단으로 옳다고 하면서 긍정하는 것이 아니라, 도에 의해 판단하기 때문에 오히려 그 옳은 점이 나타난다. 자기의 업적을 자랑하지 않고 자연에 맡기기 때문에 오히려 그 공적이 드러난다. 자기의 공적을 뽐내지 않고 부족한 듯하고, 어두운 듯하고, 어리석은 듯하여, 빛나지 않기 때문에 오히려 그 재능이 오래 지탱된다. 여기서도 역시 자기 부정이 자기 확립이라는 것을 말하고 있다. 노자에게서 무사(無私)는 참된 행위와 연결된다. 자기부정은 행위 그 자체이고 창조이며, 자기형성이다.[79]

생각건대 제왕은 땅을 본받고, 하늘을 본받고, 도를 본받은 세 가지 자연의 오묘한 이치를 통해서 천하를 이해한다. 땅을 본받아서 땅이 사사롭게 싣지 않는 것처럼 되고, 하늘을 본받아서 하늘이 사사롭게 덮지 않는 것처럼 되며, 도를 본받아서 도가 사사롭게 이루지 않는 것처럼 될 뿐이다.[80]

그러므로 무위는 도의 작용과 일체가 되는 행위라는 점에서 무사(無私)의 행위이다. 자기 부정을 통해서 도의 작용 그 자체가 된다.

---

79 『노장철학연구』 大濱皓 지음. 임헌규 역. 청계 p.147

80 『노장철학연구』 大濱皓 지음. 임헌규 역. 청계 p.192
이 입장은 종래의 해석과는 달리 하늘과 땅과 도와 자연을 다같이 평등한 입장으로 본다.

천지가 영원할 수 있는 것은 천지가 생명을 사사롭게 소유하지 않기 때문이다. 성인은 자기 부정을 통해서 무사(無私)가 된다.

노자에게 무욕(無欲)은 사욕(私欲)을 없애는 것이다. 그것은 무사(無私)에 통한다. 무욕은 자기 부정을 거친 무욕인 것이다. 노자의 무위자연이나 무사는 어느 한쪽을 편애하는 것을 피할 수 있고, 공명정대하고 평등한 가치를 높이는 것으로 해석할 수 있다.

무사(無私)는 제물과 도추처럼 다소 전체적이고 추상적인 원리와는 달리 개인의 삶에서 실천하는 구체적 원리라고 할 수 있다. 이러한 무사(無私)가 실현되지 못하고 사리사욕(私利私慾)의 눈으로 사물과 인간을 보는 한 세상은 차이와 소외 그리고 갈등이 사라지지 않을 것이다.

왜냐하면 자신의 척도로 타인을 차별할 것이고, 차별당한 사람은 불만과 소외감을 느낄 것이며 거기에는 언제나 대립과 갈등이 따를 수밖에 없을 것이다. 그러나 자연에 따르고 진리에 충실한 삶은 무사(無私)로 귀착된다. 이런 무사(無私)에서 인간의 공동체에서는 제각기의 평등한 가치가 성립될 수 있는 것이다. 평등에서 뿐만 아니라 한걸음 나아가 타인의 가치를 인정하는 관용으로 연결되는 실마리를 찾을 수 있는 것이다.

4. 노장사상에 있어서 관용

1) 무위자연(無爲自然)과 관용

관용을 설명하기 위해 여기에서 표현되고 있는 것은 주로 겸손의 덕이다. 겸손한 태도란 자신을 낮추고 남을 존경하는 태도이고, 관용적이라는 것은 남의 입장을 너그럽게 수용하는 강자적 입장을 함축

한다. 강하고 높은 위치에 있는 자의 겸손을 바로 관용의 의미로 보고 있으며, 무위자연(無爲自然)으로 상징되는 노자의 겸손한 처신은 바로 그러한 너그러움으로 일관되어 있다.

특히 노자의 입장을 대변하는 말 가운데 무위자연이야말로 가장 일반적인 도의 개념이다. 여기에서 자연이란 두 말할 나위 없이 특별한 인간의 지성이나 능력을 통해 문제를 해결하는 것이 아니라 사물 본연으로 되는 것을 돕는 것을 의미한다. 그러므로 만물에 간섭하지 않는 태도이고 이것이 바로 인간과 사물에 대한 겸손의 태도라고 하는 근거라고 할 수 있다.[81] 곧 대립과 갈등은 겸손한 태도를 통해 해결되고 세상의 평화가 온다는 이론이다. 무위자연은 언뜻 겸손과는 무관한 것 같지만 무위자연의 삶이란 다름 아닌 겸손한 자세를 의미하는 것이다.

> "스스로 낮추어 나타내지 않으므로 더욱 밝게 빛나는 것이오, 스스로 옳다고 하지 않으므로 더욱 들어 나는 것이며, 스스로 뽐내지 않으므로 공이 빛나는 것이오, 스스로 자랑하지 않으므로 더욱 오래가는 것이니, 그렇다, 남과 다투지 않으므로 천하가 더불어 다툴 수 없으므로 구부러진 것은 온전할 것이라는 옛말이 정말 옳다."[82]

이같이 무위자연이란 겸손한 태도와 연결된다. 남과 더불어 대립투쟁하지 않는 유연한 태도를 의미하는 것이다. 앞서 제물론의 평등이론과 같이 세상의 이질적인 것들이 동질적인 것과 인과관계를 맺고 있다고 언급했다. 다시 말하자면 '귀한 것은 천한 것을 뿌리고

81 조선시대 박세당은 無爲를 망령되이 행동하지 않고 겸손하게 처신하는 태도라고 했다.
『西溪全書』 上, p.449 卷22. 年譜, 임술년 '老子之所謂無者 非空蕩之謂也 乃謙虛之謂也 所謂無爲者 非不事事之 謂物爲躁擾妄作之謂也'

82 『道德經』 22장. 曲則全 '不自見 故明 不自是 故彰 不自伐 故有功 不自矜 故長 夫惟不爭 故天下－莫能與之爭 古之所謂曲則全者 豈虛言哉'

삼고, 높은 것은 낮은 것을 바탕으로 삼는다.'[83] 귀함은 천함으로 근본을 삼고, 높음은 낮음으로 터를 삼기 때문에 최고의 군왕은 스스로 부모 없는 자식, 남편 없는 과부, 하찮은 노예로 칭했다. 그것은 천함으로 근본을 삼는 것을 의미한다.

귀함은 천함과 연관되어 있기 때문에 귀함이 되며, 높음은 낮음과 연관되어 있기 때문에 높음이 된다. 귀한 것만 있을 수도 없고, 높은 것만 있을 수도 없다. 천함이 있기 때문에 귀함이 있고, 낮음이 있기 때문에 높음이 있다. 천함을 없애면 귀함도 없고, 낮음을 없애면 높음도 없다. 귀함은 낮음에 의한 귀함이며, 높음은 낮음에 의한 높음이다. 따라서 귀함이 귀한 것이 되려면, 천함을 근본으로 삼지 않을 수 없다.[84]

> "그러므로 성인이 남의 위에 서려고 하면 그 말씀을 낮추어 하고, 남의 앞에 서려고 하면 그 몸을 뒤로 돌리는 것이니라. 이러므로 위에 있어서 사람들이 무겁다 하지 않고, 앞에 있어도 사람들이 해롭다 하지 않는다. 이러므로 천하가 즐거이 추대하고 싫어하지 않으니, 누구와도 다투지 않는다. 그러므로 천하가 아무도 이와 다툴 수 없다."[85]

흔히 사람들은 행복과 불행을 이질적인 것으로 보지만, 노장사상에 있어서는 행복 속에 불행이 잠재해 있고 불행 속에 행복이 잠재한 것으로 본다.[86] 따라서 높은 위치에 있다고 하여 자만하면 안 되고, 고난에 처하여 좌절해서도 안 된다. 그 어떤 상황에서도 도(道)에 따르는 삶 곧, 자연에 따르면서 자신의 욕망에 근거하는 것이 아니라

83 『道德經』 39장. '貴以賤爲本, 高以下爲基, 是以候王自謂孤寡不轂. 此非以賤爲本耶'

84 『노장철학5연구』 大濱皓 지음. 임헌규 역. 청계 p.204

85 『道德經』 66장 '是以聖人 欲上人 以其言下之 欲先人 以其身後之 是以處上而人不重 處前而人不害 是以天下－樂推而不厭 以其不爭 故天下－莫能與之爭'

86 『道德經』 58장. '禍兮福所倚, 福兮禍所伏, 孰知其極'

순리에 따르는 것이 다름 아닌 무위(無爲)의 의미라고 할 수 있다.

과욕과 억지를 부려 이룩한 일은 오래가지 못하고, 아무리 그럴싸한 과대광고를 한다 해도 그 본질이 진실하지 못하면 오래가지 못한 것이다. 무위자연과 겸손할 삶만이 평화공존을 도모하고 다른 사람을 관용할 수 있는 것이다.

> "발돋움하는 사람은 오래 서지 못하고, 걸음발을 크게 떼는 사람은 멀리 가지 못하며, 스스로 나타내고자 하는 사람은 나타나지 않으며, 스스로 옳다고 하는 사람은 들어나지 않으며, 스스로 뽐내는 사람은 공이 없으며, 스스로 자랑하는 사람은 오래가지 못한다."[87]

또한 관용을 잘 나타내는 노자의 용어는 '상선약수(上善若水)'이기도 하다. 지극히 착한 것은 물과 같으며, 물은 만물을 이롭게 하고서도 다투지 않고, 뭇 사람이 꺼리는 아래쪽을 향한다. 그러므로 '도'에 가깝다 하는 것이다.[88] 다름 아닌 남과 다투지 않으므로 허물이 없다는 뜻이다. 이러한 덕목이 낮은 자의 입장에서 실현되면 겸손이지만 강한 자, 높은 자의 입장에서 실현될 때는 백성의 뜻을 살피고, 대중의 의견을 수렴하는 관용의 뜻으로 해석되는 것이다.

뿐만 아니라, '화광동진(和光同塵)'[89]의 용어도 관용을 의미한다. 말하자면 빛이 있는 자가 자신의 빛을 찬란하게 빛내기 보다는 은은하고 부드럽게 감추는 것이다. 나아가서 그가 꺼려하는 어는 비천하게 여겨질 수 있는 세속적인 티끌을 털어내기 보다는, 그런 귀한 자가 서민적인 것과 함께 한다는 의미이기 때문에 겸손이라기보다는 관용의 의미를 내포하는 것이다.

87 『道德經』 24장 '跂者 不立 跨者 不行 自見者不明 自是者 不彰 自伐者 無功 自矜者 不長'

88 『道德經』 8장 '水－善利萬物而不爭 處衆人之所惡 故幾道....夫唯不爭 故無尤'

89 『道德經』 56장. '和其光 同其塵 是謂玄同'

이는 "빛나면서도 튀지 않는다."[90]고 말도 마찬가지다. 이것은 유식한 계층이 무식층을 포함하면서 초월하는 도의 경지를 말하는 것이고 노장사상의 관용을 표현한 것이다.

2) 부지(不知)와 관용

사람들이 관용적이지 못한 이유는 자기의견을 절대시 하는데서 오는 것이다. 그러나 노장사상은 그러한 자기중심적 견해를 탈피함으로써 오히려 진리를 인식할 수 있다고 본다. 이것은 일견 회주의주의적으로 오해될 수 있지만, 사실은 다양한 가치를 포용할 수 있는 중요한 화해의 사상으로 평가할 수 있다.

> "세상의 모든 사람들이 아름다운 것을 아름다운 것으로 아는 것은 반드시 추한 것이 존재하기 때문이다. 천하의 모든 사람들이 착한 것을 착한 것으로 아는 것은 반드시 착하지 않은 것이 존재하기 때문이다. 유(有)와 무(無)가 서로를 낳고, 어려움과 쉬움이 서로를 성립시켜 주며, 긴 것과 짧은 것이 서로를 이뤄 주고, 높음과 낮음이 서로를 포함하며, 노래와 소리가 서로 조화를 이루고, 앞과 뒤가 서로 따르니, 이것은 모두 영원히 이와 같다."[91]

반대로 말하자면 추악함이 없으면 아름다움도 없다. 아름다음이 없다면 추악함도 없다. 아름다움과 추악함이 상관관계에 있다는 것을 깨달은 뒤에, 비로소 우리는 참된 아름다움을 알 수 있다는 것이다. 마찬가지로 선악의 상관관계에 관한 이치를 깨달은 뒤에 선이

---

90 위의 책.58장. '光而不耀'

91 『道德經』 2장 '天下－ 皆知美之爲美 斯惡已 皆知善之爲善 斯不善已 故有無相生 難易相成 長短相形 高下相傾 音聲相和 前後相隨 是以 聖人 虛無爲之事 行不言之敎 萬物 作焉而不辭 生而不有 爲而不恃 功成而不居 夫唯不居 是以不去'

무엇인지 아는 것이 참으로 선을 아는 것이 된다. 유무(有無), 난이(難易), 장단(長短), 고하(高下), 음성(音聲), 선후(先後)의 경우도 마찬가지다. 유가 있기 때문에 무가 있고, 무가 있기 때문에 유가 있다. 고(高)가 있기 때문에 하(下)가 있고, 하(下)가 있기 때문에 고(高)가 있다. 음(音)이 있기 때문에 성(聲)이 있고, 성(聲)이 있기 때문에 음(音)이 있다.

결국은 성인은 무위(無爲)에 처하여 말없이 가르침을 행하는 것인데, 말없이 가르친다고 하는 말은 사실은 스스로 깨닫게 한다는 이야기이고 특정한 입장을 주입하지 않는다는 회의주의적 면을 반영하는 것이다.

> 장자의 「열어구」에서는 '땅 위에 있으면 까마귀나 소리개의 밥이 되고 땅 밑에 있으면 땅강아지나 개미의 밥이 된다. 그것을 한쪽에서 빼앗아 다른 쪽에 주다니 어찌 편견이 아니겠느냐. 인지(人知)라는 불공평한 척도로 사물을 공평하게 하려는 이상 그 공평은 결코 참된 공평이 아니다. 자연스런 감응에 의하지 않고 인지(人知)의 마음으로 사물에 응하는 이상 그 감응은 참된 감응이 아니다. 명지(明知)를 지닌 사람은 외물에 사역되는 자에 지나지 않고 신지(神知)를 지닌 사람이야말로 사물에 감응할 수가 있다.'[92]라고 한다.

인간지식에서 오는 한계를 말하는 이 구절은 장자의 지식에 대한 상대주의적이고 다원주의적인 면을 잘 나타내고 있다.

그러므로 자신의 지혜를 잊어버리고 '부지(不知)'의 입장에 서는 것이 오히려 바로 안다는 의미가 된다.[93] 제물론에서는 이러한 한계를 다음과 같은 일화로 설명하고 있다.

---

92 '在上爲烏鳶食 在下爲螻蟻食 奪彼與此 何其偏也 以不平平 其平也不平 以不徵徵 其徵也不徵 明者唯爲之使 神者刁徵之'

93 『莊子』「徐无鬼」'其知之也 似不知也 不知而後知之'

"너에게 우선 시험 삼아 물어 보겠다.사람들은 습한 곳에서 잠자면 허릿병을 얻어 몸이 마비되어 죽으나 미꾸라지도 그러한가? 사람이 나무에 올라가면 두려워 어쩔 줄 모르나 원숭이도 그러한가? ... 원숭이를 수달이 암컷으로 삼고 고라니는 사슴과 교미하며, 미꾸라지는 물고기와 노닌다. 모장(毛嬙)과 여희(麗姬)는 사람들이 보면 아름답게 여기나 고기가 그들을 보면 깊이 숨어버리고 새가 그들을 보면 높이 날아가 버리고 고라니와 사슴이 그들을 보면 뒤도 돌아보지 않고 도망친다. 사람과 물고기와 새와 사슴 넷 가운데 어느 것이 천하의 정색(正色)을 안다는 말인가? 내 입장에서 보면 인의와 시비의 기준이 어지러우니 내가 어떻게 그것을 판단할 수 있겠는가?"[94]

이러한 입장에서 보면 지식은 때와 장소 그리고 사람에 따라 다를 뿐 아니라 사물에 따라 다르다. 따라서 시간 장소 위치를 초월하여 모든 사물들에게 보편적으로 통용될 수 있는 지식은 성립되지 않는다고 볼 수 있다.

또한 노자의 "배우지 않음을 배운다."는 것은 "절학무우(絕學無憂)"(2장)에 있어서 학문을 단절한다는 의미가 아니라 지식의 한계를 의미하며, "명백사달, 능무지효(明白四達, 能無知乎)"(10장)도 궁극적인 지혜는 알지 못함(無知)이라는 뜻이며, "절성기지(絕聖棄智)"(19장)에 있어서도 유가적인 인의로써 정치를 하는 성인을 버리고 편협한 소지(小智)를 끊는다는 의미에서 기지(棄智)라고 해석할 수 있다.

더 나아가서 "지혜가 나오자 큰 거짓이 있었다."(知慧出有大僞 / 18장)고 말하며, "백성을 다스리기 어려운 것은 그 지혜가 많기 때문이다."(民之難治 以其智多 / 65장)라고 하였다. 이러한 발언은 지혜 그 자체를 부정하는 것이라기보다는 작은 지식을 부정한 것이다. 도를

94 『莊子』「齊物論」'且吾嘗試問乎女: 民溼寢則腰疾偏死, 鰍與魚遊, 毛嬙麗姬, 人之所美也: 魚見之深入, 鳥見之決驟. 四者孰之天下之正色哉? 自我觀之, 仁義之端, 是非之塗, 樊然殽亂, 吾惡能知其辯!'

체득하는 데 매개가 되는 지혜와 그 지혜의 궁극인 '대지(大知)'는 적극적으로 긍정하였다. 결국 '무지(無知)'를 주장한 셈이다.[95]

따라서 부지(不知)란 소위 인식론적 불가지론일 뿐만 아니라 삶에 있어서 작은 편견에 사로잡히지 않는 관용적 처신을 의미하는 뜻을 동시에 가진 것이라고 할 수 있다.

그렇다면 '부지(不知)'나 '무지(無知)' 혹은 '기지(棄智)' 등의 사상은 상대적 지식에 안주하여 사물을 편협하게 보지 말고 큰 안목으로 사물을 본다는 것이다. 이러한 안목을 가질 때 상대의 견해를 인정하고 포용하는 관용이 성립할 수 있음을 물론이다.

3) 양행(兩行)과 관용

양행(兩行)은 글자 그대로 '둘 다를 긍정하고 둘 다를 부정하는'(兩是兩非)병행의 논리이다. 이것은 문제의 본질을 회피하는 말장난 같기도 하지만, 사실 양행이란 남을 용인하는 일종의 관용을 표현한 말이다.

'천균에 쉬는데 이를 양행이라 이른다.(休乎天鈞, 是之謂兩行)'에서 볼 수 있듯 양행이란 말은 이미 다룬 도추(道樞)와 천균(天均)과 거의 같은 개념으로 쓰인다. 천지만물은 끊임없이 자생자화하여 대립전화하며 반복 순환하면서 변화무궁하지만 필경 자연의 보이지 않는 손에 의하여 조화와 균형, 평형을 유지하기 마련이다. 장자는 이러한 형평 유지력을 양행(兩行)·조화(調和)·천균(天均)·천화(天和) 등의 개념으로써 표현한 것이다.

세상의 불관용과 마찰은 둘 다의 가치를 인정하지 않고 비교하기 때문이다. 이런 비교를 통해서 심리적으로 우월의식이나 열등의식

95 『노장철학연구』 大濱皓 지음. 임헌규 역. 청계

이 나오게 되고, 적대감이 생긴다. 그러기 때문에 노자와 장자는 전장에서와 같이 부지(不知)의 태도를 일종의 관용주의적 덕목으로 강조했다.

그러나 양행(兩行)의 입장은 사물에 대해서 보다 적극적으로 인정을 하는 긍정의 덕목이다. 예컨대 인간의 삶에서 가장 두려운 것이 질병과 죽음의 공포라고 할 수 있는데, 장자의 경우는 죽음도 또한 삶과 마찬가지의 긍정적 면이 있다는 것을 빈번히 이야기함으로써 이를 긍정하고 있음을 읽게 된다. 말하자면 양행(兩行)의 입장에서는 동등한 가치를 가진 것이다. 죽음을 슬픔으로 보는 것도 또한 도를 모르는 자의 고통일 뿐인 것이라고 한다.

> "그 근원을 살펴보면 본래 삶이란 없었다. 그저 삶이 없었을 뿐만 아니라 본래 형체도 없었다. 비단 형체가 없었을 뿐만 아니라 본시 기(氣)도 없었다. 그저 흐릿하고 어두운 속에 섞여 있다가 변해서 기(氣)가 생기고, 기가 변해서 형체가 생기며, 형체가 변해서 삶을 갖추게 되었다. 이제 다시 변해서 죽어가는 것이다. 이는 춘하추동이 서로 사계를 되풀이하여 운행함과 같다. 아내는 지금 천지라는 커다란 방에 편안히 누워 있다. 그런데 내가 소리를 질러 따라 울고불고 한다면 나는 하늘의 운명을 모르는 거라 생각되어 곡을 그쳤다는 말이다."[96]

죽음과 삶뿐만 아니라 어떤 상대적인 것들도 저마다의 가치를 지닌 것으로 보기 때문에 노장사상은 철저히 긍정적이다. 곧 관용적이라고 할 수 있는 것이다. 여기서 우리는 선과 악, 혹은 가치에 대한 노장사상의 상대주의적 면을 알 수 있는데, 이런 상대주의 다원주의적 사고방식이야말로 관용정신의 정수인 것이다. 자신의 세계에 철

96 『장자』「至樂」'察其始 而本无生 非徒无生也 而本无形 非徒无形也 而本无氣 雜乎芒芴之間 變而有氣 氣變而有形 形變而有生 今又變而之死 是相與爲春秋冬夏四時行也 人且偃然寢於巨室 而我噭噭然 隨而哭之 自以爲不通乎命 故止也'

저하면서도 이질적인 상대를 인정한다는 점에서 뜻이 있다는 것이다. 따라서 이런 관용은 그의 평화주의적 반전론(反戰論)과 직결되는 것이다.

사람들이 어느 한쪽에 치우지지 아니하면 천하는 태평해질 것이고, 공격전의 난이 없고 살육의 형벌이 없는 평화로운 세상이 이루어질 것이다. 이것은 인위적인 것이 아니라 무위자연의 자연스런 천덕의 구현이다.

노장에 있어서 투쟁과 갈등을 피하고 평화주의에 입각해서 철저히 상대를 인정해 주는 데서 출발한다. 침략전쟁이나 공격적인 태도에 대해서 부정적인 견해를 피력한다.[97]

양행(兩行)의 사상은 노자의 "무위자연"의 사상으로부터 출발한 것이고 결국 이런 절대긍정의 관용정신은 전쟁을 반대하고 무기를 경원시하면서, 단지 평화스럽고 우호가 가득한 자연스런 사상만 존재하는 사회를 추구하고자 했던 것이다.

문제는 이러한 양행(兩行)이 양시양비론(兩是兩非論)의 궤변으로 오해되는 경우일 것이다. 옳음과 그릇됨, 좋은 것과 싫은 것이 뒤섞이어 혼란에 빠질 가능성도 있다. 그러나 그들이 중시한 것은 진술의 논리성을 가지고 승리하기보다는 정서적 화합에 역점을 두었다.

> "선비들이 당파를 해산하는 것은 대중과 화합함을 존중하기 때문이며 한 벼슬자기의 으뜸인 자가 치적을 자기의 공으로 삼지 않음은

97 『道德經』 31장. 노자는 "무기"를 상서롭지 못한 기물로 보았으며 전쟁을 죄악스런 행동으로 인식했다. 그는 "좋은 무기라 해도 이는 상서롭지 못한 기물이다. 백성들은 언제나 이를 싫어하기 때문에 도가 있는 군주라면 이를 가까이 두지 않는다."고 한다.

"군대로써 천하를 강압하지 않는다."는 노장의 반전사상은 당시의 제후들이 패권을 다툰 결과 병란이 끊이지 않았으며 그 결과 국가를 가난과 위기에 빠뜨린 의롭지 못한 전쟁의 폐해를 지적한 것이며, 오늘날에 있어서도 그의 반전 평화사상은 여전히 중요하다.

대중과 일을 같이하기 때문이다."[98]

오늘날 신성한 종교의 이름으로 대립하는 인류의 현실을 볼 때 노장의 이러한 양행(兩行)은 경직된 교조주의나 파벌주의를 극복할 수 있는 하나의 치유방법이 될 것이다.[99] 양행의 논리는 부지(不知)의 이론처럼 자신을 입장을 버리는 것에 중심이 있는 것이 아니라, 상대를 받아들이는 데 더욱 의미를 갖는 것이다.

> "때문에 바다는 동쪽으로 흐르는 강물을 가리지 않고 받아들이므로 지극히 크며 성인은 천지를 아울러 감싸고 은택(恩澤)을 천하에 미치게 하면서도 백성은 그게 누구인지를 모른다."[100]

양행의 입장이란 마치 바다와 같은 도량을 상징하는 것이다. 그 입장에서 알고 보면 사물에는 본래 그렇다고 할 만한 데가 있고 옳다고 할 만한 데가 있는 법이다. 그렇지 않은 것이란 없고 옳지 않은 것도 없다. 이처럼 양행은 도추와 천균과 같은 개념이면서도 시비를 초월하여 긍정적인 안목을 가짐으로써 궁극적으로 대자연과 하나가 됨을 추구하는 의미를 갖는다고 하겠다.

이러한 양행(兩行)의 입장은 대립적인 것에 대한 관용을 나타낼 뿐만 아니라 역시 상호 평등의 덕목을 가진 것으로 노장사상에 있어서 평등과 관용의 정신을 잘 드러내고 있다.

---

98 『莊子』「田子方」'列士壞植散群 則尙同也 長官者不成德 則同務也'

99 『Laotzu and the Taoteching』 Kohn & Lafargue. State University of New York Press. 1998. p.4 서문에서 도덕경의 가르침은 사회가 깊이 전쟁과 질서의 붕괴에 복잡해진 것에 대한 치료로서 의미가 있다고 한다.

p.171 도덕경을 1915년에 독일어로 번역한 리차드 빌헬름(Richard Wilhelm)은 권력에 대해서 뿌리깊은 신념끼리의 분쟁 등의 서구의 문제에 대한 해독제(A Chinese Antidote to Western Problems)가 도덕경이라고 말하고 있다.

100 『莊子』「徐无鬼」'故海不辭東流 大之至也 聖人并包天地 澤及天下 而不知其誰也'

5. 결론

노장사상을 평등과 관용이라는 측면에서 고찰해 보았다. 평등의 가치의 근거로 제물(齊物), 도추(道樞) 그리고 무사(無私)의 이론을 들었다.

제물(齊物)에 있어서 평등이론은 인간과 인간이 저마다 가치가 있다는 점에서이다. 이것은 장자에 나오는 오리와 학의 비유에서 이미 잘 설명하듯, 오리의 다리가 짧다고 늘이거나 학의 다리가 길다고 자르는 식의 척도를 가지고 사물의 가치를 평가해서는 안 된다는 것이다. 모든 인간은 자기 자신의 고유한 가치를 가지고 있다. 그것을 인정하는 것이 노자와 장자사상의 평등성이다.

도추(道樞)란 객관적으로 평등하다는 것이라기보다는, 사물을 보는 나의 주관적인 태도가 편협해서는 안 된다는 가르침이다. 문짝의 지도리가 중심을 잡고 있듯 사물과 인간을 보는 자의 눈이 공정성을 가져야 한다는 것이다. 이런 도추의 감각을 가지고 있다면 대립과 갈등은 완화될 수 있다.

무사(無私)란 제물과 도추를 개인의 삶에서 실천하는 원리다. 사리사욕(私利私慾)의 눈으로 사물과 인간을 보는 한 세상은 차이와 소외 그리고 갈등이 증폭된다. 그러나 자연에 따르고 진리에 충실한 삶은 무사(無私)로 귀착된다. 이런 무사(無私)에서 인간의 평등한 가치가 비로소 성립되는 것이다.

다음 관용의 가치의 근거로 무위자연(無爲自然), 부지(不知) 그리고 양행(兩行)의 이론을 들었다.

무위자연(無爲自然)이란 말할 것도 없이 자연에 따르는 태도라고 해석되는 것이지만, 인간의 삶에서는 구체적으로는 겸손한 태도를 말하는 것이다. 겸손한 태도란 자신을 낮추고 남을 존경하는 태도이고, 관용적이라는 것은 남의 입장을 너그럽게 수용하는 강자적 입장이 내재되어 있다. 말하자면 강자의 겸손이 관용이라고 할 수 있는데, 무위자연(無爲自然)으로 상징되는 노자의 처신은 그러한 너그러움으로 일관되어 있음을 알 수 있다.

부지(不知)는 오늘날의 개념으로 지식에 대한 회의주의적 입장이다. 대립과 갈등을 일으키는 요인이 자기중심적 의견에서 기인한다면, 이러한 부지(不知)의 사상은 다원주의적 진리를 용인하는 것으로 바로 관용으로 연결되고 있음을 알 수 있다. 따라서 부지(不知)란 상대방을 부정하는 것이 아니라 자기중심의 사고를 부정하는 태도라고 할 수 있다.

양행(兩行)은 부지(不知)와는 달리 상대를 긍정하는 태도다. 이것은 양시론(兩是論)으로 논리적인 모순을 들어내고 있으나, 회의주의가 자신을 부정함으로써 관용적인 태도를 높인데 비해 반대로 상대를 긍정함으로써 관용적인 태도를 견지하는 것이 양행(兩行)의 이론이라고 할 수 있다.

이 글에서 선택된 용어는 노장사상의 평등과 관용을 표현하는 용어로 가장 적절한 것인가에 대해 주저되는 점이 많았다. 평등의 이론이라는 무사(無私)의 항목은 사실 관용과도 관련된 것이고, 관용의 이론에는 양행(兩行)의 항목 또한 평등의 이론 속에 포함될 수 있는 것도 사실이다.

그런데 동양사회는 평등과 관용의 의미를 가르치는 이 같은 노장사상의 사상적 배경이 있으면서도 봉건사회의 신분적 불평등을 극복하지는 못했다. 이로 인하여 노장사상 또한 불평 등을 운명으로 체념하고 수용하는 가르침의 체계로 오해받을 수도 있다. 그러나 분명한 것은 봉건주의적 신분제의 이데올로기는 노장사상에서 보다는 주자학적 가치관에서 도출한 것으로, 그것 또한 원래의 유학의 의미와는 다른 차원이라고 볼 수 있다. 노장사상의 경우는 오늘날

무정부주의적인 사상으로 탈국가적이라고 보는 것이 타당할 것이다.

또한 여전히 노장사상이 사회적 갈등을 해소시킬 유일한 해결책도 아니다. 어떻게 보면 노장사상에는 몇 가지 문제가 내포되어 있다. 예컨대 옳음과 그름 사이에는 객관적인 표준이 제시되지 않는 점일 것이다. 노자와 장자처럼 객관적인 표준이 없을 때 사회적인 정의와 불의, 혹은 선과 악 사이에 아무런 구별도 둘 수 없게 되어 혼란해 질 가능성도 있다.

시비(是非)를 초탈하고 선악(善惡)을 변론하지 않으며 세상과 쟁론을 피하는 처중(處中)의 도는, 자연히 진취적인 정신이나 이상이 부족한 소극적인 처세 철학으로 위축될 수도 있는 것이다.

그럼에도 불구하고 노장사상이 내포하고 있는 평등과 관용의 정신은 사람들 간에 대립 투쟁이 아주 첨예하여 달리 해결할 방법이 보이지 않는 이런 오늘날과 같은 상황에서 일정한 기여가 기대된다. 말하자면 옳고 그름을 해소하는 평등적 가치관은 한쪽에 쏠려있는 울타리를 벗어남으로써 불필요한 희생을 피할 수 있는 적극적인 의미를 가지고 있다.

그들의 관용성은 각 종파. 학파간의 이론적인 대립을 해소하고 회통시킴으로써 자기중심의 사상적 한계를 극복하고 확장하는데 기여할 것이며, 사람들로 하여금 관념적인 구속을 뛰어넘어 다원주의적 가치관을 제공할 수 있는 적극적이고 보편적 가치로서 의미 있는 것이다.

새로운 세기에 가장 필요한 가치관은 평등과 관용의 정신이다. 이러한 정신을 통해 인간과 인간의 화합, 인간과 자연의 화합이 이루어 질 수 있는 것이다. 동서양의 가치대립은 물론이려니와 한국사회에서 야기되는 동서지역감정·남북분단으로 두 편이 갈라진 우리 민족에게 있어서는 화합이야말로 절실한 가치인 점에서 더욱 그렇다.

티베트의 샤머니즘

1. 티베트의 원시신앙

1) 정령신앙

티베트를 둘러싼 히말라야 산맥과 고원 호수와 강은 티베트사람에게 경배의 대상이 된다. 특히 강은 인도와 네팔의 모든 강의 근원으로 티베트사람들 뿐만 아니라 다른 나라의 힌두교도와 불교도들의 귀의처이기도 하다. 티베트 사람들은 음식을 먹을 때도 언제나 하늘과 땅을 향해 고수레를 한다. 그것은 바로 모든 자연에 신령이 깃들어 있다는 그들의 오랜 사고방식에서 기원하는 것이다.

해발 6,700미터의 카일라스 산은 히말라야의 다른 산봉우리들과 떨어져 홀로 웅장한 아름다움을 발하는데 그 산은 티베트인의 순례처로 유명하다. 티베트인들은 이 산을 보면 바닥에 몸을 던져 기도를 시작한다. 평생에 이 산을 순례하는 것이 그들의 큰 희망이었다. 불교도와 힌두교 신자들은 가끔은 수천 킬로미터를 걸어서 또는 오체투지를 하면서 그 순례의 길을 간다.[101]

이산은 티베트인뿐만 아니라 네팔과 인도사람들에게도 성산 혹은

[101] 하인리히 하리. 『티베트에서의 7년』, 박계수 역, 황금가지. p.79. 참조

신산으로 불리며 수미산이라고 한다. 이 산을 한 바퀴 도는 거리는 53킬로미터인데 힌두교도나 티베트불교도들은 평생의 서원으로 이 산을 순례의 의미를 둔다. 108번 돌면 해탈한다고 한다.

마나사로바르 호수 역시 성스러운 것으로 간주된다. 호수 주위로 작은 사원들이 많이 있었는데 그 사원에서 순례자들은 숙박을 하며 기도를 드린다. 많은 순례자들은 호수 물을 축복을 가져다주는 성수로 생각해 호수 주변으로 기듯이 내려가 호수 물을 병에 담아 집으로 가져간다.[102] 초커걀 호수도 중요하다. 이 호수를 들여다보는 사람은 누군가가 미래를 볼 수 있다는 전설이 내려오고 있다. 14대 달라이 라마를 찾는 섭정은 오랜 시간 기도를 한 후 이 호수를 들여다보니 황금빛 지붕의 4층 사원과 아름답게 조각된 박공이 달린 작은 중국식 농가의 환상이 나타나 달라이 라마의 후신을 찾는 실마리를 얻었다.

티베트어로 창포라 불리는 브라마푸트라 강의 발원지는 인더스 강, 사틀레지 강, 카르날리 강, 브라마푸츠라 강의 발원지이기 때문에 지형학적으로 중요하다. 티베트 사람들에게 이 강의 이름은 사자, 코끼리, 공작, 말과 같은 성스런 동물들과 관계가 있다.[103]

서구인들이 눈 쌓인 산을 스키를 즐기는 대상으로 보는데 대해 티베트 사람들은 그러한 태도를 오히려 경이롭게 보았다. '티베트에서의 7년'의 저자는 다음과 같이 그러한 티베트인들의 신앙을 전해주고 있다.

> '그들은 매번 우리에게 질문했다. 시냇물과 새들과 함께 무엇을 하느냐고. 그들 눈에는 우리가 자주 시냇물과 새와 이야기를 나누는 것처럼 보였기 때문이다. 어떤 티베트 사람도 특별한 의도 없이는 한 발자국도 움직이지 않는다. 그들은 우리가 숲이나 시냇가에서 산책을 하거나 앉아 있는 것을 다르게 이해할 수 없었던 것이다.'[104]

102 하인리히 하리, 위의 책, p.80.
103 하인리히 하리, 위의 책, p.82.

티베트의 정령들은 하늘과 땅 그리고 지하의 모든 공간에 존재한다. 대표적인 정령들을 살펴보면 다음과 같다. 루(lu)의 정령이 거주하는 곳에 산신, 하천 그리고 강의 발상지인 산들이 있었고, 거룩한 라마승들이 명상하는 동굴이 있으며, 구루 림포체나 왕 게사르에 의해 바위들에 남겨졌고 그의 후원 정령인 호수들은 업의 흐름을 나누는 라마를 도우며, 과거에 은거지로 정신 수행자 혹은 정치적 소용돌이로부터 도피한 예언자들에게 열려져 왔던 숨은 계곡들이 있다.[105]

루(lu)는 물속의 신이다. 불교이전에 근원하며, 그들은 인도의 나가스(nagas)에 신속히 흡수되었다. 그들은 지하, 샘, 호수와 강에 산다. 니엔(nyen)은 정령이며, 공중이나 평야 혹은 숲의 땅의 표면에서 산다. 나무에서 많이 산다. 그들은 동물의 형상을 한 것으로 묘사되며 황색 녹색의 소 타입이다. 사닥(sadak)은 '흙의 주인'이다. 일반적으로 중립적이며, 그들은 작업이나 땅파기 혹은 건축을 통해서 땅이나 그들의 영토를 훼손하면 분노할 수 있다. 첸(tsen)은 바위에서 사는 붉은 정령이다. 그들은 모두 남성이며 그들의 서원을 어겼던 과거의 승려들의 정령이다. 때때로 사원이나 신성한 장소의 보호자가 된다. 젤포(gyelpo) 혹은 '왕의 정령'은 나쁜 왕이나 그들의 서원을 어긴 고승의 정령이라고 말해진다. 그들은 흰색이며 간혹 갑옷을 입으며 빈번히 산신과 같은 큰 지방의 신이다. 두드(dud)는 노골적으로 악의 있는 정령이다. 그들은 요기들의 수행을 방해하고 사람고기를 먹는다. 마노(mano)는 매우 포악한 여성신의 많은 종류로 구성된다. 사(sa)는 간질과 같은 질병을 일으키는 악의적인 별신이다. 노드진(nodjn)은 불교의 약사와 유사하며, 땅의 자연적 풍성함의 수호신이다.[106]

104 하인리히 하리, 위의 책. p.122.

105 Geoffrey Samuel, Ibid. p.158.

티베트에 있어서, 우리는 산과 호수가 민중종교의 신들과 관련되었을 뿐만 아니라 또한 구루 림포체나 미라레파와 같은 위대한 라마승들 동굴과 다른 자연 장소들이 명상을 행했던 곳이라고 생각된다. 이러한 정령신앙은 과거의 종교적 유산이 아니라 오늘날의 티베트 사람들의 오랜 풍속이기도 하다.

동물숭배의 경우는 토템적 현상이 곳곳에서 보이고, 그들의 조상을 원숭이에서 근원했다는 신화를 가지고 있지만 큰 특성은 없다.

"특히 높은 산들은 변덕스럽고 위험한 형상들이며, 야생염소(Argali), 야생당나귀(onager), 야생 야크와 같은 야생의 위험한 동물들과 관련된다. 이러한 신들은 유력한 가족들의 조상들로서 티베트에서 주요한 역할을 하였다."[107]

2) 샤먼

티베트의 샤만은 국가적으로 공인된 예언자로서의 기능을 하는 샤먼이다. 그들은 민중적이기보다는 매우 공식적인 예언을 하는 존재다. 이 샤먼들은 바로 황홀경에 빠질 수 있다. 비가 오지 않는다거나 국가적 이변이 있을 때 달라이 라마는 이들 샤만에게 의뢰하여 국가적 재난에 대응한다. 하인리이 하리가 기록한 그 장면은 살펴보도록 하면 다음과 같다.

"무당은 더욱 깊은 황홀경의 상태에 빠졌으며 이해할 수 없는 중얼거림은 조그맣게 외치는 소리로 변했다. 옆에 있던 서기가 그 소리에서 예언의 말을 가려내어 아주 빠르게 적는다. 그는 예언이 적힌 칠판을 장관들에게 넘겨준다. 영매의 육체에서 신이 떠나자 그는 깊은

106 Geoffrey Samuel, Ibid. p.162.

107 Geoffrey Samuel, Ibid. p. 161.

혼수상태에 빠진 채 밖으로 옮겨진다."[108]

이러한 기록으로 봐서 티베트의 샤먼에게는 시베리아적인 황홀경의 상태가 있음을 확인할 수 있고 샤머니즘에 대한 민족적 믿음이 있음을 확인할 수 있다. 이들 샤만의 복장은 가슴에 둥그런 금속 거울을 달고 화려한 비단 옷을 둘렀다고 보고하고 있다. 이들은 많은 사람들 앞에서 아주 짧은 순간 황홀경에 들어가며 그 상태가 길다고 한다. 그리고 그들은 피리의 흐느끼는 소리에 맞추어 아주 기이한 황홀경의 춤을 춘다고 한다. 이러한 국가적 샤만의 사람들이 매우 열망하는 자리로 세 번째 계급에 해당하는 라마의 직위를 부여받으며 내충 사원의 최고 주지로서 성직록을 받기 때문에 라마이기도 한 것이다. 하인리이 하리는 이러한 국가적 샤만 말고도 또 다른 샤만의 존재를 보고하고 있다.

> "국가 무당과 날씨 무당 외에도 라사에는 적어도 여섯 명의 영매가 있었다. 그중에는 노파도 끼여 있는데 그녀에게는 수호 여신이 내렸다고 한다. 그녀는 돈만 조금 받으면 언제라도 최면 상태에 빠져서 여신에게 이야기할 수 있었다. 하루에 네 번이나 이런 최면 상태에 빠지는 경우도 있었다."[109]

이처럼 티베트에서 샤먼에게 묻는 풍습은 신이 인간 제물을 요구했던 불교 이전시대에서 전래된 것으로 그때의 풍습과 거의 변함이 없이 남아있다. 국가적 위기에서 티베트는 이러한 샤먼들에게 의지했다. 심지어는 14대 달라이 라마가 승왕이 된 것도 '그를 왕으로 만들어라!'는 샤먼들의 공통적인 예언에 의해서였다. 그러나 티베트 현지에는 라마의 통제를 떠난 시베리아적 샤먼은 발견할 수 없다.

108 하인리히 하리, 앞의 책. p.31.

109 하인리히 하리, 위의 책. p.52.

다만 네팔과 티베트의 국경지대의 마을인 구릉에 거주하는 티베트인의 마을에는 라마승과 더불어 샤먼이 존재한다. 그들은 티베트의 샤머니즘을 설명할 수 있는 중요한 자료가 된다. 구릉 샤먼은 이 세계로부터의 구출의 프로그램을제공하지 못한다. 그들의 의례는 그들 우주의 상층과 하층 사이에서 사회내의 균형과 조화를 추구한다. 구릉에는 불교이전에 존재했던 샤머니즘적 풍습이 남아있다.

구릉에는 동물의 희생제가 있다. 티베트의 불교도들은 고기를 먹지만, 동물을 죽이는 것은 금지되었다. 네팔지역에서는 티베트인들은 동물희생을 행하는데 바로 강 건너 티베트 지역에서는 '죄악적'인 것으로 본다. 그러나 구릉 샤먼은 날고기를 신들에게 공양한다. 그런데 이곳 티베트의 일반인들은 불교도이면서도 매년 봄에 구릉 샤먼을 찾아가 사슴의 진짜 심장 등의 희생을 자연스럽게 올린다.

이런 희생뿐만이 아니라 구릉 지역의 샤먼은 바위, 흙, 강 그리고 나무들의 정령을 부를 수 있다. 이런 풍습의 지역에서는 라마와 샤먼이 공존하는 현상을 발견할 수 있지만, 티베트 내에서는 이런 종류의 샤먼 행위는 찾을 수 없다. 샤먼적인 본교도 거의 불교의 의례와 가까워서 구별하기 힘들 정도이다.[110]

3) 본교

본이라는 용어 그리고 그것의 파생어인 본포는 많은 티베트 사람들에 의해서 채용되어진 것이며 서양학자들은 불교이전의 모든 부류로 다양하게 참조하고 가끔 지역의 신들의 민중종교 숭배를 포함한다. 이 본교는 '정령숭배'의 형식이었으며, "그들을 둘러싼 모든

110 『Himalayan Dialogue』 Stan Royal Mumford, The University of Wisconsin Press, 1989.참조

것을 보는데 티베트사람들의 사상에 있어서 수많은 선악의 정령들의 생각에 있어서 영향을 미치는 신령들이 깃든 자연의 고원과 경관의 힘과 영향력에 대해 경건하고 유순한 자세에 중심을 두고 있다." '오래된 본교'의 수행자들은 쉔이라고 한다. 그들은 북아시아나 중앙아시아의 샤먼들과 유사하다. 그들은 탈혼의 상태에서 영혼비행을 실행하며 그리고 티베트 왕들을 위해 정교한 장례식을 수행했다.[111]

티베트의 고대의 샤먼적 종교인 본교 또한 그러한 정령신앙을 바탕으로 하고 있다. "그 당시의 본교가 정령신앙을 바탕으로 하고 있었고, 인간이나 자연의 영적이 힘을 주로 두려움을 일으키는 공포의 측면에서 숭배했으며, 사자(死者)의 명복과 인도를 위한 의식이 행해졌다는 것은 사실로 인정해도 좋을 것이다. 이런 종교 의식들은 거의 대부분의 초기 문명에 공통적으로 발견되는 것이다. 이 정령신앙은 불교의 거의 모든 경전에도 나타나는데, 그것에 따르면 모든 숲과 나무와 지방은 그 나름의 특정한 신들(정령들)을 갖고 있다."[112]

티베트의 샤머니즘적 종교는 본교이다. "본교는 복을 불러들이고 재앙을 막는 것을 목적으로 한 민족종교로서 원래 '무'부족에게서 '챠'부족에게로 계승되어 전해졌다. 행복한 삶을 누리기 위하여 생명 신 '라'를 숭배하였고, 병에 걸리면 각종의 악마를 물리치고, 죽음에 즈음해서는 희생으로 바쳐진 가축을 이끌고 영원한 죽음의 나라에 이르러, 조상의 영령과 함께 끝없는 휴식을 누릴 것을 염원했다. '토번왕' 원래의 생명신인 쿠라는 산신 얄라샨뽀이며, 여름과 겨울에 국가의 제사로서 받들어 모셔졌다.[113]

111 Geoffrey Samuel, Ibid. p.11. 참조

112 파드마삼바바 지음. 라마카지다와삼둡 역. 류시화 역. 『티벳 死者의 書』 정신세계사. p.192.

본교에 관해서는 그 종교적 기원. 교의 등 분명치 않은 점이 많지만, 그 근본 취지는 우주공간에 떠다지는 수많은 영혼들의 결합에 의해 인간세상의 길흉화복이 결정된다는 생각이었다. 이 정령(精靈)에게 제사를 지내고 기도함으로써 재앙을 물리치고 복을 부르고자 하는 것이다.

본교는 불교이전의 티베트 종교이지만 특정한 교주나 교리체계를 갖추지 않은 일종의 샤머니즘이다. 그러나 불교와 습합되면서 오늘날은 거의 불교적 상징과 교리를 채용한 관계로 불교와 구분하기 어렵다.

2. 티베트불교와 샤머니즘

1) 티베트불교와 정령신앙

티베트 불교는 산과 호수 그리고 강을 신성시하는 티베트의 정령신앙을 그대로 채용하고 있다. 그것은 불교적 세계관과 일치한다. 절들, 곰파, 산 돌무더기, 바위 조각, 만다라를 새긴 마니의 벽, 초르텐(탑) 등의 상징의 고안은 과거 위대한 라마승들의 유산을 간직하고 있으며, 카이라쉬나 라사와 같은 순례여행의 주요한 장소로부터 불교의 신 혹은 산신의 작은 유적지까지 분포되어 있다.[114]

티베트에서는 사원의 건립, 존상의 개안공양과 입혼식(入魂式)을 할 때 만다라[115]를 작성한다. 우선 그리려고 하는 장소의 토신(土神)

113 山口瑞鳳. 矢崎正見 지음, 이호근. 안영길 역, 『티베트 불교사』 1990. 민족사. p.40.

114 Geoffrey Samuel, Ibid. pp.158-159.)

115 만다라는 청·황·적·백·흑(녹)의 다섯 가지 색채로 구성되는데 생명과 우주를

에 대해서 사쵸가(Sachoga)라는 지신(地神)을 진압하는 진언을 외우며 땅을 정화해서 공양하고 지신(地神)에게 땅을 빌려줄 것을 청하면서 작단의 작법에 들어간다.[116]

티베트의 모든 불교인들에게 히말라야 산은 신들의 거처라는 믿음이 강하게 뿌리박고 있다. 그들은 산에서 일어나는 모든 불행을 인간이 신의 세계로 침입한 데 대한 수호신의 벌로 간주할 정도로 정령신앙이 내포되어 있다.

여기서 티베트의 만신(萬神)을 여러 요소로 나누어 본다.

1. 밀교의 이담(yidam), 수호자, 와 다른 부속하는 신들인데, 힘있는 상징적 실재의 집단의 모습이며 그들의 일부는 대중적 종교의식에서 중요하며, 다른 것들은 사원과 요가 수행의 내용으로 금지된다.
2. 불교 천신으로 가장 중요한 것으로 제한된 중요성을 가졌지만 종교적 서열의 보호적 신을 포함한다.
3. 이 세상의 신들, 산과 강 그리고 다른 지리적 특징이 있다. 다양한 집단과 이들의 분류가 있으며 그들은 네 번째 범주의 아래쪽을 흡수한다.
4. 인간에게 영향을 주는 악의 있는 정령은 전체적으로 해로우며, 악의 있는 인간이나 마녀나 귀신으로 분류되었던 예전의 인간이다.[117]

티베트 사원의 불당 정면에는 옷을 걸친 거대한 석가모니상이 커

구성하는 다섯 가지 요소 흙·물·불·바람·에텔을 상징한다. 만다라는 오염되고 병든 마음을 깨끗하고 기쁨이 넘치는 마음의 근원으로 돌아가는 지도이자 그 통로라고 한다.

116 요리토미 모토히로 外, 김무생 역, 『밀교의 역사와 문화』 민족사. 1989. p.112.

117 Geoffrey Samuel, Ibid. pp.166－167.

다란 눈으로 있다. 그것을 바로 영원을 응시하는 모습이다. 그렇지만 더 큰 쇼크를 받는 것은 사방의 벽면에 빈틈없이 그려져 있는 무서운 신들이다. 머리를 풀어 거꾸로 세워서 발을 밟고 칼을 지켜들고 피가 뚝뚝 떨어지는 입을 한껏 벌리고 있는 모습, 수많은 손에 여러 가지 칼을 쥐고서 비(妃)를 포옹하여 자기의 힘을 과시하고 있는 신들, 그 사이에 무언가 생각에 잠긴 듯이 조용히 앉아 있는 불과 보살들, 실로 아무런 통일도 없는 잡다한 공간 같으면서도 무엇인가 느끼게 하는 장면이다.[118] 밀교의 신들은 세속신보다 더 강력하며 이상적으로 말하자면, 그들은 정연하게 세속 신을 지키는 유능한 라마승이 될 수 있다.[119]

동물숭배에 관해 언급하자면, 마니 카붐(Mani Kabum)은 조상의 원숭이에 의해 티베트인들의 조상으로 묘사되는데, 사실상 보살이며 관세음보살의 나타남이다. 이 신은 첫 티베트인을 만든 타라의 화신인 거친 산의 악신과 교제하여 원숭이 형상으로 나타났다. 그는 중앙 티베트의 얄룽의 비옥한 계곡에서 농업을 일으켜 첫 곡식을 주었다.[120]

티베트불교의 철저한 신앙의 하나가 윤회사상이라고 할 수 있다. 달라이 라마는 모든 인간을 전생의 어머니로 봄으로써 인간을 연민의 정으로 볼 수 있다고 말하곤 한다. 동물에 대한 연민도 같다. 물론 이것은 동물의 숭배는 아니지만, 기존의 샤머니즘적 토템신앙을 포용한다.

118 요리토미 모토히로 外, 김무생 역, 『밀교의 역사와 문화』 민족사. 1989. p.119.

119 Geoffrey Samuel, Ibid. p.167.

120 Geoffrey Samuel, Ibid. p. 168.

2) 라마와 샤만

티베트에서 라마와 샤만은 저승, 수호신의 공양, 귀신 액막이, 혼령 부르기, 사후의 의식의 인도 등의 의식을 교류하는 두 전통은 경쟁적 체제로서 상호작용 하였던 역사적 배경을 가졌다.[121] 티베트의 라마는 최고의 샤먼이라고 할 수 있다. 티베트에서 라마들은 샤만으로서 기능을 하며 그들은 밀교의 기법과 실행을 통해서 의례를 실행한다.[122]

'라마'라는 단어에서 '라(la)'는 높음을 뜻하고 '마(ma)'는 더 이상 높은 것이 없다는 것을 나타내는 부정어이다.[123] 라마는 불교의 승려를 지칭하는 말이다. 그들은 과거에 영향력을 가졌던 본교의 지도자들을 계승하고 있다. 뿐만 아니라 중세기적 정교일치가 그대로 시행되고 있다. 달라이 라마는 국왕이며 교황이며 수도자인 것이다.

지역 신을 다루는 종교 전문가들은 불교의 성직자로부터 구분하는, 비 불교의 수행자를 정상적으로 의식을 하는 승려로 보지 않는다. 그들은 지역 신, 정령 중개자와 같은 성직자를 포함한다.[124]정령 중개자와 다른 특별한 민중 종교 전문가들 그들의 후원자와 종속자로서 행동하며 그들 스스로 소수의 경우로 취급하고 라마승에게 대한 보다 중요한 문제들을 참고한다. 그러나 티베트인에게 살아있는 활불인 그는 서구인들에게는 인간임을 강조한다.

---

121 Stan Royal Mumford, 『Himalayan Dialogue』 The University of Wisconsin Press, 1989. p.10.

122 Geoffrey Samuel, Ibid. p.9.

123 달라이 라마. 황국산역, 『빛을 향한 명상』 좋은글, 1992. p.43.

124 Geoffrey Samuel, Ibid. p.171.

3. 티베트불교와 본교

1) 주술의 경합

중앙아시아 여러 국가는 원래 유목민을 중심으로 형성되었기 때문에 원래부터 주문 등으로 상대를 지배할 수 있다고 생각하는 샤머니즘 신봉자가 많았던 곳이다. 이러한 점에서 난해한 교의를 설하는 경전보다도 주술적인 요소를 가진 쪽이 훨씬 더 환영받았으리라는 것을 상상하기는 어렵지 않다. 물론 이런 주술적인 것이 관심을 끈 것은 티베트뿐만 아니라 인도. 중국. 일본 등의 밀교수용에 있어서도 똑같이 인정되는 것으로 흥미롭다.[125]

티베트 불교는 주술에서 특별한 상징이 있다.

> "티베트불교가 특히 라마교로 불리는 이유를 꼽는다면 우선 첫째로 티베트 불교의 주술성을 들 수 있다. 종교일반에 있어서 주술이란 신앙하는 자가, 그리고 경우에 따라서는 아직 믿지 않는 자가, 현실생활 속에서 양재초복(攘災招福)을 모종의 영능자에게 기대하는 데서 생긴다. 따라서 주술을 부릴 줄 아는 자는 당연히 특수한 영능자이어야 하는데, 티베트 인들은 이러한 영능력을 갖춘 자를 '라마(즉 활불)' 라고 생각한다."[126]

티베트인들의 통과의례에는 반드시 라마승의 집전이 있다. 그리고 그들의 축복은 액을 막고 복 불러들이는 주술적 효과를 상징한다. 티베트불교에 비밀교적 색채가 농후한 이유는 당시의 인도불교에서 영향 받은 바가 컸겠지만, 동시에 티베트인들 자신이 종교적인 주술에 관심이 많았다는 점도 묵과할 수 없다. 즉 주술 등을 좋아하고

125 요리토미 모토히로 外, 김무생 역, 앞의 책, pp.62－63 참조

126 山口瑞鳳. 矢崎正見지음, 이호근·안영길 역, 앞의 책. p.127.

샤만을 믿으며 때로는 마술적인 것까지도 좋아하는 민족성이 그대로 드러나 있는 것이다. 그리고 이러한 티베트민족의 특질은 티베트의 토착종교인 본교를 중심으로 한 종교적 토양에서 배양된 것이건, 혹은 이러한 토양을 역으로 만들어낸 것이건 간에 그 종교적 풍토와 관계가 깊다는 점을 지적할 수 있다.[127]

티베트불교의 주술성은 그들의 오랜 전통과 그들의 기질에 부응하는 것이다. 토착의 신앙의 형태가 주술성이 강했기 때문에 불교 역시 주술적으로 그 영향력을 보여주지 않으면 안 되었다는 것이다. 티베트불교에 있어서 신학적 요소의 지지자들은 탄트라를 거부하지 않는 것이며 신학적으로 기운 수행자들은 밀교에 기울였으며 그의 방법을 신뢰했다.[128]

표면적으로는 불교와 본교의 싸움이라는 형태를 취하고 있으면서, 그 종교적 우월은 그 각각이 갖는 주술적인 힘의 강약에 의해 결정될 수밖에 없었다는 점을 인식해야 한다. 이처럼 주술성의 강약이 종교의 우열과 결부된다는 생각을 당시의 티베트인들이 가질 수밖에 없었던 가장 큰 이유는, 초기 티베트사회에서야 당연한 것이겠지만 종교에 대한 티베트민족의 원망이 그러한 방향으로 기울어 있었기 때문이다.

즉 8세기 중엽의 티베트 사회는 초기 사회에 비해 불과 200여년 밖에 경과하지 않았다. 이러한 시대에 사람들이 종교에서 얻고자 하는 것이라곤 복을 부르고 재앙을 물리치는 위대한 힘밖에 없다. 두 종교 중 어느 하나를 선택하라고 한다면, 그러한 힘이 좀더 강한 것을 선택하는 것이 순리일 것이다. 재래 종교의 세력을 억누르며 그 자리에 들어가려면 더욱 강력한 주술성을 과시할 수밖에 없었을 것이다.[129]

127 山口瑞鳳. 矢崎正見. 앞의 책. p.128.

128 Geoffrey Samuel, Ibid. p.21.

불교가 이러한 샤머니즘적 종교의례를 근본으로 하는 본교에 대항하기 위해서는 불교 역시 주술적인 측면에서 대항하지 않으면 안 되었다. 다시 말해 공연히 고원한 교의를 설한다든지 혹은 청정한 계율을 따르는 생활규제를 강조해서는 당시의 티베트인들에게 아무런 공감도 불러일으키게 할 수 없었을 것이다.

> "주술 그 자체라고도 할 수 있는 본교에 대항하기 위해 불러들인 인도 불교의 성격이, 다행인지 불행인지 이른바 밀교였다는 것이다. 샨타라크시타나 빠드마 등 당시 티베트에온 인도 승려 대부분이 인도의 말기불교인 밀교의 교의. 의궤에 익숙한 승려들이었다. 이러한 사실은 그들이 좋아하든 좋아하지 않든 간에, 본교의 주술적 요소와 똑같은 주술로써 그에 대응할 수밖에 없는 결과를 낳았다. 그리하여 주술불교의 일인자인 빠드마는 샨타라크시타의 요청으로 티베트에 초빙되어, 불교와 본교의 투쟁장 안에 등장한 것이다."[130]

라마승들의 힘은 밀교의 신들과 접촉하는 능력에 자리 잡고 있다. 말하자면 기적적인 영험과 신통력을 보이지 않으면 본교와의 투쟁에서 패배하기 때문에 티베트 불교는 주술이 발달하게 된 것이다.

2) 화신사상의 경합

화신사상이란 힌두교의 오랜 신앙형태이다. 이러한 화신사상의 정화가 티베트 불교에서는 활불사상이다.

> "활불사상은 라마교도들이 삼보 이상으로 존숭하는 라마보의 당체인 라마가 비밀탄트라의 관법에 따라 자기의 영혼을 그 육체에서 쉽게 버리고 자유로이 다른 육체로 옮길 수 있다고 생각하는 데서 생긴

129 山口瑞鳳. 矢崎正見. 앞의 책. p.152.

130 山口瑞鳳. 矢崎正見. 앞의 책. p.153.

다. 영혼과 육체의 분리, 그리고 그로 말미암은 전생이 활불사상을 낳은 사상적 배경이다."[131]

또한 이러한 활불사상은 토착의 본교에서도 있었던 것으로 보인다.

> "영혼과 육체의 분리, 그리고 영혼이 새로운 육체를 찾아 머무른다고 하는 이 사상이 대두되는 이유로서, 티베트에 예로부터 본교가 존재했다는 사실을 지적하고 있다. 확실히 라마교의 '전생사상'과 본교의 '영혼 부유설(浮遊說)' 사이에는 상당한 유사성이 있다."[132]

일반적인 견해에 따르면, 티베트불교에 활불사상이 존재할 수 있었던 이유로서 우선 티베트에 불교가 들어오기 이전부터 그 땅에 토착하고 있던 본교의 영향이 컸음을 지적할 수 있다. 중앙아시아에서 발생한 것으로 생각되는 일종의 샤머니즘인 이 본교의 가르침에 의하면 우주 간에는 무수한 영혼이 떠다니고 있으며 이 세상의 길흉화복은 모두 이들 영혼의 작용에 의해 생긴다고 한다. 이 영혼들을 달래고 양재초복(攘災招福)하려면 덕 있는 수행자의 작법(作法)이 필요한데, 활불사상도 이러한 본교의 영향으로 생겨났다고 한다.[133]

다시 라마들에게 본교의 사상 및 종교적 영위(靈威)의 존중이라는 요소가 첨가됨으로써 라마는 단지 인간으로서의 라마가 아니라 불보살의 화신인 활불로까지 승화되었다고 볼 수 있다. 티베트사람들은 지금도 모든 인간은 환생한다고 신앙한다. 특히 살아있는 관세음보살인 달라이 라마는 활불 그 자체인 것이다.

---

131 山口瑞鳳. 矢崎正見. 앞의 책. p.130.
132 山口瑞鳳. 矢崎正見. 앞의 책. p.132.
133 山口瑞鳳. 矢崎正見. 앞의 책. p.193.

3) 밀교의 발전

티베트에서 실행되는 밀교의 면은 샤먼적인 것으로 묘사된다. 그들은 밀교적 신들의 실재의 선택적 양상과 밀교적 요가의 의식의 선택적 상태와 교류하는 것을 중심에 둔다. 이런 교류의 형태는 티베트 사회와 관계된 많은 티베트 라마의 역할에 기초한다.[134] 만약 라마가 밀교 의례의 힘을 채용한다면, 이것은 어디까지나 신도들의 복지를 위한 것이고, 이는 그들의 자비 혹은 그들의 숙련된 수단을 표현하게 되는 것이며, 불성의 성취를 통해 고통으로부터 해방이라는 궁극적 목표를 그들의 신도들에게 그려주는 방법이다.

티베트의 밀교는 후기밀교로 8세기 인도에서 성립된 탄트리즘(Tantrism)의 전개와 함께 성립한 밀교로서 속칭 탄트라불교라 불리고 있다. 이러한 밀교는 그 속에 다양하고, 때로는 이질적인기도 문화를 포함하고, 일종의 독특한 복합문화를 형성한다.[135]

불교가 대담하게 외교(外教)의 잡법(雜法)을 받아들인 것은, 세속의 잡술사법(雜術邪法)을 신봉하고 불법의 학습에 의욕을 나타내지 않는 뭇 중생을 교화하기 위한 방편이었다고 할 수 있다. 공양법, 관불법, 결계작단법(結界作壇法), 비를 청하고 비를 그치게 하는 법의 형성, 주술적인 의료경전의 성립, 후세에 있어서의 만다라의 기초가 되는 4불의 출현 등도 인도의 굽타 왕조시대부터 불교의 특색으로 중시되었다.[136]

티베트 밀교에는 지금까지 거의 취급되지 않았던 성적 행법과 생리적 행법을 대담하게 도입하여 때로는 좌도(左道)밀교라고 이름하는 것이 있었다.[137] 성속일치를 위한 수단으로서 차크라, 나디(nadi

134 Geoffrey Samuel, Ibid. p.8 참조

135 松長有慶 저, 허일범역, 『밀교역사』 경서원. 1990. p.23.

136 松長有慶, 앞의 책. pp.52－53.)

脈管) 등의 생리적인 행법과 여성동반자를 이용하는 성적 행위를 행하는 일도 있지만, 통상적으로는 특정의 존격을 눈앞에 놓고 그것과 일체하는 방법, 즉 사다나(sadhana 성취법)를 사용하는 일이 많다. 그러나 궁극적으로는 성취법의 대상은 존상이다. 명상자는 자기의 눈앞에 임시로 신적 존재를 설정하고 여기에 참된 신비적 존재를 깃들이게 해서 공양한다. 그리고 궁극적으로는 존상으로 나타난 있는 신적 존재와 자기가 합일하는 체험을 창조하는 것이다.[138]

> "탄트라불교에는 중국과 일본에서 행해진 진언승(眞言乘)이라고 하는 것과, 인도와 티베트에서 행해진 금강승, 즉 좌도밀교라고 불리는 것이 있다. 후자는 힌두교에서 유행하는 샤크티(여성의 힘)숭배에 대항하여, 하층계급의 구원을 위해 발생한 재속(在俗) 불교도들로부터 시작되었다. 지극히 외설적이고 추잡한 표현을 받아들이는 이 좌도밀교는 절대적인 진리, 즉 승의(勝義)에 부합하는 입장으로부터 긍정적인 평가를 받음으로써 깨달음으로 이어진다는 점이 강조되었다. 더 나아가서 재속(在俗) 신자의 성적 체험에 불교의 교리를 결부시키는 등, 정신 생리적인 측면을 이용한 수행법이 창안되어 유행했다. 이러한 것은 인도불교가 숭고한 절대이타의 교리를 설하면서 실질적으로는 범속하고 어리석은 서민을 교단에 봉사하는 자로서 내버려두려고 했기 때문에, 불교의 진수를 접해보고 구원받고 싶어 하는 하층민들 사이에서 자연스럽게 발생하여 신봉되었던 것이다."[139]

이러한 성의 수용은 하나의 그것 자체를 위한 것이라기보다는 방편이라고 할 수 있다. 다시 말해서 대승불교의 '번뇌가 곧 깨달음'의 이념은 이러한 밀교에서는 탐·진·치를 그대로 행함으로써 '욕과 이욕(離慾)'에 머물지 않는 무주처열반으로 인도된다는 철저한 입장이 취해졌다. 또한 현실 그대로를 이상 형태로 보는 대승불교의 이념

137 요리토미 모토히로 外, 김무생 역, 앞의 책. p.17.

138 요리토미 모토히로 外, 김무생 역, 앞의 책. p.121.

139 山口瑞鳳. 矢崎正見. 앞의 책. p.39.

이 극단으로까지 치달아서 모든 현실존재를 긍정하고, 그것을 그대로 절대화시키는 밀교의 기본적인 입장이 명백하게 인정되었다. 그것은 정상적인 사회조직에서 소외된 하층계급까지도 불교 속에 융입하려고 했던 적극적인 의도의 표출이라고 할 수 있다.[140]

밀교가 갖는 중요한 특성 중의 하나는 흔히 터부시되어왔던 성, 끊으라고 권유된 살생 등과 같은 악행은 물론 심지어 삼독 등에 대해서도 긍정적으로 보며, 해탈에 도달하는 과정에서 이를 적극적으로 활용하고자 한다는 점이다. 이러한 것은 특히 탄트라계 밀교, 즉 후기밀교에서 강하게 나타나고 있다. 이로 인해 밀교는 음탕하고 비도덕적이며 비사회적이라는 비난을 받아왔는데, 그러나 악에 대한 밀교의 이러한 긍정적 접근은 기본적으로는 생사와 열반, 중생과 부처, 번뇌와 보리, 세간과 출세간이 둘이 아니라는 대승 불교의 기본 관점을 바탕으로 한 것이다.[141]

이러한 밀교에 대한 평가는 19세기에서부터 20세기에 걸쳐서 유럽의 인도학 및 불교학의 연구자가 밀교를 복잡하고도 오늘날 티베트의 좌도밀교는 탕가 등의 예술적 작품에서만 그 자취를 볼 수 있을 뿐, 라마들에 의해서 수행되지 않는다. 달라이 라마를 위시한 티베트 라마들은 독신을 전통적으로 지키고 있고 여성을 성적인 대상으로 보지 않는 훈련을 한다. 따라서 그들의 밀교는 좌도밀교가 아니라 순수한 밀교임을 알 수 있다.

티베트의 밀교는 티베트 문화의 저변에 깔린 샤머니즘적 요소들과 밀접한 관계 속에서 형성되었으며 심지어 성속일여의 좌도밀교로 까지 발전된 역사를 가지고 있으며, 오늘날에도 여전히 진언과 주술, 수인과 염불을 위주로 하는 밀교가 융성하고 있다.

티베트 불교는 인도불교의 밀교적 요소를 받아들여 다분히 주술

---

140 松長有慶, 앞의 책, p.97.

141 『티베트 성자와 보낸 3일』 달라이 라마, 심재룡역, 솔, 1999. p.132.

적인 면이 있지만, 그것은 토착의 샤머니즘과 경쟁을 통해 그러한 요소가 강해진 것이라고 볼 수 있다.

1. 티베트에는 불교이전에 이미 정령숭배의 사상이 있었고, 지금도 여전히 정령숭배적 풍습이 잔존하고 있다.
2. 티베트의 샤만은 국가적 샤만으로 잔존한다. 그들은 시베리아 샤먼과 같은 탈혼경을 통해 신의 뜻을 읽고 예언한다. 그러나 그들은 라마의 조직 내에 있다. 민중적 샤만은 라마에 의해서 평정되었지만, 국경지역에는 동물희생등과 정령숭배를 하는 샤만이 있다. 그 지역의 일반인들은 갈등 없이 두 체계를 신봉한다.
3. 본교는 고대의 샤머니즘적 종교로 티베트에 라마교와 공존하지만, 현존하는 본교는 거의 불교의 체계를 답습하고 있다.
4. 티베트 불교는 샤머니즘과 습합과정에서 주술적인 면이 강조되는 밀교가 발전하였다. 이 밀교는 깨달음의 경향에 호소하지만 사실은 일반인들의 양재구복적 신앙에 호소하는 경향이 농후하다.
5. 티베트의 활불사상과 밀교의 발전도 샤머니즘과 습합을 통해서 강화된 것이다.

오늘날의 티베트의 종교적 상황은 이러한 고대의 샤머니즘과 본교가 자연스럽게 공존하고 있으며 그 차이를 느끼지 못한다. 이처럼 티베트 불교에는 샤머니즘적 요소가 습합되어 있지만 동시에 깨달음의 경향을 견지하고 있음은 물론이다. 티베트 불교가 제시하는 메시지는 다름 아닌 평화와 자비라고 할 수 있다. 그리고 그러한 평화와 자비의 대상이 단지 인간 만에 머무는 것이 아니라 산과 호수, 강과 바다 등의 자연에까지 이르며 또한 동물에까지 미치는 것으로, 티베트불교는 오늘날 인류의 당면과제인 생태학적 환경문제와 전쟁의 문제를 지혜롭게 해결하는 중요한 실마리를 제공할 수 있는 사상이다.

일본의 신도와 도

1. 신도

신도라는 것은 특별한 교리가 있는 종교는 아니다. 그것은 그저 신이 있다고 생각되는 곳을 깨끗하게 해두고 외경심을 표하는 정도에 지나지 않는다. 이를 신도적 공간이라고 부른다. 일본어로 '호토케'라는 말은 부처, 불타를 의미하지만 죽은 사람을 지칭하기도 한다. 사람은 죽으면 누구나 신도의 숭배의 대상이 될 수도 있는 것이다.

일생을 두고 결혼식은 신도의식에 일상적인 생활은 유교적 규범에 따르며 장례식은 절에서 불교식으로 치르는 나라가 일본이다. 신도의 신은 신사에도 있고 집안에도 있다. 신사를 방문할 때, 방문자는 언제나 손을 모아 박수를 치고 방울을 울려 신의 주의를 끌고 기도하고 절한다. 그리고 공물을 올린다.

일본인의 정신세계를 지배한 것은 지난 이 천년동안 그들의 전통 신앙으로 뿌리를 내려 온 신도이다. 신도는 그들의 사상과 관습의 종합으로 형성된 종교이지만 특별한 경서를 가지고 있지는 않는다. 그들이 말하는 신도란 '이해되는 것이지 배우는 것이 아니며, 그것은 한 세대에서 다음 세대로 전해져 내려가는 전승의 것'이다. 일본 곳곳에서 볼 수 있는 신도의 상징인 도리이(鳥居)는 영의 세계와 속세를 가르는 관문으로 인식된다.

이러한 일본의 전통종교는 다른 어떤 문명도 침해할 수 없는 자연에 대한 경외심을 가르치는 것에 특색이 있다. 신도 속에는 동아시아의 원시종교인 자연숭배 동물숭배 조상숭배 혹은 성기숭배 등의 의식이 그대로 자리 잡고 있다. 심지어는 우리나라의 단군, 왕인, 백제왕, 안중근도 신이 되며, 외국인도 신주로 모신 신사가 있다. 따라서 이런 다신적 공간을 허용하지 않는 기독교는 일본에서 수용되기 어려웠다.

신도에 의하면, 인간이 살고 있는 이 세계가 가장 좋은 곳이다. 죽어서는 황천이라는 아주 더러운 곳으로 모든 사람이 간다고 한다. 불교에서는 이 세상은 사바세계로 부정이 많은 곳이고, 죽어서는 깨끗한 정토에 간다고 한다. 유교에서는 이 세상 이외의 다른 세계는 없다. 세 가지 종교가 서로 완전히 모순되고 있지만, 일본인은 이 세 가지 종교를 동시에 믿을 수 있다.

그들에게는 하나의 신도적인 공간이 있어, 그 위에 불교가 들어오기도 하고 유교가 들어오기도 하지만, 그 신도적인 공간만은 흔들림이 없는 것이다. 아침에 일어나 손을 씻고 입을 헹구고 얼굴을 씻고서 태양에 절을 하거나 가미타나(神棚. 집안에 모셔놓은 조그만 선반)에 절을 한다. 저녁에는 목욕을 해서 몸을 청결히 한 다음 가미타나에 등불을 밝힌 뒤에 저녁밥을 먹고 잠든다. 밥은 뭐니 뭐니 해도 먼저 신에게 올린 뒤에 먹는다. 먹을 때에는 '잘 먹겠습니다.'라고 말한다.

신도적인 세계에서는 무엇보다도 중요한 것이 제사이며, 자자손손 제사가 이어져 가면 그곳에 조상의 영혼의 기쁨이 있고 자손의 기쁨도 있었다. 그러므로 타계의 소식을 묻는 일는 다지 중요하지는 않다. 하지만 일상의 생활이나 생산 활동, 사회적 업무가 그대로 신을 모시는 제사이다. 예를 들면 농부가 농사일에 종사하여 오곡백과를 생산하는 것이 다시 말하면 신에게 봉사하는 방법인 것이며, 그 일이 제사 그 자체라고 하는 사고방식은 놀라운 것이라고 생각한다.

2. 신도와 천황

신도가 차츰 교의화된 시대가 되면 신화 속에서부터 일본국가의 역사적 성립 및 정치. 사회체제의 불변의 기초를 가르치는 교의를 이끌어 내게 되었다. 이것이 국체신도인데, 명치신도까지 이어지며 2차 세계대전이 끝날 즈음에는 신도지령(神道指令)이나 헌법 개정에 의해 커다란 타격을 받게 되지만 지금도 은연중에 일본인의 마음속에 커다란 힘을 차지하고 있다고 말할 수 있다.

이 국가신도의 내용은 세계는 천조신(天照神)에 의해서 창조되었으며 천신과 지신의 시대를 거쳐 황조신(皇祖神)의 신통(神統)이 만세일계(萬世一系)의 황통을 유지해 가며 오늘날의 일본 국가를 성립시켰다고 하는 사상이다.

일본 황조신의 아마테라스 오오미카미(天照大神)를 모신 이세신궁의 신체는 '신노 미하시라(心の御柱)라고 한다. 일본의 신사에는 거울을 신체로서 모신 곳이 많고, 그것은 태양신 '아마테라스 오오미카미'의 빙의물로 간주되고 있다.

천손이라는 증거를 갖고 천황은 천황으로서의 권리를 계속 유지했다. 황조신인 아마테라스 오오미카미를 모시는 일과 약간의 정치적 권한을 갖고 있었다. 관위의 제임권, 연호, 역서의 제정 등 세 가지 권리를 천황은 실권자인 후지와라, 오우쬬. 도쿠가와 등의 역대 위정들에게 위양 하려고 하지 않았다.

메이지 천황은 유신을 통해 근대화를 추진한 장본이려니와 국가신도의 우상적 인물이라고 할 수 있다. 그를 기념하는 메이지진구는

다이쇼(대정)시대의 상징물로서 메이지 왕과 쇼켄(昭憲) 왕후의 신위를 모신 신궁이다. 메이지는 일본 제 122대 왕으로 1867년 16세의 나이로 즉위해 이듬해 9월 연호를 메이지로 고치고, 1869년 에도를 도쿄라고 칭한 장본인이다. 그는 도쿠가와 막부의 아성이었던 에도성을 왕궁으로 정하고 통치권의 총괄자로서 천황친정의 대의명분을 세워 왕정복고를 실현하였다. 그리고 나서 자본주의의 틀을 형성한 기점이 된 메이지 유신에 성공하여 왕을 중심으로 하는 절대주의적 왕권국가를 완성시켜 나아갔다.

지금은 아니지만, 한때 천황은 이들에게 '모든 것'이었다. 가미카제 특공대의 젊은이들이 지는 벚꽃처럼 생목숨을 미련도 없이 버리면서 천황폐하를 외쳤다. 일제강점기에 일본의 학교에 걸어놓은 천황의 사진이 화재로 소실되자 그 학교 교장이 불충의 괴로움을 못 이겨 자살하고 만 사건도 일어났다. 목조로 되어 있는 관공서 건물에 화재가 일어났을 때는 천황 사진을 구출하기 위해 불 속으로 뛰어드는 충국 애국의 천황 신민이 부지기수였다고 한다.

일본인들은 살아 있는 신, 천황을 믿거나 자기네들의 조상을 믿는다. 일본인은 종교도 자기들의 토양에 맞도록 취사선택하여 별종의 종교 [일본교]를 만들어 내는 사람들이다. 천황이라는 존재가 바로 그것이다.

3. 신도적 공간

신도를 지배했던 또 하나의 사상의 계파는 신불습합(神佛習合)사상이었다. 이 계파는 아주 오래전 불교가 도래하자마자 나라조 시대부터 시작하고 있다. 처음에는 일본의 신을 호법(護法)의 선신(善神)

으로 삼거나 혹은 신은 중생의 일종이어서 미혹한 세계에서 고통받고 있으므로 부처님의 가르침에 의해서 구제해 주면 기뻐한다고 하는 이야기가 되었다. 그리하여 신을 위해서 절을 짓기도 하고 경을 읽거나 사경을 하기 도 하였다.

그런데 어느 때부터 신을 보살이라고 부르고, 부처님의 수적(垂跡; 부처는 신의 本地)이라고 생각 하며, 권현(權現)이라고까지 말하게 되었다. 다시 말하면 본지수적론(本地垂跡論)이 기세 좋게 일어나서 전국의 신사를 휩쓸고 말았던 것이다.

유교도 조선과는 달리 정통 유교보다는 양명학이 발달했다. 공자나 맹자가 일본에 쳐들어오면 서슴없이 대항해야 한다고 하는 것이 일본식 유교다. 일본에 있어서의 주자학은 교조적 성격이 훨씬 약화된 것이었다. 유학은 주자학, 양명학, 절충파 등 여러 파로 나뉘어져 학파 간에 자유로운 논쟁이 있었다. 맹자와 공자가 일본에 쳐들어오면 주자학을 배운 일본인이라도 분연히 이에 맞서 싸워야 하는 것이 공맹의 정신이라고 가르쳤다.

즉 주자학에 절대적 가치를 부여하지도 않았고 일본식으로 윤색하였으며 언제나 새로움을 취하는, 이를테면 온고지신의 정신을 존중했다.

일억 2천만 명의 인구를 가진 일본에는 불교도가 1억 2천만 명이고 신도의 신자 수도 또한 1억 2천만 명이라는 이야기가 있다. 이는 일본인이 본질적으로 다른 두 개의 종교를 아무런 저항감 없이 가질 수 있다는 것을 보여 준다. 일본에는 유일 절대의 신은 존재하지 않는다. 일본은 다신의 세계이다. 따라서 일본인의 사고와 행동을 규정하는 도덕원리는 '신 앞의 양심'이 아니라 '타인 앞에서 부끄러운 짓을 하지 않으려는 자세'라고 한다.

1603년 도쿠가와 막부가 천하를 통일하자 집권층에게 신 앞의 평등을 주장하는 기독교의 교리는 거추장스러운 존재로 여겨졌으며 전국시대에 어쩔 수 없이 어느 정도 정치에 말려들 수밖에 없었던 포르투갈 선교사들은 쇄국이라는 된서리를 맞고 일본에서 손을 떼야 했다.

도쿠가와는 종교와 무역을 분리시키는 정책을 취했다. 포르투갈의 바톤을 이어받은 것은, 종교의 깃발을 아예 앞세우지 않은 네덜란드의 상인들이었다. 기독교 선교 금지 정책에 따라 포르투갈 상인들이 쫓겨 가고 탈종교적인 네덜란드인만이 데지마에 집단 거주하게 되었다. 네덜란드인들이 일본무역을 독점하기 위해 포르투갈은 선교를 빙자한 침략국이라는 인상을 막부 지도자에게 심어 주었던 책략도 주효했던 것이다.

초기의 선교사인 사비에르는 일본의 선교를 낙관했었다. 그러나 그가 8세기 일본의 시가를 모은 ≪만엽집≫을 조금만 해독할 수 있었더라면 일본의 개종에 그렇게 낙관적인 결론을 성급하게 내리지는 않았을 것이다. 왜냐하면 이 시가집의 내용은 시종일관 천황을 신으로 우러러보고 천황에 대한 절대적인 충성을 굳게 다짐하고 있기 때문이다. 일본의 천황은 다른 민족에 있어서의 신과 같은 존재이다.

4. 도의 문화

일본 사람들은 신앙심도 별로 없으면서도 툭하면 도(道)자를 붙이기를 좋아한다. 차를 마시는 것을 다도, 칼싸움 연습을 검도, 내팽개치는 것을 유도 등등... 다도의 경우, 에도 시대의 그림을 보면 한 평 정도의 좁은 공간에서 단 둘이 앉아 정원 풍경을 음미하면서 차를 마시는 모습을 많이 볼 수 있다. 이는 아마도 광활한 우주 가운데서

당신과 나, 이렇게 단둘이 만나 차를 마실 수 있는 이승의 이 순간은 억겁의 인연에 연유하고 있음을, 결코 우연이 아님을 타내는 일종의 의식이라 하겠다. 사람과의 인연을 도 닦듯이 키워 나간다고나할까.

다도를 닦는 다실에서는 무사로부터 검을 빼앗고 상인으로부터 주판을 빼앗듯이 모든 속물을 다실로부터 추방하고 벌거숭이 인간이 평등하게 대좌하는 공간으로 변혁시켰다. 일상적인 세계로부터 해방된 인간끼리의 마음과 마음이 서로 통하는 공간으로의 승화였다. 리큐(利休)는 말했다. 다실에는 위도 없고 아래도 없고 귀천의 차도 없다고. 어두컴컴한 밀실화된 다실을 더욱 밀실화하고 성스러운 정신 공간으로 승화시켰다.

이 다도에서 인기 있는 찻잔이 조선왕조의 분청사기다. 비뚤어진 언밸런스한 모양의 찻잔은 엄격하게 반듯한 다실에 미적 효과를 발휘하고 있는 것이다. 그 언밸런스한 모양이 직선적인 다실 공간을 부드럽게 하는 중요한 포인트로 되어 있는 것이다.

일본 정신을 대표하는 무사도의 진수는 곧 죽을 명분을 찾는 마음가짐에 있다. 무사는 충성과 책임을 위해서는 항상 할복할 준비가 되어 있어야 하며 대의명분을 위해서는 자기의 삶을 언제라도 팽개치도록 교육받는다.

이런 정신은 가마쿠라시대(1185－1333)에부터 교육되었는데, 이것의 진수는 불교적 선이었다. 곧 선은 특별히 무사들의 훈련의 일부로 되었으며, 공포를 없앰과 자발적 행위의 이상을 위해 정신적 원천으로 공급되었다.

이런 훈련을 통해 순식간에 무로 돌아갈 수 있는 인간이 꽤 많이 있었다. 무사도라는 말을 누가 처음 쓰기 시작했는지는 명확하지 않다. 에도 막부 말기의 무사는 아무래도 선적인 인간이 많았던 것 같다. 그러나 사실은 일본정신이니 뭐니 해서 굉장히 절박한 정신인 것처럼 말하는 것들, 일본인 자신도 그렇게 믿고 있는 그 정신은 모두 쇼와 초기에 만들어진 것 같다. 일본정신에 대해 글로 쓰거나 말로 지껄이기 시작한 것은, 그리고 그러한 군대 교육이 사회에 보급된 것은 쇼와 초기부터이다. 다이쇼 시대는 그렇지 않았고 노·일 전쟁 당시는 보다 관대했다.

일본적이고 대단히 어두운 내셔널리즘이 생겨난 것은 쇼와 초기부터로, 1945년까지의 불과 얼마 되지 않는 기간이고, 그것을 전통이니 뭐니 하여 일본 역사의 어느 대목에서 끄집어냈는지는 모르지만 그렇게 길지는 않은 것이다. 그렇지만 일본정신이라고까지는 할 수 없지만, 집단의식이라는 것은 오랜 역사를 가지고 있다. 집단에 폐를 끼치지 않으려고 자살까지 하는 일본인은 수없이 많다. 죽음으로써 자기의 결백을 호소하는 데에는 반드시 그 배경에 상사나 집단에의 배려가 있다.

이는 그들이 광대한 공간이 아니라 비좁은 공간, 한 마을에서 생활하기 위해서는 촌장을 중심으로 하는 마을의 '와(和)'를 깨뜨려서는 안 되었던 전통에서 유래한다. 그것은 무라 하치부(村八分; 마을의 법도를 어긴 사람을 마을 사람들이 의논해서 따돌려 고립시키는 일)를 의미하기 때문이다. 촌장은 수호신의 대리인으로서 화(和)를 어지럽히는 자에게 신벌을 내릴 수도 있었다. 집단에 있어서 가장 큰 죄는 화(和)를 깨뜨리는 일이었다. 화(和)를 깨면 집단의 질서가 깨져서 집단의 존재가 위험에 빠지게 되고 외적에게 그 허를 찔리면 망해버리는 일조차 있었다.

이 화(和)와 개성은 서로 궁합이 맞지 않았다. 개성이 강하면 강할수록 화(和)를 깨뜨리는 확률은 높아진다. 논쟁이나 토론은 화(和)를 깨뜨리기 때문에 그다지 환영하지 않는다. 히 정해진 방침이나 안을 그대로 인정하고 확인하는 따위의 합의제가 취해진다.

일본의 학계나 회사 등도 논쟁의 형식을 취하는 일은 극히 드물다. 비개성적이고 논쟁의 열기도 없는 비자극적인 생활의 대상으로 관청이나 회사 등의 집단은 종신고용이라는 안전벨트를 준비하고 집단에서의 이탈을 막았던 것이다.

중국인이나 한국인들이 같은 유교문화권인데도, 일본인의 이런 태도와는 확실히 다르다. 중국과 한국이 근대화에 뒤진 이유 중의 하나가 중화사상이라고 할 수 있다. 중국은 세계의 중심이 되는 나라라는 오만심에서였다. 다른 나라들은 중국의 주변국에 불과하다는 사고방식을 갖고 있었으므로 적극적으로 외국의 훌륭한 것들을 받아들이려는 생각이 없었던 것이다.

유럽인과의 접촉이 아무리 많았다 할지라도, 유럽인의 지혜를 빌리고 싶다든가 유럽인으로부터 배울 것이 많다고는 생각지 않았다. 그러나 일본인에게는 양이(攘夷)사상도 없었고 자기 나라를 신비화시키는 일은 없었다. 일제는 근대화를 이룬 후 일본정신이니 황국이니 하는 그들의 사상을 주변국에 강요함으로써 오만한 태도를 취했다.

III

불교의 문화

석존의 발자취를 찾아서

1. 탄생지－룸비니동산

석존의 탄생에 관해서는 남전과 북전에 약 100년 정도의 차이가 있지만, 대체로 기원 전 6세기 5세기 중엽쯤으로 추정되고 있다. 석존의 탄생지는 룸비니동산이나 룸비니 마을이라고 적혀 있을 뿐, 2500년의 역사를 통해서 오늘에 이르기까지 큰 도읍이라는 말이 사용된 적은 결코 없었다. 사람들은 지금도 석존 시대와 다름없이 여전히 농경에 힘쓰고, 해돋이와 해지기를 배례하며, 또 우물가나 강기슭에 모여서 한가롭게 이야기꽃을 피우고 있다. 석존이 태어난 곳은 평화로운 농촌의 한 구석이었다.

아쇼카 왕은 관정 제 20년이 지나서 탄생지에 친히 참배했다. 그래서 돌로 말의 상을 만들고 석주를 건립하도록 했다. 이곳에서 세존이 탄생하신 것을 기념하기 위한 것이다. 룸비니 마을은 조세를 면제해 주고, 또 생산의 8분의 1만을 지불하게 한다고 기록되어 있어서, 이 땅이 바로 석존의 탄생지라는 사실이 확인되었다.

석존은 생후 7일 만에 어머니를 잃었다. 경전에서는 그 경위가 자세히 기록되어 있지 않지만 석존은 그 후 어머니의 여동생인 마하프라자파티에게 양육되었다고 전한다. 따라서 그 뒤 몇 명인가 이복동생들도 있었던 것 같다.

2. 고행과 깨달음

수행의 방법으로서 석존은 당시 가장 일반적인 고행을 택한다. 고행은 단식, 조식(調息) 등, 의식적으로 스스로의 육체를 괴롭힘으로써 물질적 욕망을 억제하고 정신생활의 향상을 꾀하는 수행 방법인데, 이를 실행한 사람은 모종의 신비적이고도 초인간적인 힘을 가지게 된다고 믿어져 온 것이다.

석존의 고행은 6－7년간 계속되었다고 전해진다. 일정한 육체적 자세를 계속 유지함으로써 정신적 통일을 꾀하는 요가의 수행법을 비롯하여, 호흡을 가지런히 하다가 얼마 후에는 숨을 그치는 지식선(止息禪), 그리고 음식을 극단적으로 제한하는 단식도 실행했다.

정통 힌두교를 비롯한 자이나교나 아지비카(사명외도)등은 극단적인 고행을 했다고 전해지고 있다. 또 6사 외도 중에서 숙명론자나 쾌락주의자까지도 고행을 했다는 기록은 이 수도 방법이 선정(요가)와 함께 얼마나 널리 행해지고 있었던가를 잘 보여 주고 있다.

석존의 고행은 구체적으로 하루 한 끼로 시작하여 반달 동안에 한 끼만으로 견디는 것 등이었다. 야채와 생쌀, 참깨가루, 풀의 열매, 저절로 떨어진 과일만을 먹었다. 삼 옷이나 묘지에 버려진 시체를 쌓던 헝겊, 내버린 누더기를 이어서 만든 옷, 검은 양가죽으로 만든 옷, 나무껍질로 만든 옷, 사람이나 말의 머리털로 짠 옷, 부엉이의 날개깃으로 만든 옷 등을 걸치고 지냈다.

수염이나 머리카락을 뽑는 고행, 똑바로 서는 직립의 고행, 앉지 않는 부좌의 고행, 항상 웅크리는 고행, 가시 돋친 자리에 눕는 고행, 하루에 세 번 목욕하는 고행을 했다. 또 아무리 작은 생물이라도 혹 죽이지나 않을까 염려하여 언제나 길을 갈 때나 돌아올 때 주의를 하고, 한 방울의 물에도 세심한 주의를 기울였다. 깊은 산이나 숲

속에서 홀로 수도를 하여, 마치 사슴이 사람의 모습을 보고 도망치듯이 숲에서 숲으로, 산에서 산으로, 소치는 목동까지 피해 다녔다. 항상 숲 속에 살면서, 묘지에 있는 시체의 백골을 자리삼아 휴식을 취했다.

석존의 깨달음은 '보리(bodhi), 또는 '정각'이라고 불리며, 정각을 얻은 석존은 이로부터 붓다(Buddha) 즉 '각성한 사람'·'진리를 깨달은 사람'으로 불리게 되었다. 그리고 정각을 얻어 불타가 된 것을 성도라고 부른다. 또한 석존이 성도할 때 앉아 있던 아쉬밧티수는 '보리수'로 앉은 자리는 금강보좌라고 불리게 되었다.

석존 성도의 땅 보드가야는 비하르 주의 가야 서남쪽 약 10킬로미터 되는 지점, 즉 동경 85도의 자오선 상에 있다. 이곳의 대탑은 '탑'이라고는 하지만 사실상 스투파가 아니라 불사와 금강보좌를 수용하는 사당이다. 겉으로 보기에는 누각을 겹친 형태가 50미터높이로 솟아 있으며, 외벽을 장식한 수많은 감실에는 불상이 안치되어 있다. 그 사이를 메우고 있는 꽃잎과 초목의 장식 조각은 매우 정교하고 아름답다.

대탑의 서쪽에 인접해 있는 보리수는 현장의 기록에서 보는 바와 같이, 몇 차례의 세대교체를 겪었지만, 아직도 녹색의 잎이 무성하다. 그리고 현재의 나무는 1876년 폭풍으로 쓰러진 고목의 뿌리에서 나온 싹이 자란 것이다.

보리수와 금강보좌를 참배하기 위하여 세계 각국에서 모여드는 순례자의 행렬은 일 년 내내 그침이 없다. 이곳에서 사람들은 꽃과 향, 그리고 깃발을 바치며, 석존의 유덕을 기리고 있다.

3. 그의 제자들

석존의 10대 제자는 샤리푸트라(사리자; 지혜제일), 마우드갈랴야나(목건련; 신통제일), 마하 카사파(가섭; 두타제일), 나누룻다(아나율; 천안제일), 우팔리(우파리; 지율제일), 라후라(밀행제일), 아난다(아난; 다문제일), 그리고 수부티(수보리; 해공제일), 푸르나 마이트라야니 후트라 (부루나; 설법제일), 카타야나(가전연; 논의제일)의 열 사람이다.

수부티(수보리)는 석존을 위해서 기원정사를 기증한 수닷타 장자의 조카로서 '은둔 생활을 하는 사람들의 제1인자'로 불렸던 것 같은데, 후에 '해공(解空)' 제일로 불리게 되었다.

10대 제자에 속하지는 않지만 앙굴리 말라는 원래 베다의 학습에 열심히 하던 성실한 학생이었는데, 스승의 아내로부터 유혹을 받아 자신은 비록 절개를 지켜서 깨끗했지만 스승의 오해를 받고 도적이 되었다. 그 후 그는 많은 사람들을 살해하여 그 손가락을 가지고 목걸이를 만들었기 때문에 사람들은 그를 매우 두려워했다. 어느 날, 앙굴리말라는 석존의 손가락을 자르려고 석존을 습격했지만 도리어 석존에게 감화를 받고 개심하여 출가했다고 한다. 앙굴리말라는 그 이전의 악업 때문에 출가한 다음에도 사람들로부터 많은 비난을 받았으며, 심지어는 돌을 던지는 사람조차 있었다고 하는데, 그는 끝까지 이러한 모욕을 잘 참아냈다고 한다.

역시 큰 제자에 속하지는 않지만 석존의 제자가 된 여인의 일화는 유명하다. 쉬라바스티의 가난한 가정의 딸 키사고타미는 어쩌다가 자신의 아이가 죽자 죽은 아이를 가슴에 안고, 아이를 소생시킬 수 있는 약을 구하러 다니다가 석존을 만난다. 석존은 이제까지 아무도 죽은 사람이 없는 집을 찾아가 겨자씨를 얻어 오면 아이를 소행시켜 주겠다고 한다. 그녀는 필사적으로 그러한 집을 찾아다녔지만 물론 조건에 맞는 겨자씨를 얻지 못하니, 마음에 느끼는 바가 있어 슬픔을 극복하고 비구니 교단에 들어갔다고 한다.

이 교단은 계급의 차이를 인정하지 않았다. 계급이 낮은 우팔리가 출가할 때 높은 계급의 출가자들이 이렇게 말한다.

> "우리와 나란히 걷게나. 수행승은 차별이 없는 법이야. 차등이 없는 법이야. 우리가 붓다에게 가면 자네가 가장 먼저 가르침을 받을 거야. 왜냐하면 자네는 적어도 우리와 같이 타고난 자만심은 전혀 없으니까."

4. 최초의 승원

코살라국의 도읍지로서 인도 전역으로부터 많은 사람들이 앞을 다투어 몰려들던 사위성(쉬라바스티)은 라프티 강(과거의 아치라바티 강) 남쪽 기슭에 있는 자그마한 언덕 위에 조용히 자리 잡고 있어서, 이제는 찾는 사람도 거의 없다. 석존은 이따금씩 기원정사에 체류하면서 이 거리에서 탁발과 교화를 행했다고 한다.

최초의 승원을 기증한 자는 수닷타라고 한다. 이 사람은 외로운 이와 늙은이들을 모시고 봉양하여 옷과 음식을 드리므로 나라의 사람들이 저를 외로운 이 돕는 이(급고독)라고도 일컬었다.

그는 승원을 마련하기 위해 슈라바스티에 돌아와 두루 다니면서 땅을 구하였지마는 오직 좋은 것은 기원뿐이었다. 뭇 과일과 흐르는 샘이며 기이한 날짐승이 날아 와 모이고 땅이 평평하고 나무는 무성하며 성에서도 가까웠으므로 곧 지키는 이 기타에게 청하였더니, 끝끝내 팔 뜻이 없는 데도 청하기를 그치지 아니하자 성을 내어 말하였다.

"만약 금으로써 동산을 완전히 깔면 비로소 내놓으리라"

그런데 급고독 장자는 그 기원에 금을 깔았다. 이에 기타가 감동하여 함께 승원을 마련하게 되었다. 거기에는 승방과 앉을 도구며, 평상·와탑·이부자리 등은 세상에서 가장 훌륭한 것이었는데, 당기·번기를 더 시설하고 향의 즙을 땅에 뿌리며 공양 거리를 다 갖추었다. 이 승원의 이름이 기수급고독원이라고 하니 줄여서 기원정사라 했다.

석존의 직접적인 활동 범위는 갠지스강의 중류 유역에 한정된다. 즉, 갠지스강 남쪽의 마가다국, 북쪽 유역의 브리지 연합 릿차비족의 영토, 그리고 약간 북서쪽에 위치한 코살라국과 말라족, 콜랴족의 지방, 약간 남서쪽 야무나 강과의 합류점에 가까운 바트사국 등이다. 이밖에 마가다국 동쪽에 인접해 있는 앙가 국과 코살라국 서쪽에 인접해 있는 판차라국, 쿠르국에도 갔었다고 기록이 있다.

마가다국에는 수도인 라자그리하가 있었고, 코살라국에는 쉬라바스티가 있었다. 이들은 당시의 2대강국으로서 도시도 많고 사람들도 많이 모여들어, 융성하기 이를 데 없었다. 릿차비족의 수도 바이샬리는 상업 도시로 번영했으며, 바트사국의 도읍인 야무나 강변의 카우샴비 역시 마찬가지였다.

부유한 재가신자나 유력한 왕들은 비구의 안거를 위한 장소나 건물을 자진해서 불교 교단에 기증하게 되었다. 그것들은 '아마라(원림)'나 비하라(정사) 등으로 불렸다. 아마라는 실로 즐거운 휴식의 동산이었던 것이다. '상가 사람들이 모이는 아마라(상가라마)는 후에 중국에서 '승가람'으로 음역되어 사원 건축의 총칭으로 쓰였다.

비하라는 원래는 명상과 수도를 위한 장소나 오두막을 가리키는 것이었는데, 교단이 발전하고 많은 비구들이 공동생활을 영위하기 위한 대규모의 건물축이 건조되자, 소위 '승원'의 조직을 뜻하게 되었다. 마가다국의 왕 빔비사라는 죽림정사를 닦아 세워 석존의 교단에 기증했다.

5. 쿠시나가라－열반의 땅

'나는 노쇠하고 나이도 팔십에 이르렀다. 아난다여, 예컨대 낡은 수레가 가죽 끈의 도움으로 겨우 움직여 가듯이 여래의 몸도 가죽 끈의 도움으로 간신히 움직이고 있다.'

'이제 나는 늙은이다. 팔십 년을 살아왔다. 나는 길의 끝까지 걸어왔다. 자, 그대들은 이제부터 나의 등불에 의지하지 말라. 그대 자신들 하나하나가 등불이다. 그대 하나하나가 그대 자신의 등불이 되라. 자신의 등불로 자신을 밝게 비추라.'

25년간 아난다는 그림자처럼 석존을 따라다니면서 신변의 모든 일을 뒷바라지해 드리고, 석존이 병석에 누우면 계를 범해가면서까지도 특별한 식사를 준비했다. 아난다는 아누룻다와 함께 석존의 최후를 지켜보고, 이어서 그때까지 개별적으로 전해지던 석존의 가르침을 정리하고 경전으로 편집하기 위하여 마하 카샤파와 함께 제1결집을 열었다. 이 회의에서 아난다는 석존의 측근으로서 가장 많은 설법을 들었기 때문에 '경'을 편집하는 일을 주관했다.

6. 스투파의 등장

스투파란 원래 '포개어 쌓은 것'을 의미한다. 구체적으로는 분묘이며, 따라서 이것은 화장 의식과 관련된 것이라고 할 수 있을 것이다. 사체를 화장하는 관습은 물론 불교 이전의 것이지만, 화장한 유골을 스투파 속에 모시고 예배의 대상으로 삼은 관습이 불교이전의 것이라는 확증은 없다.

그러나 석존이 입멸하여 화장된 다음, 그 유골(사리라, 사리)이 스투파에 모셔져 숭배된 것은 틀림없는 사실이다. 대반열반경에 나오는 이른바 불사리 여덟 등분의 전승은 역사적 사실로 믿어도 좋을 것이다. 이 경전에서는 석존의 입멸 직전에 시자인 아난다가 사리의 숭배에 관하여 묻는 장면이 있다. 이에 대하여 석존은, 불탑 숭배는 재가 신자가 해야 할 일이지 수행자가 관여할 일이 아니라고 가르치고 있다.

처음에 건립된 8개의 사리탑 가운데서 현재 분명한 것은 두 개뿐이다. 하나는 앞서 말한 피푸라하와의 대스투파 유적인데, 여기서 출토된 사리는 카필라바스투의 샤캬족이 받들고 있던 것이라고 한다. 다른 하나는 바이샬리의 아비세카 푸스카루니 연못 근처에 있는 스투파 터이다. 1957년 아르테카르 박사에 의해서 이곳에서 발견된 사리 용기는 명문은 없었으나 출토 상황과 스투파의 구조로 미루어 석존 시대의 것으로 거의 인정받고 있다. 다만 이 이 사리 용기에 들어 있었던 것은 유골이 아니라 유회(遺灰)였다.

탑 숭배는 재가 신자가 행해야 하는 것이므로 비구는 관여치 말 것을 초기의 경전은 설하고 있는 이유는 번뇌를 억제하고 마음을 가다듬어 명상과 수행에 전념해야 할 비구에게는 특별한 숭배의 대상이 필요치 않다는 이유에서다.

불상이 없던 시대에 재가자들에게 숭배의 대상으로서 발달한 스투파지만, 1세기 후반부터 2세기 초에 걸쳐서 불상이 출현하고 난 다음에도 인도에서 탑 숭배가 아주 없어진 것은 아니다. 양자는 병행되었으며, 나중에는 스투파 앞에 감실을 만들고 거기에 불상을 놓아두는 형식도 나타나게 된다.

왜 초기에 불상의 조각을 금했을까? 아마도 영생불사의 깨달음을 얻은 성자의 말씀은 편의적이고 유한한 문자로 옮겨져서는 안 되고, 그 얼굴도 유한한 상으로 표현해서는 안 되는 것이라고 그들은 생각했던 것이다. 따라서 오랫동안 불전도의 조각에는 불타가 있어야 할 자리에 보리수와 법륜, 불탑, 불타의 발자국 등이 상징적으로 배치되어 있었던 것이다.

불탑과 보리수에 대한 숭배는 지금도 스리랑카 같은 곳에서는 불교 신앙의 핵심을 이루고 있는 것이다.

7. 불상의 등장

금기시되어 있던 불상 제작이 여러 가지 이유에서 드디어 이루어지기 시작한다. 이것은 대체로 1세기에서 2세기 초에 걸친 일로서, 그 본거지는 간다라와 마투라였다. 이들 지역은 모두 독자적인 조형미술의 전통을 간직한 채 불교의 중심지로서 번영을 누리고 있었던 것이다.

이 지역에서의 불상의 등장은 헬레니즘의 영향이었다. 신화 속에 등장하는 신들을 조형화하는 것을 당연한 것으로 생각하는 헬레니즘 세계의 사고방식이 이 지방에서 먼저 불상의 금기를 깨트리는 데에 적극적으로 기여했을 것만은 틀림없는 사실이다. 석존은 삭발을 하고 있었음에도 불구하고 석존의 머리가 치렁치렁하게 물결치는 검은 머리로 나타나는 등의 사실적 표현에 그리스적인 기미가 엿보이는 것을 부정할 수는 없다.

간다라 불상은 머리 부분이 물결형의 장발이며, 마투라 불상은 승려형의 체발이다. 그러나 얼마 후 두 곳 모두 경전에 나오는 32상의 표현에 따라서 나발(소라모형)이 되었다. 전자는 머리 부 붐에 원단형으로 머리를 묶고 있었는데, 이것은 머지않아 육계(정수리의 솟은 살덩이)로 변화했다.

세월이 가면서 비구의 거주 구역에 예배 대상인 불상이 출현하게 된다. 이것은 승원의 비구들이 불당을 갖추고자 하는 경향이라고는 생각되지 않는다. 이것은 그 규모로 미루어 예배의식의 대상이 된 것으로 보인다. 스투파나 불상에 대한 숭배가 불교 상가의 비구들에게 일종의 예배 의식으로서 이미 정착했음을 보여주는 것이다. 더욱이 승원 자체에 불당이 부속됨으로써 수행과 포교 등의 활동 일체가 그 안에서 행해질 수 있게 되었으며, 따라서 승원의 독립성이 증가해 갔던 것이다.

돈황석굴의 문화적 의의

중국의 감숙성 고비사막에 위치한 돈황의 막고굴은 20세기에 들어와 발굴된 문화유적 가운데 가장 주목할 만한 것이다. 여기에서는 석굴과 벽화는 물론이려니와 엄청난 문서와 서적들이 발굴됨으로써 중국문화연구에 한 기원을 연 것으로 평가할 수 있다.

이 글에서는 돈황 막고굴의 불상과 벽화를 중심으로 중국불교의 신앙형태가 어떠했는지를 살펴보고자 한다. 한국불교는 주지하다시피 중국에서 수입한 한문경전으로 이루어졌기 때문에 중국불교를 잘 이해한다는 것은 한국불교의 이해에 필수적인 것이라 할 것이다.

불상의 연구보다는 불상과 회화를 통해 어떤 정신이 강조되었는가를 역사적으로 살펴보는 것이 이 글의 목적이다.

1. 돈황석굴의 개황

서역에서 중국으로 흘러 들어온 문화에는 여러 가지 있지만, 그 가운데 고대에서 가장 눈길을 끄는 것은 역시 불교문화라 하지 않을 수 없다. 서방으로부터 왕래가 잦았던 황하의 서쪽 하서회랑에는 이미 3－4세기경부터 불교가 번성하였다. 돈황은 그런 조건을 갖춘 오아시스의 도시다.

이 지역은 고비사막의 끝에 있는 조그만 마을로 중국의 감숙성에 위치하고 있다. 돈황은 한(漢)나라시대(205－247B.C)부터 실크로드의 관문이 되었었다.

청나라 말기 명사산 기슭 천불동의 도교사원의 주지 왕원록이 아편을 피우려고 불을 댕기자 선향(線香)의 연기가 벽으로 빨려 들어가므로 부수어 보았더니 대량의 경문을 간직한 동굴이 나타났다. 1907년 영국의 탐험가 스타인이 이러한 소문을 듣고, 장경동에 봉인되어 있던 중국, 티베트 그리고 다른 중앙아시아 언어로 된 경전을 포함한 여러 문서들이 빠져나갔다. 대영박물관에서 문서들과 두루마리 회화 그리고 예술적 유물 29상자를 접수했다. 프랑스의 탐험가 페리오는 6000여 점의 문서를 수집하여 갔다.

돈황석굴의 벽화

가장 귀중한 것은 세계최초의 인쇄서적인 금강경 등으로 대영박물관의 스타인 컬렉션에 있다. 북경에 있는 돈황 수집품도 1만여 점이 넘는다. 지금은 국제돈황 프로젝트가 이들을 보호하고 연구하기 위해 1993년이래로 활동하고 있다. 이러한 문서는 17굴 장경동에서 발굴되었다.

돈황의 문서가 발굴된 장소는 막고굴이며, 중요한 예술품도 바로 막고굴에 산재해 있다. 이 석굴은 4세기에서 14세기까지의 벽화들이 체계적으로 보존되어 있다. 이것은 중국인들의 종교생활과 다양한 사회계급 사이에 유행했던 관습의 연구를 위해 매우 중요한 자료를 제공하며, 보존된 2000여점의 조각들로부터 고대의 조각예술의 발전과정과 예술가들에 의해 이루어진 훌륭한 업적을 볼 수 있다.

이 막고굴을 판 것은 '낙준(樂僔)'이라는 스님이었다고 전해진다. 그는 명사산의 모래돌 절벽 면에 수백 개의 조각을 처음으로 했다. 그가 도착해서 산에서 금빛을 보았고, 천불(千佛)이 빛을 상을 묘사했다.[142] 오늘날 16킬로미터 길이의 절벽 면에 492개의 굴이 남아있다.

돈황석굴은 현재 492동, 거기에는 채색된 소상이 2400점, 벽화가 4500평방미터가 있다. 시대별로는 다음과 같다.

16국 시대		7동
북위시대		14동
서위시대		7동
북주시대		5동
수나라시대		94동
당나라시대	초당	47동

142 "重修莫高窟佛龕碑" 武周 聖歷元年(698) 李懷讓 撰 '莫高窟者 厥初秦建元二年 有沙文樂僔 戒行淸淨 執心염靜 擧杖錫林野 行至此山 忽見金光 狀有鑛千佛 遂架空鑿岩 造窟一龕 次有法良禪師 從東屆此 又于僔師窟側 更卽營建 伽藍之起 濫觴于二僧'

성당(盛唐) ··········· 96동

중당 ············· 55동

만당 ············· 71동

오대 ··· 25동

송대 ··· 16동

서하 ··· 17동

원대 ·· 9동

청대 ·· 2동

그러면 시대별로 돈황의 불상에[143] 나타난 그 특징을 살펴보고자 한다.

2. 시대별 불상의 특징과 불교신앙

1) 초기의 불상과 불교신앙

초기의 불교신앙의 대상은 미륵불, 석가모니불, 다보불, 사유보살 등이다. 이들 불상들은 중심주 4면의 감속이나 4벽의 감속에 안치되어 있으며 주로 '1불 2협시보살'의 형식을 취하고 있다. 이들 채색된 소상들은 부처님과 보살들이 대칭, 안정의 구도를 이루어 보는 사람을 안정시켜준다.

143 돈황의 예술은 불상만 있는 것이 아니지만 대개가 불교가 주제라고 할 수 있다. 그 주제는 7개로 나눌 수 있다.
1) 불상 혹은 보살의 존상화
2) 佛本生故事 및 佛本行故事
3) 전통신화주제
4) 각종 경전의 변상도
5) 중국불교의 사적화
6) 장식과 도안
7) 공양인화상등

인도식 자세가 남은 불상

미륵불의 경우

돈황석굴에 보존된 초기의 조각들은 16국 시대(366－385)의 후기의 것들이다. 다리를 교차한 미륵불은 형식에서 인도불교의 영향을 받고 있다.

석가모니불의 경우

북위시대의 불교주제는 부처님의 위대함이나 신성을 선양하는 주제들이다.

중국화된 보살상

보살의 경우

북위시대(386－534)보살의 이미지는 중국적 용모를 갖추었다. 우아하고 호리호리한 모습이 그 시대의 우아한 취향을 반영한다.

불교가 중국에 수입되었을 때 호소력을 가졌던 것은 철학적이거나 계율적인 면이 아닌 구복적인 것이었다. 불보살을 통해서 재앙을 물리치고 행복을 기원하는 것이야말로 원초적인 불교신앙의 모습이었다.

특히 북조의 불교는 국태민안적인 면도 강하여, 왕이 곧 부처님이라는 국가 불교적 성격을 가졌다. 미륵불은 미래에 오실 부처님인데도 일찍 불교신앙의 중요한 위치를 차지한 것은 과거의 부처님이 아니라 오늘에 오신 부처님을 기대하는 민중의 갈구를 말하는 것이다. 그러므로 힘 있는 근엄하고 경직된 분위기가 남아있는 것이다.

2) 중기의 불상과 불교신앙

남북조를 통일한 수나라에 들어와서는 불상의 모습에 이국풍이 없어지고 점차 중국화된다. 얼굴모습은 더욱더 따뜻하고 인간적이며 덜 위엄이 있다. 수나라의 불상들에는 대승불교의 정신이 깃들어 있다. 초기에는 보살들이 생략된데 비해 수나라시대 불상에는 협시불이 부처님과 같은 규모로 강조된다. 이것이 대승불교의 보살정신이다. 중생들을 구원하기 위해서 관세음보살, 대세지보살, 혹은 지장보살 등이 신앙의 대상으로 등장한다.

당나라시대는 돈황 불교예술의 황금 시기다. 수당석굴은 불전식으로 정면 대감에 한 그룹의 불상을 중심으로 하는 군상을 안치한다. 불상 좌우에 있는 2제자, 2보살, 2천왕, 2역사 등이 있다. 주가 있고 종이 있으며 앉아 있는 것이 있고 서 있는 것이 있다.

수당시대가 되면서 불교주제는 천상적인 것이다. 여기서의 천상적인 것은 서방극락세계(아미타정토) 동방유리세계(약사정토) 그리고 도솔천궁(미륵정토) 등이 있다. 중기와 말기의 시대에 선종의 세력이 성장함에 따라 돈황에서 17폭의 금강경변상도와 12폭의 능가경변상도가 출현하였다.

수당시대에는 인도불교의 영향을 벗어나 중국화된 불교로 정착된다. 이것의 상징이 바로 교상판석(教相判釋)이라 할 수 있는데, 당대에 이루어진 종파는 어떤 경전을 중요시하느냐에 따라 종파의 이름을 달리했다.

물론 여기서는 거의가 대승경전이 주를 이루고 있으며, 그 가운데서도 법화경, 금강경, 천수경, 부모은중경 등의 변상도가 돈황의 석굴의 주제를 이루고 있다. 당대에는 인도에서 오는 서역승보다는 오히려 중국에서 적극적으로 구법(求法)을 위해 인도를 향하였다는 것은 주지의 사실이다.

중국인에 의해 형성된 역경사업은 불교의 새로운 전개를 가능하게 했다. 그러면서도 중국에서 괄목하게 발전한 것이 선종이라 할 것이다. 선종은 불립문자(不立文字)여서 경전에 얽매임이 없는 것이기는 했지만 '금강경'과 '육조단경' 등은 물론 조사어록이 발간되어 불교의 새로운 지평을 열었던 것이다.

한편으로 서민들에게 수용되었던 불교는 여전히 관음신앙과 아미타신앙 미륵신앙 등 정토적인 면이 공존하고 있었다. 돈황의 보살상에서는 그런 신앙을 통해 행복한 모습들이 많이 보인다.

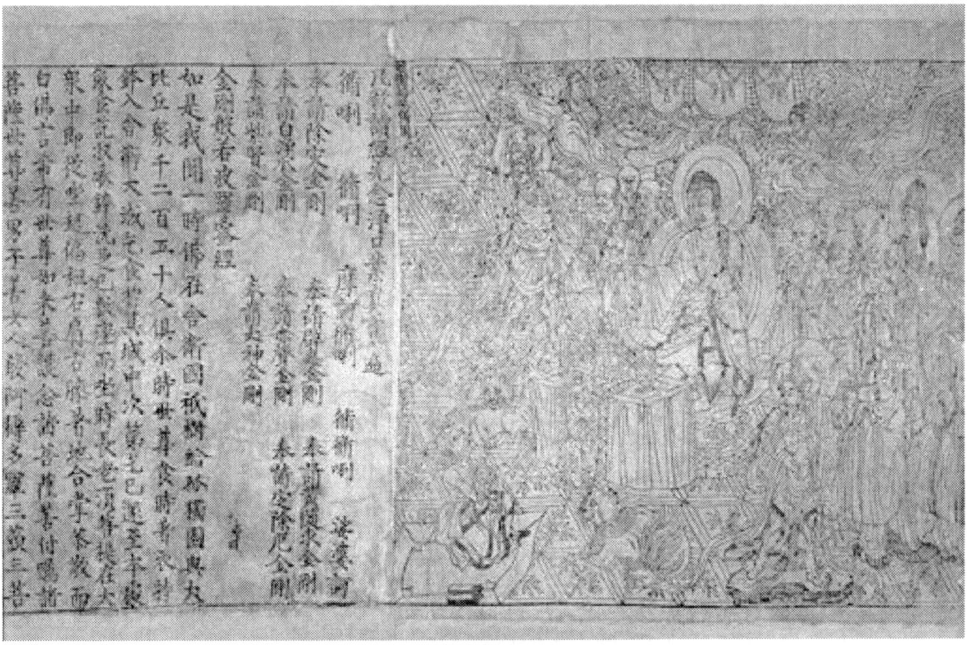

돈황석굴에서 발굴된 금강경, 대영박물관의 스타인 컬렉션 소장

3) 후기의 불상과 불교신앙

오대(907－960)와 송대(960－1280)에서는 예술작업의 특징은 반복적이고 초기의 생명력이 결여되어있다. 특히 원대(1280－1386)에는 티베트 불교의 영향이 표현되어 있다. 명청시대에는 이미 창조적인 작업이 없고 재장식만 있었다.

시대의 변화에 따라 실크로드는 점차 해양교통수단으로 대치되었으며 돈황 지역의 경제와 문화적 위치는 쇠락해 갔다.

인도에서 불교가 쇠퇴한 것은 중국에도 어느 정도 영향을 주었다. 유교와 도교를 토착사상으로 하여 불교를 수입한 중국불교는 인도나 티베트와는 다른 유교적 불교 혹은 도교적 불교의 특색이 있다. 원대는 몽고족이 중국을 지배한 시기이고 티베트불교의 영향을 미치건만 그다지 큰 자취를 남기지는 못하고 있다. 다만 당대와 같은 신앙적 생명력이 쇠퇴했다는 것이 보인다.

결론

돈황 막고굴의 석굴은 중국불교예술의 정수를 담은 세계적 보고이다. 이는 단순한 불교교리를 표현하는 것일 뿐만 아니라 당시의 생활습속을 나타내는 것이기에 더욱 중요한 의의를 가진다.

돈황의 석굴에 표현된 불상과 보살상에서 읽을 수 있는 불교신앙의 변화는 다음과 같이 정리할 수 있을 것이다.

초기에는 미륵불, 석가모니불 등을 중심으로 구복적인 신앙형태를 보이며 특히 인도불교의 영향이 강하고, 국가적 불교인 관계로 협시불이 아닌 1불의 근엄한 모습이다.

중기인 수·당대는 인도불교의 영향을 벗어나 중국화된 불상의 모습으로, 삼존불 및 협시보살 혹은 제자들과 보살들이 등장하여 대승불교의 보살정신을 나타내고 있다. 대승경전의 변상도등도 나타나 중국에서 불교경전이 어느 정도 소화되고 정착되었음을 잘 나타내고 있다.

당의 황금기를 지난 후기에는 큰 특징이 나타나지 않고, 오히려 작품의 생명력이 떨어지는 추세를 반영한다. 돈황의 위치도 실크로드의 쇠락에 따라 함께 저하되었다.

오늘날 돈황석굴에서 발굴된 자료들은 돈황학이라고 할만큼 방대한 규모로서 연구의 대상으로 남아있다. 중국이 공산화된 이후 문화혁명을 통해서 자신들의 전통문화를 파괴하는 우를 범했다

그러나 최근에는 이를 시정하여 그들의 문화를 재조명하고 있다.

한국역시 우리문화에 대한 관심이 고조되고 있지만, 중국불교에 대한 관심이 상대적으로 약하다. 이 글에서는 돈황석굴의 불상전부를 분석하지 못하고 시대별로 일부를 살펴보는데 그쳤다. 전부에 대한 분석은 훗일의 과제로 삼을 것이다.

티베트의 불교문화

1. 서론

티베트불교는 라마교라고 하여 중국불교의 전통과는 다른 차원으로 이해되었다. 그러나 1989년 티베트 불교의 지도자 달라이 라마가 노벨평화상을 수상한 이후, 티베트불교에 대한 평가는 부처님의 가르침을 제대로 계승한 자비의 심볼로 세계적으로 그 진실이 드러났다.

티베트는 중국공산정권이 들어선 이래 정치적으로는 독립국의 지위를 잃었으면서도 정신적으로는 불교정신의 세계화에 심대한 영향을 행사하고 있다.

우리나라에서는 티베트에 대한 이해가 매우 부족하여 티베트나 몽고에서 생성된 불교를 비정통적인 가르침으로 낮게 평가해 왔던 것이 사실이다. 그러나 티베트 불교가 많은 서구인들을 교화하고 새로운 비전을 제시하는 이 마당에 그 실체를 파악해 보는 것은 매우 필요한 작업일 것이다.

이 글에서는 개략적으로 기존의 개설서를 중심으로 티베트불교의 특성을 규명해 보고자 한다. 따라서 티베트 대장경과 같은 경전연구는 뒤로 미루기로 하고 우선 2차 자료를 통해 나타난 성격을 고찰하며, 그 범위도 주로 달라이 라마를 중심으로 나타나고 있는 현실을 파악하는 범위로 제한시키고자 한다.

2. 티베트 불교의 영향력

티베트 관련 영화대본이 범람하는 것은 할리우드를 비롯한 미국 전역에서 불교에 대한 관심이 일고 있는 것과 때를 같이 하고 있다. 미국 전역에서 우후죽순 격으로 늘고 있는 불교연구 모임은 주로 티베트에서 망명한 라마승들이 이끄는 것이다. 불교식 명상을 통해 서구식 스트레스를 해소하는 일이 많아졌다. 미국의 불교잡지 "트라이사이클"지의 발생부수는 지난 4년간 배로 늘었다.

할리우드에는 달라이 라마를 위해 뛰는 로비스트들만 있는 게 아니라 추종세력도 있다. 그중 가장 헌신적인 사람은 아마도 리차드 기어일 것이다. 그는 93년 아카데미상 시상식에서 티베트에 대한 지원을 호소한 뒤로 아카데미상 시상식에 두 번 다시 초대받지 못했다. 그래도 골디 혼, 윌렘 데표, 데니스 퀘이드, 멕 라이언을 비롯한 수십 명의 스타가 불교와 티베트문화에 관심을 보였다.[144]

노르웨이의 노벨위원회는 1989년 달라이 라마에 대한 평화상을 결정했다.

위원회는 그의 티베트의 자유를 위한 달라이 라마의 노력이 계속적으로 폭력을 반대하였다는 사실을 강조하기를 원하였다. 그는 그의 민중의 역사적 그리고 문화적 유산을 보존하기 위해 관용과 상호존중에 기초한 평화적 해결을 주창했다.

달라이 라마는 이 상에 대해 다음과 같이 소감을 피력했다.

> "상은 진리, 용기 그리고 우리의 무기로서의 결심에 대한 우리의 신념을 재확인시켰으며, 티베트는 자유로워질 것이다. 우리의 투쟁은 비폭력이며 그리고 증오로부터의 자유롭지 않으면 안 된다."

144 Newsweek, 1997.5.28

달라이 라마의 노벨 평화상이후 티베트의 독립과 인권에 관한 서방세계의 염려가 높아졌고 덩달아 티베트 불교에 관한 붐이 일어나기 시작했다. 그런데 이러한 티베트 불교에 대해서 그동안 우리는 라마교라고 하여 대승불교에 반하는 사이비 종교정도로 인식해왔으나 오히려 서구의 기독교권에서 평화공존의 진정한 불교정신으로 재평가하고 있다.

3. 티베트 불교의 특성

1) 밀교

티베트에는 샤머니즘의 하나인 토속신앙 본교가 있었다. 이러한 토속신앙과 조화하여 불교의 뿌리가 내렸기 때문에 불교역시 주술적인 측면이 강조되었다. 다시 말해 고원한 교의를 설한다든지 혹은 청정한 계율에 따른 생활규제를 강조해서는 당시의 티베트인들에게 아무런 공감도 불러일으키게 할 수 없었을 것이다.

이런 사상적 배경 가운데 이루어진 티베트 불교의 특성중의 하나는 밀교라고 하겠다. 즉 주술을 통한 양재초복의 성향이 짙다는 것이다. 그런데 이런 양재초복을 할 수 있는 독특한 분을 '라마'라고 하니 살아있는 부처님이란 의미다. 중국이나 한국 또는 일본의 불교는 삼보에 귀의한다고 하지만 티베트는 1보를 더 추가하니 다름 아닌 라마보라 한다.

물론 티베트에서 밀교만이 성행하는 것이 아니다. 현교에 있어서도 라마들이 탁월한 저술들을 펴냈기 때문에 중관, 유식, 인명 등 대승 불교 교학면에서 중국이나 일본 등 다른 대승불교국에 비해 손색없는 학문적 성과를 거두었다. 특히 인도원전을 번역해 집대성한 ≪티베트대장경≫은 ≪한역대장경≫에 비해 조금도 뒤지지 않는다.

그런데 티베트의 밀교를 탄트라불교라고 하여 여성동반자를 필요로 하는 성적인 행법과 자기의 신체 내부에 차크라라 불리는 신비적 중심총을 인정하는 생리적 행법이 중요한 역할을 한다고 하여 백안시하는데, 사실 이것은 여성이 아닌 특정의 존엄한 부처님을 눈앞에 놓고 그 대상과 일체하는 방법, 즉 사다나(성취법)을 사용하는 일이 중요하다.

한국에서는 합체존이 없지만 일본의 경우에도 환희불이라 하여 합체존이 있고, 인도와 티베트의 경우는 합체존이 무수히 많고 여래도 또한 그런 모습으로 묘사되는 대 예외일 수가 없다.

그러나 이런 밀교의 진정한 의미는 명상자는 자기의 눈앞에 임시로 신적 존재를 설정하고 여기에 참된 신비적 존재가 깃들이게 해서 공양하는 것이다. 그리고 궁극적으로는 존상으로 나타나 있는 신적 존재와 자기가 합일하는 체험을 창조하는 것이다.[145]

티베트 밀교는 생의 감각을 긍정하고 이것을 유효하게 활용함으로써 즉시 성속(聖俗)일치의 체험을 얻으려고 한다. 그래서 마음을 고요히 가라앉히는 것이 아니라 거꾸로 마음을 고양시켜서 그 극한에 이르러 일순간 실재에 도달하려고 하는 것이다. 이는 히말라야의 대자연에 안겨 있는 티베트 밀교의 총천연색 세계여서 고요한 선의 세계와는 상치되는 면이 있다.

따라서 티베트 회화에서 등장하는 만다라는 매우 화려한 원색이다. 이 만다라는 밀교사상의 측면에서 존격들의 성역공간을 나타낸 것이다. 그것은 단순히 감상하는 것이 아니라 그 속에 자기를 몰입함

145 ≪밀교의 역사와 문화≫ 나카무라료오, 김무생 역, 1990. 민족사 121쪽

으로써 불범(佛凡)일여, 성속(聖俗)일치의 경지를 직접 체험하는 것이다.

티베트의 주문가운데 가장 유행하는 것은 '옴 마니 반메움'이다. 한국에서 천수경을 독경할 때 진언을 외우지만, 티베트에서는 유난히 이 진언을 많이 외운다. 폐쇄된 히말라야의 산맥으로 둘러싸인 그들의 사회에서는 변함없이 생활 속에서 제불보살의 가피를 절실하게 기도하며 산다. 이런 주술은 신비한 것이 아니라 단순하고도 절실하기에 다른 이들에게 감명을 주고 있다.

2) 환생에 대한 믿음

티베트 불교는 4개의 종파로 나뉘어져 있다.[146] 그러나 종파구별 없이 모두 윤회전생이론을 기초로 삼는다.

그 대표적인 사람이 관음보살의 화신인 달라이 라마이며, 아미타불의 화신인 판첸 라마라고 믿고 있다. 따라서 티베트 서민들은 죽어서 '저 세상'에서 살기 보다는 '내세'라는 관념은 있으나 그것은 다시 환생하기 위해 잠시 머무르는 세계이지, 결코 안주하는 곳으로는 생각하지 않는다.

---

146 티베트의 4종파

1. 케루크파; 티베트 불교 중에서 가장 큰 종파로 대처가 금지되어 있고, 달라이 라마가 이 종파에 속해 있다. 승려들이 황색 모자를 쓰고 있으므로 황모파라고도 하고 계율이 가장 엄한 종파이다.
2. 닝미파; 이 파는 토번시대부터 번역 경전을 계승해 오고 있어서 고파라고 불리운다. 8세기 후반에 티베트 밀교의 기초를 닦은 종파로 네팔, 사천성에도 많은 절을 가지고 있다. 토착 종교인 봉교와도 밀접한 관계가 있고, 홍모파라고도 불리운다.
3. 사캬파가 있다. 1073년 사캬란 토지에 절을 세웠다고 해서 이렇게 부르고 있다. 원나라 때 그 비호 아래 정권을 장악한 시대도 있었다.
4. 가규파다. 이파는 종조가 세 번이나 인도에 가서 경전 번역을 했고, 그 제자에는 유명한 부료 시인도 있다. 가장 늦은 시기에 인도 불교를 전수한 교파다.

티베트에서는 사람이 죽으면 조장(鳥葬)을 하는데, 언뜻 보면 야만적이라고 보이겠지만 거기에는 윤회사상이 들어있다. 영혼이 신체에서 분리되어 이미 내세로 가버렸으니 남은 유체는 빈껍질에 불과한 것이어서 중요한 의미가 없다고 본다. 조장장에는 독수리나 매가 먹기 좋게 시체를 도끼로 해체한다. 심지어 뼈까지도 잘게 해체한다. 그리고 독수리나 매들이 모여 들어 그것을 처리하도록 한다. 그리고도 남은 것이 있으면 태워서 모두 없애 버린다.

여기서 독수리나 매에게 자신을 보시한다는 불교정신이 있다. 티베트 사회에서는 '악인의 시체는 독수리도 잘 먹어 주지 않는다.'고 하는 말이 있다고 하니 같은 불교권이지만 시신에 대한 관념이 상이하다. 토장의 경우는 전염병으로 새의 먹이가 될 수 없을 경우 하는 장례이니 티베트의 입장에서는 불행한 일로 받아들여지는 것이다.

많은 현대인들은 환생에 대해 기억이 없다는 이유로 부정적이다. 그러나 '나는 기억하지 못한다'는 것은 어떤 일이 일어나지 않았다는 증거가 되지는 못하는 것이다. 더구나 근대 심리함은 개인의 차이가 첫째로는 양친의 유전자에 따르고, 둘째로는 환경의 영향에 따라 결정된다고 보고 있다. 그러나 윤회의 입장에서 볼 때는 유전도 환경도 전생의 카르마가 지닌 결정요소의 결과이고, 영혼이 지니는 모든 성질은 양친에게서 유전되었다기보다는 스스로 만들어 낸 것이라고 본다.[147]

달라이 라마는 그의 자서전에서 환생에 대해 다음과 같이 말했다.

> "전생(轉生)을 믿으면 인류애가 생기게 될 것이다. 왜냐하면 모든 살아 있는 것들이나 창조물들은 그들의 무수한 생애와 우리들 자신의 생애를 통해서 우리가 사랑하는 부모님, 자식, 형제자매, 또는 벗들이었을 수도 있기 때문인 것이다."[148]

---

147 ≪윤회의 비밀≫ 지나 서미나라, 백련선서간행회 역, 1989.장경각

석존의 가르침은 이 윤회전생에 대해 확고하다. 세상에서 만나는 모든 이들이 전생의 부모님일수 있다는 사실에서 우리는 이웃을 함부로 대할 수 없는 윤리적 의무를 발견할 수 있다. 현대 미국에서 생존했던 에드가 케이시는 특별한 능력을 통해 사람의 전생을 읽을 수 있는 능력을 가졌던 사람인데 그의 활동은 놀라운 것이었다. 에드가 케이시의 이야기를 정리한 서미나라 여사는 다음과 같이 말하고 있다.

> "케이시 리딩의 대부분은 의학이나 심리학, 종교의 전문가로서는 해결해 줄 수 없는 아주 현실적이고 때로는 소름이 끼칠 만큼 고통스러운 개인적인 문제를 지닌 사람들에게 주어진 것들이다." "… 케이시 리딩이 말해 준 업보의 법칙의 징벌적인 면을 이렇게 잔인하리만큼 샅샅이 들추어 보는 것은 윤회의 진실성을 수긍하게 된 사람들을 공연히 겁먹게 하기 위해서가 아니라, 반대로 인간의 모든 사건 밑바닥에는 우주적인 정의가 있다는 확신위에 세워진 희망과 낙천주의, 그리고 새로운 종교적 신념으로 사람들을 이끌기 위해서이다."[149]

윤회는 이미 석존의 가르침 이전에 인도나 그리스에서 중요한 가르침이었다. 비록 육신은 허무하게 세상을 떠나지만 그들이 짓는 업은 사라지지 않으므로 열반에 이르러야 비로소 그 사슬로 부터 단절된다는 것이다.

그러나 티베트불교는 열반을 이상으로 하지 않고 다시 이 세상에서 환생하는 삶에도 가치를 부여하고 있음이 또한 보살의 한 정신이라고 볼 수 있다.

148 ≪나의 조국 티베트≫ 달라이 라마, 김현도 역, 예지각. 134쪽

149 ≪윤회의 비밀≫ 지나 서미나라, 백련선서간행회 역, 1989. 장경각, 93-97쪽

3) 정교일치

티베트불교의 가장 두드러진 특징은 달라이 라마 법왕제도라고 하겠다. 달라이 라마는 정치적인 국왕이고, 티베트 불교의 법왕이며, 자비의 보살, 관음보살의 화신이라고 믿어지고 있다.

이 명칭은 3대 법왕이 몽고왕의 초청을 받아 몽고에 가서 그를 불교도로 개종시켰더니 그가 '달라이 라마(지혜의 바다)'라는 호칭을 붙여 준 것에서 연유한다.

스님인 달라이 라마는 아들이 없기 때문에 그 직위는 새로 환생한 그 다음대 달라이라마에게 계승된다.

달라이 라마가 타계하게 되면 일반적으로 그가 죽음에 임하여 남겨둔 암시와 성호(聖湖)에서 얻어진 신화와 계시에 따라 여러 가지 테스트 과정을 거쳐 전생된 아이를 찾아낸다고 한다. 즉 달라이 라마가 죽은 지 49일 사이에 태어난 아이들 중 암시는 물론 체격 용모까지도 검토되어 달라이 라마가 환생한 아이임에 틀림없다고 믿어지면 그 아이를 라싸로 데려다 철저한 제왕학과 법왕으로서의 기초교육을 시켜 대를 잇게 한다.

이런 데도나 달라이 라마를 숭배하는 신심에 전티베트인들은 티끌만치도 흐트러짐이 없다. 절대적인 법왕, 절대적인 국왕으로서 티베트 사람들은 꿈에라도 의심하고 회의적인 생각을 가진 사람이 있을 수 없다.

현재의 14대 달라이 라마는 중국의 침략으로 1960년 인도의 달람사라에 망명정부를 수립했다. 오늘날 망명한 티베트인들은12만 명 정도다.

1963년 그는 미래의 자유 티베트를 위한 모델로, 불교교리와 인권의 보편적 선언에 기초한 민주적 헌법을 공표했다. 1991년 미국의 예일대학에서 티베트방문을 원한다고 하면서 그는 다음과 같이 말했다.

"나는 이러한 격정적인 상황, 폭력이 발생하는 것을 극단적으로 걱정한다. 나는 이것을 막으려고 내가 할 수 있는 것을 하려고 한다. 나의 방문은 이해를 증진시키는 새로운 기회가 될 것이며 협상 해결을 위한 기초를 만들 것이다."[150]

달라이 라마는 1967년 이래 46개국의 지도자를 방문했으며 특히 여러 종교지도자들과 평화적인 대화를 하고 있다. 그는 종교 간의 화해에 대해 다음과 같이 말했다.

"나는 언제나 종교의 다양성과 철학의 다양성을 가지는 것이 하나의 단일한 종교와 철학에 비할 때 더 좋다고 생각한다. 저마다의 인간의 정신적 경향 저마다의 종교는 어떤 독특한 사상을 가진다. 다른 종교에 대한 배움은 단지 자기 자신의 신앙을 풍성하게 할 수 있다."[151]

달라이 라마가 티베트의 국왕이면서도 그는 스님으로서의 수행을 멈추지 않는다. 망명정부가 있는 다람사라의 오두막에서 살며, 그는 새벽 4시에 일어나며 기도한다. 그의 발원은 다름 아닌 중생을 건지리라는 일반불자들과 같은 사홍서원이다.

인도가 아직도 계급제도의 벽이 있지만, 티베트에는 불교국답게 평등한 민주주의가 행해진다. 대부분의 티베트인들은 정교일치의 달라이 라마 제도를 좋아한다.

이 제도는 사회적 안정이 보장되는 세습제의 방식과 그때마다 새로운 선거방식으로 달라이 라마를 선출하며, 특정계급의 노예가 되

150 <The Dalai Lama's biography> http: //www.tibet.com/DL/biography.html 인터넷 사이트에 나와 있는 그의 자서전

151 위의 논문

는 일이 없기 때문이다. 또한 종교적인 통일을 위해 의의가 있으며, 누구든지 고귀한 보호자인 달라이 라마가 될 수 있는 가능성을 갖고 있기 때문이다. 곧 달라이 라마는 어느 한 사람만의 특권이 아니기 때문에 티베트 민중들은 이제도를 지지하는 것이다.[152]

결 론

티베트는 인도와 중국 사이에 있는 불교국가로 히말라야와 곤륜 산맥의 천혜의 자연 속에서 외부와 단절된 사회다. 이 나라 불교의 특성은 살펴본 바와 같이 밀교적이 점이 두드러진다. 신앙을 통해 재난을 막고 복을 얻으려는 지극히 소박한 신앙의 형태라고 할 것이다.

두 번째는 윤회사상을 철저히 신앙한다는 것이다. 그들은 달라이 라마와 같은 지도자를 관세음보살의 화신으로 간주하며 철저히 살아있는 부처님으로 경배한다. 또한 보통사람들도 그 업에 의해 다른 몸을 받고 환생하므로 죽음을 두려워하지 않는다. 그들이 보잘 것 없는 경제상황에서도 굴하지 않고 소박한 생활을 하는 것은 무소유의 삶을 부끄럽게 생각하지 않는 일면임을 알 수 있다.

무엇보다도 티베트불교의 특성으로 두드러진 것은 국왕이 바로 법왕이라는 사실이다. 태국의 경우도 국왕이 일종의 법왕으로 취급되지만 출가자는 아니다. 그런데 티베트는 바로 출가자인 스님이 법왕이다. 그리고 그는 환생을 통해 거듭 티베트를 이끄는 지도자의 역할을 지속한다.

중국의 티베트 침입이 있을 때 티베트 사람들은 그를 망명하도록 도왔다. 달라이 라마가 없는 티베트는 상상할 수 없는 것이다.

152 ≪티베트불교사≫ 矢崎正見, 안영길 역, 1990. 민족사 198쪽

현재 14대 달라이 라마는 티베트 독립을 서원하고 있지만, 게릴라 등을 동원한 폭력적 방법이 아닌 평화적 노력을 하고 있어서, 간디 이래로 서구인들에게 인상적인 지도자로 인정받고 있다. 특히 1989년의 노벨평화상은 그와 티베트의 인권문제를 그리고 그 바탕인 불교사상을 전 세계에 소개하는데 지대한 역할을 했다.

현재 미국과 유럽에서 일고 있는 불교의 붐은 이렇게 불교의 평화와 자비정신으로 갈등을 해소하려는 그에 의해 자극된 것이기도 하다.

1600년의 역사를 자랑하는 한국불교는 지금 전환기에 있다. 티베트와는 달리 한국의 불교는 중국의 영향아래 형성된 것을 부인할 수 없다. 더욱이 조선조에는 배불정책으로 불교는 사회의 지도적 역할에서 밀려났다. 또한 한국불교와 밀접한 관련을 가진 중국불교는 이미 중국이 공산화한 이후 사상계의 지도적인 역할에서 밀려난 것이 현실이다.

일제치하에 한국불교에 영향을 미친 것은 일본불교였다. 그러나 이것이 해방 후에 비구-대처간의 갈등으로 심한 상처를 입은 원인이 되기도 했다. 이런 가운데서도 한국불교는 조계종의 선을 위주로 하는 가풍이 시들지 않고 일정한 역할을 수행하고 있다.

그러나 온 민중들이 티베트와 같은 열렬한 신심을 가진 것도 아니고, 미래의 비전을 제시할 종교지도자도 없다. 이런 점에서 가난하고 억압받는 티베트인들이 어려운 현실에 굴하지 않고 오히려 불교정신을 펼치는 것을 볼 때 한국의 불교가 나아가야할 길이 무엇인지 하나의 지침의 역할을 할 수 있다.

물론 티베트처럼 청빈을 즐기는 철학이 우리나라에 뿌리내리기는 어렵다. 그러나 진정으로 인류에게 불행을 제거할 수 있는 가르침은 무소유와 불살생의 정신이다. 타종교를 적대시하고 척결하려는 그런 교리는 사랑보다는 증오가 도사리고 있다. 그 탐욕과 증오심을 없애는 길 이것이 불교가 미래의 세계에 제시하고 있는 가르침이다.

IV

이슬람과 힌두교

RUSSIA
UKRAINE
KAZAKSTAN
GEORGIA
ARMENIA
TURKEY
Caspian Sea
UZBEKISTAN
KYRGYZSTAN
TURKMENISTAN
TAJIKISTAN
SYRIA
IRAQ
IRAN
PAKISTAN
Samara
Baku
Tashkent
Ashgabat
Almaty
Tehran

중앙아시아의 지도

중앙아시아의 이슬람문화

1. 중앙아시아, 신강성

우리나라 학계에서는 넓은 의미의 중앙아시아가 일반화되어 있다. 그러나 구소련 붕괴이후에 구소련 중앙아시아 국가들이 분리해 나가면서 중앙아시아의 한인문제가 우리나라 매스컴에서 자주 소개되면서 일반 대중들 사이에서는 좁은 의미의 중앙아시아, 즉 구소련 중앙아시아 국가들이 위치한 지역 개념의 중앙아시아가 자리를 잡아가는 경향이 짙다.

그러나 중앙아시아는 구소련의 카자흐스탄, 우즈베키스탄, 타지키스탄뿐만 아니라 파키스탄, 아프카니스탄, 키르기스스탄. 타지키스탄. 투르크메니스탄 등에서의 탄은 페르시아어로 땅을 뜻한다.

아프카니스탄은 이슬람 원리주의 텔레반의 집권으로 초토화되었으며, 우즈베키스탄은 이슬람의 부흥을 저지하고 있으나 전사 티무르 등을 배출한 민족적 영웅들에 대해서 자부심을 가지고 있다. 카자흐스탄은 징기스칸의 피가 흐르는 몽골족의 혈통이 섞여 있는 투르크계 카자흐족이다. 오늘날 카자흐인들은 고유문화를 가지고 있는 동시에 그동안 속해 있었던 소련의 러시아어를 더 잘하는 것이 어쩌면 당연한 일인지도 모른다. 파키스탄은 펀잡(P), 아프가니아(A), 캬슈미르(K), 인더스(I), 신드(S) 등 새 영토들의 지명 머릿 글자를 조합해 만든 것이다. 파슈툰족은 현재 파키스탄에서 1100만 명(1억 5천 인구 중)이 살고 있는데 비슷한 수가 아프카니스탄에서 살고 있다. 가난한 스탄국들 가운데 특히 아프카니스탄이 보여준 이슬람의 여성차별은 혹독한 것이어서 세인들을 놀라게 했다. 이러한 스탄국들에 대한 보다 많은 연구가 있어야 할 것이다.

동방 투르게스탄이라고 하는 중국의 위구르족이 문화를 중심으로 이야기를 전개하고자 한다. 중앙아시아의 유목민족들이 자발적으로 정착문화의 중심지인 중국과 그 주변으로 이주하였고 스스로 정착민화 되었다. 이러한 정착민화과정을 통해 그들은 중국인화 되었으며 그리하여 '중국의 영역'은 과거 역사에서 급속도로 팽창하여 왔던 것이다. 그럼에도 역시 그들은 중국문화에 동화되지 않은 일면을 보이고 있는데 이것이 다름 아닌 이슬람문화다. 중국 정부의 강력한 민족동화정책에도 불구하고 민족 고유의 전통 문화와 종교, 언어, 관습을 그대로 유지하고 있다. 특히 위구르(Uighur) 자치구는 1980년 이후 구동구권의 해체와 구소련 붕괴 등의 여파로 민족주의의 부활을 우려하는 중국 정부는 이 지역을 요관찰 지역으로 통제하고 있다. 이들은 1933에 '동방 투르케스탄 이슬람 공화국'을 세웠으며 1944년에도 역시 그것을 재현했지만 중국에 의해 통제되었다. 신강 위구르 지역의 무슬림들은 전통적으로 수니파이다. 물론 중동의 무슬림과는 달리 이 지역 이슬람에서는 여성들이 보호자 없이 여행할 수 있고 베일을 쓰지 않아도 된다. 소수가 메카에 다녀오기도 하지만 중국 정부는 이슬람 세계와의 교류를 억제하고 있다.

이들은 스스로를 투르케스탄(Turkestan)이라고 부른다. 오늘날 구소련의 카자흐스탄이나 우즈베키스탄도 소련에 의해 인위적으로 나누어진 것을 이제는 중국의 소수민족인 유목민족들과 더불어 투르케스탄으로 자처하는 경향이 있다. 이 지역은 7세기경 순식간에 아라비아반도를 통일한 이슬람교도 아랍인들은 7세기 중엽 사산조 페르시아를 무너뜨리고 페르시아를 이슬람화시킨 후, 중앙아시아스텝의 서쪽과 경계를 같이하게 되면서 이슬람의 영향이 증대하기 시작했다.

아랍 이슬람들은 처음부터 전쟁을 통한 중앙아시아 지배나 혹은 포교를 목적으로 직접 포교자를 파송하지는 않았으며, 이슬람화된 페르시아계 무역 상인들에 의해 자연스럽게 이슬람이 전파되기 시작했다. 이슬람은 먼저 위구르족에 의해 신봉되었고 서역에 전파되게 되었기 때문에 위구르족의 한자명 회골을 본따 회교 혹은 회회교라 불려지게 되었다. 물론 이슬람화하기 전의 이 지역은 샤머니즘과 불교 그리고 마니교 등을 신봉했다.

1759년 청나라가 위구르를 정복했으며, 1876년 다시 통제하여 신강이라고 했다가, 1884년에 이 지역은 중국 내지와 마찬가지로 이 변경의 땅에도 성제(省制)를 실시하고 신강성을 중앙의 직접통치하에 두기에 이르렀다. 이것이 새로운 영토라는 뜻의 신강이라는 이름이 붙게 된 유래이다. 그러다가 1955년에 자치구가 되었다.

2. 서역의 이슬람문화

옛날에는 중국과 서역의 견마(絹馬)교역에서는 말 1마리가 비단 40필의 시세로 거래되었다고 한다. 그리고 한꺼번에 수만 마리의 말이 거래된 일도 있다고 한다. 유목민과 농경민이 서로의 생산물을 교환했다. 이제 이들 유목민의 후예들은 외견상 한화(漢化)했다고는 하지만 본질적으로는 중국인과 다른 이슬람교 세계관에 계속 지배되었던 것이다. 더욱이 몽고족에 의해 세워진 원의 시대에는 이슬람교도가 한족보다도 후하게 대접받은 역사적인 흐름도 있다. 그만큼 한족의 이슬람교도에 대한 반발은 강한 것이었다. 그리고 한화한 이슬람교도를 회족이라고 하는데 인종적으로는 터키계, 이란계, 아랍계 등 다양하다고 한다. 그래도 그들은 이슬람교도라는 것으로 강한 일체감을 가지고 있었다. 신강지역의 번화가에는 큰 모스크가 보인다. 그 가운데 에이티갈 사원은 중국서역에서는 가장 큰 회교사원이다. 돔을 가진 훌륭한 정문과 초생달의 장식을 단 첨탑이 2개 있다. 당당한 그 모습은 이 도시의 상징이라고 해도 좋을 것이다. 사원 앞의 광장에는 갈색 차드르로 얼굴을 가린 위구르족 여인들이 자나가기도 한다. 라마단에 들어서면 이곳의 신자들도 1개월 동안, 해가 뜰 때부터 질 때까지 일체의 음식을 끊는다. 이 고행이 끝나면 성대한 축제가 열린다. '이드 르 피틀'이라고 하는데, 중국에서는 로즈제[肉孜節]라고도 부른다. 이로부터 70일 후에도 다시 축제가 있다. '이드 르 아드하' 즉 쿠르반제이다. 후자는 마호멧의 고사를 본따서 양을 잡아서 경축하기 때문에 희생제라고도 한다.

이 중국의 무슬림들은 다른 나라의 무슬림과 교류가 제한되어 있지만, 최근 소련으로 부터 분리 독립한 중앙아시아의 국가들은 이란과 사우디아라비아의 지원으로 수 백 개의 이슬람사원이 증축되고 이슬람 학교가 건립되었으며 수많은 이슬람 전도자들이 중동 국가들에서 중앙아시아에 유입되는 등 대대적인 이슬람 부흥운동이 일어나고 있다. 구소련이 붕괴되고 민족적 정체성 추구 움직임과 더불어 젊은이들 사이에서 이슬람 전통을 추구하는 운동이 일어나고 있다. 이에 따라 이슬람을 과시하는 의미에서 이슬람문화를 상징하는 전통 모자를 쓰는 사람들이 많아졌으며, 모하메드의 가르침인 하디스와 이슬람 경전인 코란을 읽는 사람들이 날로 늘어나고 있다. 그리고 이러한 이슬람부흥운동에는 사우디아라비아와 터어키가 '중앙아시아의 인민은 우리의 친척이기 때문에 관계를 강화해야한다'(터어키 대통령 Suleyman Demirel)고 하여 아랍의 달라를 받아들이고 있다. 과거 소련이 모스크를 파괴하고, 아랍어로 쓰인 책을 태우고, 종교적 지도자들과 동조자들을 압박했었고, 대부분의 이슬람 전통이 불법화되었음에도 불구하고, 지금의 이슬람은 소련 붕괴 후 정신적 공백을 채우고 있는 것이다.

이스탄불의 소피아 성당, 지금은 모스크이기도 하다.

3. 유목민들의 샤머니즘

고대 중앙아시아와 시베리아의 알타이계 부족들의 신앙은 샤머니즘, 정령사상(애니미즘)과 토테미즘 그리고 천신 사상 등 크게 세 가지로 나누어 생각할 수 있다. 애니미즘은 나무, 강, 바위, 산, 계곡, 태양, 달, 별 등 자연물에 정령이 존재한다고 믿는 신앙이다. 이들은 천신사상을 가지고 있었다. 탱그리(Tengri) 즉 하늘을 천신으로 숭배했던 것이다. 통치자는 하늘의 뜻을 따라 등극하고 하늘의 뜻을 따라 국가를 통치해야 한다고 믿었다. 즉 왕의 통치권은 하늘이 준 것이라고 믿었던 것이다. 하늘의 뜻을 거역한 왕은 징벌을 받는다. 중앙아시아의 알타이계 부족들 가운데 샤머니즘은 민간에 가장 넓게 보편적으로 나타난다. 샤만은 퉁구스계 어휘로서 무당이라는 뜻이다. 샤만, 즉 무당은 굿을 하며 신과 인간과의 영적커뮤니케이션에서 중계자의 역할을 한다. 우리 사회에서 행해지는 굿은 원시, 고대 사회로부터 알타이계 민족들 사이에 매우 흔하게 나타나는 무속 행위로서 우리나라에서도 과거뿐만 아니라 현재에도 많이 볼 수 있다. 굿(Kut)은 알타이어로서 고대 튀르크어와 만주-퉁구스어 등에 나타난다. 그 뜻은 '행복, 행운, 국가'의 뜻을 가지고 있다. 중앙아시아는 언뜻 보면 이슬람이지만 내면적으로는 토착 신앙, 즉 무속적인 것과 조상 숭배적인 요소가 많다. 이런 요소들 가운데 샤머니즘 즉 무속은 그들의 신앙에 깊이 영향을 미치고 있다. 그들의 무속 행위에는 드럼과 템버린 등의 악기가 동원되며 무속적 음악이 불려진다. 굿을 통해서 악귀를 추방하거나 병자를 치유한다. 이러한 일을 하는 샤만은 중앙아시아 남부 시베리아에 널리 퍼져 있다. 모든 병은 진(jin) 즉 귀신들이 가져다주는 것이다. 무당은 주술을 통해서 자신을 황홀경에 몰입하게 하여 자신의 영혼을 악령들과 접촉하게 한 다음, 악령들로 하여금 무당 자신의 의지에 굴복하도록 강요하여 병을 치료한다. 조상숭배의식이나 조상들의 영에게 제사 드리는 일은 중앙아시아 원시종교의 또 하나의 특징이다. 조상신들을 숭배하는 것도 우리나라의 고대 신앙과도 별다는 차이가 없으며 산신 숭배의식도 마찬가지다.

천산(天山)은 몽고어로 텐구리 오라(하늘의 산)라고 한다. 중국음으로는 텐샨이다. 많은 봉우리 중에서 중국 신강 위구르자치구의 수도 우루무치에서 볼 수 있는 산은 푸른 하늘에 투명도가 높은 유리

덩어리가 솟아 있는 것 같은 표고 5445미터의 보고타 오라(몽고어로 거룩한 산)이다. 천산은 높고 겨울 여름 할 것 없이 눈이 쌓여 있다.

4. 이슬람교의 내용

오늘날 정교분리를 기반으로 하는 서방지향적 국가 체제를 확립한 이슬람 국가 터어키와 이슬람 정통주의를 고수하는 사우디아라비아, 그리고 이슬람 원리주의를 표방하는 이란 사이에서 주도권을 잡으려는 경쟁적 세력 다툼이 계속되고 있는데, 앞으로의 귀추가 주목된다. 알라라는 말은 정관사 'al'(the)과 'llah'(God)란 말이 결합하여 이루어진 것으로 결국 "the God"란 말이 되므로 신들 중에 하나가 아니라 유일신이란 뜻이 된다. 모하메드는 510년 경에 메카의 주도적 위치에 있는 코레이쉬 가문에서 태어나 모하메드라고 이름 지어 졌는데, "매우 존경받는다"는 뜻의 이 이름은 남자 어린이의 탄생시에 많이 붙여지는 이름이다. 그의 유아 시절은 매우 불우했다.

그의 부친이 생후 며칠 만에 타계했고, 모친 역시 6살 때 세상을 떠났으므로 그는 할아버지에게 맡겨졌으나 할아버지 역시 8살 되던 때 돌아가셨다. 그 후에 삼촌 집에서 양육된 그는 불우한 환경으로 인하여 삼촌의 가축을 돌보는 고생을 했지만 따뜻한 보살핌도 받을 수 있었다. 장성한 그는 무역 상인들을 좇아 다녔고, 25세경에는 칸디자라는 부유한 미망인의 하인이 되었다. 그의 신중함과 고상함에 깊이 매료된 그녀로 인해 그들의 관계는 깊어갔고 결국 사랑하게 되었다. 그녀가 15년 연상이었지만, 그들은 결혼하여 만족한 혼인생활을 이루어 갔다. 모하메드가 유일신 알라의 가르침을 모든 아라비아 백성에게 전도할 사명을 띤 몸이라는 확신을 얻게 된 것은 40대에 들어서였다. 그러나 전도가 여의치 않고 박해가 있자 메카북방 약 400킬로 지점에 있는 메디나로 갔다. 신도들도 이때를 전후하여 메디나로 피난, 그 곳의 협력자들 집에 수용되었다. 이 메디나 행을 이슬람에서는 헤지라라고 하며, 이 해를 이슬람력의 기원으로 삼고 있다.

그 후 모하메드는 교단을 이끌고 여러 차례 메카군과 싸워 630년 1월에는 마침내 메카를 정복하고 카바 신전에 들어가 이것을 알라의 신전으로 바꾸어 놓았다. 다신교 시대부터 알라는 메카에서 최고신으로 숭배되어 왔으나 마호멧은 한걸음 더 나아가 다른 모든 신을 허위라 하여 부정하고 오직 알라만을 유일신으로 내세웠다. 알라는 만물의 창조주이며 이와 동등하거나 비교될 존재는 없다. 무슬림들은 모하메드의 이름을 부를 때마다 "은총과 평안이 충만하기를"이라고 비는 염원을 빼놓지 않는다. 그렇다고 해도 그들은 결코 모하메드를 이 땅에서의 신앙의 중심으로 삼지는 않는다. 이것은 이슬람의 경전인 코란에만 해당된다. 문자적으로 볼 때, 코란이란말의 어원이 되는 'al－qur'an'이란 아랍어는 암송한다는 의미를 담고 있다.

이슬람의 동아시아로의 진출은 8세기 중국의 당나라군을 괴멸시키고 중앙아시아의 지배권을 확립한 것이 그 출발이고, 10세기 이래로는 천산남로의 투르크족이 다같이 대량으로 이슬람교를 받아들였다. 그 후 인도에 세력을 부식한 이슬람교도는 이곳을 기지로 하여 말레이·인도네시아·필리핀 방면의 포교를 행하여 동남아시아의 이슬람화는 15세기에서 16세기 사이에 광범한 지역을 차지하게 되었다.

무슬림들은 5가지를 지킨다.

* 샤하다(Shahadah) – 증언(고백): '나는 알라 이외의 신이 없음을 증인합니다. 또 '나는 마호멧이 알라의 사자임을 증언합니다.'라고 거듭 증언한다.
* 살라(salah) – 예배; 하루에 다섯 번(일출/정오/하오/일몰/심야)이며 금요일 오후에는 모스크에서 집단 예배를 한다.
* 자카(zakah) – 희사; 재원으로 쓰임
* 사움(sawm) – 단식; 무슬림은 매년 라마단 월간(제 9월) 주간에 음식.흡연.향료.성교를 금한고, 과격한 말을 삼가며 가능한 코란을 암송한다.
* 하지(hajj) – 순례; 메카 다음가는 성지는 메디나 있는 마호멧의 묘다.

인도의 명상

1. 인도 그 사회와 문화

인도대학에서의 교수용어로 영어가 사용된다. 하지만 인도의 대학 '캠퍼스'에서 화려한 양장을 한 여학생들과 더불어 인도 고유의 원색 '사리'차림도 눈에 띈다. 인도의 헌법은 만민의 평등을 내세우지만, 실재 삶의 현장에서 카스트는 여전하다. 예컨대, 취업난속에서도 브라만은 접시 나르는 일 등은 하지 않는다. 다만 그가 종사할 수 있는 직업 중에 요리직이 들어있다. 신을 위한 재식에서 제단을 꾸미던 솜씨가 요리직의 전통을 이어받게 한 것 같다. 이름난 큰 인도 식당의 요리장은 브라만출신이 많이 차지하고 있다. 그들은 한결 같이 채식요리에 종사함은 물론이다.

인도의 지식인 가운데 한국문화는 외래문화, 특히 미국문화에 압도되어 있는 한국문화라고 말한다. 호텔의 장식이나 벽화, 그리고 방에 설치된 텔레비전의 화면도 얼굴만 다른 뿐, 미국의 텔레비전 화면과 별로 다른 점은 찾을 수 없었다고 평하는 이들이 있다.

이런 논리에 따르면 한국인들 특히, 젊은 계층은 고유의 문화를 상실함과 동시에 '자기 자신'도 잃어가고 있다는 것이다.

인도는 700여 년 동안 무슬림의 지배를 받았고, 200년 동안 영국의 지배를 받았다. 그러나 종교문화는 힌두교가 여전하다. 그들에게는 인도 민중과 함께 살아온 종교라면 이슬람도 인도 종교의 일부로 포용한다. 힌두교와 이슬람의 화합을 역설한 마하트마 간디에게 총부리를 겨눈 자는 힌두와 이슬람의 분리를 주장하는 힌두교 과격분자였다.

다양한 언어와 종교가 공존하면서도 인도인들의 삶을 지배하는 풍습은 공통적이다. 전통적으로 그들은 인생을 네 시기로 나눈다.

첫째의 학생기는 여자를 가까이 하지 않고 학문을 닦는 시기

둘째의 가주기(家住期)는 결혼을 하여 자식을 낳고 가업에 종사하며 조상의 제사를 모시는 시기

셋째는 임주기(林住期)로 가업을 자식에게 물려주고 세속의 번거로움을 떠나 검소한 생활 속에서 신들에게 봉사하는 시기

넷째는 유행기(遊行期)로 한 곳에 거주하지 않고 유행. 편력하면서 오로지 종교적인 생활만을 영위하며 보내는 시기라고 한다.

또 한 가지 그들의 추구하는 공통적 정신이란 비폭력과 무소유의 삶이다.

2. 인도의 신

우선 힌두교의 신들은 다른 종교와는 달리 매우 인간적이다. 술을 마시고, 고기를 먹고, 여인을 사랑하고, 질투도 하며, 노하면 저주까지도 주저하지 않는다. 시바신도 그 예외는 아니다. 술에 취하고, 취해서는 춤을 춘다. 즉, 그는 '춤의 신'(나타 라자)으로서 창조·유지·파괴·현혹, 그리고 해방의 다섯 가지 활동을 하나로 묶어 놓은 우주적 춤을 추고 있는 것이다.

시바신은 우주의 파괴를 관장한다고 하지만, 파괴는 창조로 이어

진다는 힌두적 관념 때문에 시바는 또한 생산. 생식의 신이기도 하다. 이러한 면이 전 인도에 전파됨에 따라서 시바는 요니(여자의 생식기)와 합체가 된 링가(남자의 생식기)로 표현되기에 이르렀다.

시바는 절대적인 존재이다. 태초에서부터 그리고 카슈미르에서 칸야쿠마리에 이르기 까지, 혹은 그보다 더 멀리에까지 그는 최고의 존재로 숭앙받고 있다. 그는 살아 있는 신으로 위대한 요가수행자이고 최고의 수도자이며, 춤의 왕, 사랑을 주는 사람, 신랑이며 남편이다.

링가상은 인도 전역에 걸쳐서 볼 수가 있다. 이것이 고대의 소박한 남근 숭배와 결부되어 있음은 명백한 사실이지만, 현대적인 안목으로 볼 때 이 링가에서 음란한 기미는 전혀 찾아볼 수 없다.

히말라야 산맥의 한 봉우리인 트리슈르는 시로 이 시바의 산인 것이다. 아니 트리슈르 봉우리가 바로 시바 그 자체라고 해도 무방하다. 천고의 백설을 머리에 이고 삼지창 끝을 중천에 높이 추켜세우고 있는 이 산의 모습은 아름답다.

유명한 바라나시(옛 이름 베나레스)의 거리는 시바의 거리라고도 할 만큼 시바 신의 색채가 짙은 곳이며, 이곳에는 모든 힌두교도가 모여 목욕을 하고 사원에 참배한다.

비쉬누도 시바와 마찬가지로 아리아인의 신관과 원주민 부족의 토착신이 융합되어 발전된 신이다. 비시누 신의 보금과 권화(화신) 사상은 매우 밀착되어 있다. 사람들은 전설이나 실재하는 영웅, 위인을 비시누의 화신으로 파악함으로써 그 보편성을 호소해 왔다. 비시누는 여러 가지 형상을 하고 있지만 기본적으로 비슈바루파, 우리의 시각으로는 느낄 수 없으며 1천 개의 태양과 같이 환히 빛나는 우주 자체로서 존재하고 있는 그의 우주적인 형태를 간직하고 있다. 이 신은 화신이로 나타나기 때문에, 정의가 아닌 것에 대한 한탄이 많으면 많을수록 비시누 신의 출현에 거는 기대는 크다. 사람들은 역사상에서 뿐만 아니라 신화나 전설상의 위인과 영웅에게서도 비시누의 모습을 구하여, 그들이 비시누의 화신이라고 생각했다.

비시누의 화신으로서 가장 유명한 것은 크리쉬나이다. 힌두교도의 가정에는 갖가지 모양으로 묘사된 크리쉬나의 그림이 반드시 한두 장쯤은 걸려 있다.

어느 신을 믿든지 종국에는 브라흐마에게로 귀착되는 것이며, 따라서 예컨대 시바 신도와 비시누 신도가 서로 다툴 필요는 전혀 없는 것이다. 서로가 배타적이 아니라는 점에서, 우리는 인도의 종교가 갖고 있는 관용성의 한 근거를 볼 수 있는 것이다.

힌두교의 신이 모두 시바 신이나 비시누 신처럼 '위대한 신'인 것은 아니다. 이들보다 힘도 약하고 기능도 한정되어 있기는 하지만, 보다 친근한 갖가지 신들이 있다.

힌두교의 중요한 요소가 된 것만을 열거해 본다고 해도 선정, 요가, 하천 숭배, 정화 의례로서의 목욕, 수목과 뱀 신 숭배, 동물(원숭이, 소등)숭배, 링가, 푸자라는 예배 형식, 채식주의, 시바를 위시한 많은 신들 등등 그 수는 종잡을 수 없을 것이다.

3. 힌두교의 전통

원래 힌두라는 말은 시두, 즉 인더스강에서 유래하는 것으로서 인디아와 그 어원을 같이 한다. 물론 당시의 신두, 즉 인도라는 의식이 적용되던 범위는 지금의 인도와는 다른 것이 지만, 인도라는 말을 강조한다면 힌두이즘이란 '인도의 종교'라고 일컬을 수도 있을 것이다.

힌두교신자들은 성스러운 갠지스 강의 흐름 중에서도 바라나시를 가장 성스러운 곳으로 간주한다. 여기서 한 번 목욕을 하면 모든 죄와 더러움이 깨끗이 씻겨 정결해 지기 때문에 사후의 생천은 의심할 여지가 없다.

힌두교도들에게 있어서 바라나시는 평생에 꼭 한 번은 순례하여 목욕해야만 하는 성지이며, 이 강물에 발을 담근 채로 숨을 거둘 수 있다면 그 복은 더 이상 바랄 것이 없다고 한다. 예나 지금이나 이곳에는 인도 전역으로부터 순례자들이 모여들기 때문에 그 수는 연간 백만 명이 넘는다.

목욕을 하는 가트의 곁에는 화장터가 있어서 사람들은 싫어도 죽음을 응시해야만 하게 되어 있다. 계속해서 운구되는 시체들은 화장터에서 화장이 된다. 밤의 장막이 내리깔리면 수면이 어둠 속으로 그 모습을 감추며 화장터의 불꽃이 흔들릴 때, 사람들은 삶과 죽음을 초월하여 영원으로 이어지는 생명을 느끼지 않을 수 없는 것이다.

순례자들 가운데는 갠지스의 가트에서부터 백 수십 킬로미터나 되는 먼 길을 오체투지의 예배를 되풀이하며 힌두교 사원을 향하는 사람들이 있다. 이것은 신에게 발원한 것이 성취된데 대한 감사의 순례일 수도 있고 무언가 소원을 이루기 위해서도 한다. 이 행로는 '걷는' 것이 아니다. 매 회마다 허리를 구부리고 무릎을 꿇고 두 팔을 펴서 온몸을 땅에 대고 난 다음에 얼굴도 땅에 댄다. 그리고 나서 무릎으로 몸을 들고 다리를 잡아당겨서 한걸음 앞으로 나간다.

인도인들의 언어는 서로 다르지만 종교경전의 내용과 거기에 등장하는 신들은 거의 힌두교의 교리이며 힌두교 신들이다. 종교경전의 내용과 거기에 등장하는 신들은 전부가 힌두교의 교리이며 힌두교 신들이다. 다양한 인도를 하나의 인도로 만든 것은 힌두교라고 할 수 있다.

4. 인도의 명상

명상과 고행은 인도의 오래된 전통이다. 고행이란 신체의 특이한 훈련에 의해서 자아의 작동을 억제하고 신비적인 힘을 얻는 행법이다. 그리고 명상이란 의식을 한곳에 집중시켜서 자아가 작동해 나오기 이전의 근원에 있는 우주와 하나인 자기를 직관하는 수행법이다. 그것이 삼매인데, 이는 요가 행법의 최종 단계이다.

종전의 전승을 통합하면서 5세기경에 이르러 정리된 '요가수트라'에서는 대상만이 밝게 빛나고, 자기 자신은 허공과도 같이 예지(프라즈냐)에 빛나는 경지가 곧 삼매경이라고 말하고 있다.

명상과 고행은 다 같이 자아를 억제하고 영원한 '생명'에 자기를 순종시킴으로써 오히려 영원한 삶을 획득하는 행법인 것이다. 여기에서 모든 인간의 실존적 의혹은 소멸된다. 다채로운 인도 종교사의 갖가지 유파도 결국은 '생사' 속에서 영원으로의 회귀를 구하는 면에서 공통적이다.

인도의 고전인 우파니샤드의 사상가와 종교가들은 우주의 본체가 범(브라흐만)이라는 것을 발견했다. 브라만이란 원래 베다 성전을 뜻하던 것이었는데, 이것이 점차 성전에 포함된 지식이나 그로부터 연유하는 신비스러운 힘, 신들이나 우주도 움직일 수 있는 주술적인 힘, 그리고 마침내는 만유를 만들어내고 지배하는 최고 원리가 된 것이다.

아트만이란 원래 호흡을 뜻하는 말이었는데, 그 뜻이 변하여 생기라든가 신체라는 뜻이 되었다. 그것은 다시 인간의 본질, 그리고 자아가 되며, 때로는 영혼을 뜻하기도 한다. 이 아트만이 곧 브라만이라는 사실을 논리적 사고가 아닌 종교적 행법을 통해서 주체적으로 인식했을 때, 개인의 존재는 영원한 삶을 얻고 윤회의 순환에서 벗어나 자유로울 수 있는 것이다.

일반인들에게 널리 알려진 요가 행법은 팔지(八支)가 있다.

제계(制戒; 계율을 지키는 것)
내제(內制; 베다의 학습, 신에 대한 기도 고행)
좌법(座法; 앉는 방법)
조식(調息; 숨쉬는 방법)
제감(制感; 감정을 통제하는 방법)
총지(總持; 진언, 주문)
정려(靜慮; 고요한 생각)
삼매(三昧; 정신집중)

이 가운데서 정려는 특정한 대상을 생각하는 의식의 흐름이다. 삼매는 '다만 대상만이 빛나고 자기 자신은 허공과도 같으며, 더욱이 예지가 그 광채를 발하는 경지'를 뜻한다. 이것은 명상을 주체로 하는 매우 신비주의적인 행법이다.

요가 행법의 요점은 세상일에 사욕이 없는 것이다. 그러기 위한 유일한 행동 동기는 자아를 버리는 것이고, 완성의 경지에 이르려는 노력을 고양시키는 것이다.

이밖에도 힌두교 수행자가운데는 매일의 의례로 떠오르는 태양을 향해 인사하는 것－동쪽을 향해 만트라(진언)를 암송하는 것을 반복하는 요가수행법의 일종이기도 하고, 의례적인 행동이기도 하다－에서부터 곡류(난알)의 제물과 정화한 버터를 순수한 태양의 불꽃에다 봉헌하는 것, 황혼 녘 땅거미가 질 때 종소리에 맞춰 모든 전통적인 집집마다 등불이 켜질 때 상드야, 황혼녘의 기도를 외우는 것 등도 있다.

그들은 한결같이 고행으로 현세를 버리고 내세의 영원한 평화와 안락을 찾는다. 그런 소박한 정신력의 결집이 오늘의 인도문화를 떠받들고 있는 기둥이다.

5. 자이나교

아힘사의 계율이 가장 엄격한 종교는 아마도 자이나교일 것이다. 이 가르침은 석존과 거의 동시대에 마하비라가 옛 전승을 재편성하여 새롭게 편 것이다. 그는 동인도에 있는 바이샬리에 거주하던 릿차비족의 왕자라고 하는데, 여러 가지 점에서 불교와 공통된 면이 많다. 그러나 불교는 인도에서 밀려났지만, 자이나교는 국내에서 지역적인 발전을 계속해 왔다. 현재는 인도국내에 260만 명의 자이나교도가 있다.

자이나교에서는 불살생의 덕을 강조한다. 승려는 입 안으로 벌레가 들어가서 죽은 일이 없도록 마스크를 쓰고, 또 모기 등의 곤충 따위를 쫓기 위한 먼지 털이를 가지고 있다. 어떠한 형태로든 살생은 금지 되어 있다. 따라서 자이나교도 가운데서 농경에 종사하는 사람은 거의 없다. 경작은 벌레를 죽이는 일이 되기도 때문이다.

자이나교는 살상하지 않고, 허튼 말하지 않고, 주지 않는 건 취하지 않으며, 음란하지 않고, 소유하지 않는다는 5가지 계율을 지키면서 몸에 천 조각 하나 걸치지 않고, 태어날 때 그대로의 모습으로 영원한 생명을 얻기 위해 해탈할 때까지 고행을 한다.

그들의 정통파인 공의파 승려가 전라의 모습으로 거리를 걸어 다니더라도 미풍양속을 해친다는 이유로 경범죄에 걸리지 않는다. 공의파의 교리에 따르면 인간을 태어날 때 이미 허공이란 옷을 입고 나왔기 때문에 구태여 번거롭게 옷을 걸칠 필요가 없다는 것이다.

우선 옷이 필요 없으니 빨래할 걱정이 없고, 물건을 넣어 둘 호주머니가 없으니 무소유 계율이 저절로 지켜진다는 것, 누가 무엇을 주더라도 받을 수 없는 것이 나체 도인의 변이다. 자이나교의 교주 마하비라는 12년 동안 고행할 때 입던 옷이 닳아서 없어졌으나 없는 나체 그대로 고행을 계속했다고 한다.

이 교파의 신도들 가운데 부자가 많으면 지나교 사원도 그만큼 물질적으로 풍부할 수 있다. 사실 자이나 교단은 타종교의 교단에 비하여 물질적으로 풍부하다. 교단이 여러 가지 문화사업과 사회사업을 추진하고 있다. 그런데도 이 교단이 청렴한 명성을 유지하는 것은 이런 성직자들의 철저한 무소유 정신에 기인함을 알 수 있다.

6. 이슬람과 타지마할

옛날 무갈 제국의 수도로 5대 황제 사쟈한이 사랑하는 왕비(무무타즈)의 죽음을 애도해서 지었다는 영묘 는 묘가 아니라 일종의 궁전을 의미하는 '마할'이다. 왕비를 잃은 사쟈한 황제가 1631년경에 시작해서 22년에 걸쳐 2만 명의 인부가 동원되어 완성되었다. 페르시아, 이집트, 이탈리아, 중국 등지에서 일류 석조예술가들을 초빙해 대리석, 적사암, 터키옥, 사파이어, 자수정, 산호, 비취, 공작석 등 진귀한 자재를 모두 러시아·아라비아·중국 등지에서 사다가 지은 타지마할은 어느 방향에서 보아도 모양이 똑같은 것이 특징이다.

묘 속으로 들어가면 높은 원형천장 밑에 왕비의 석관이 있고, 그 옆에 사쟈한의 대리석관이 놓여 있다. 녹색 옥석으로 짠 관에는 각종 화조와 붉은 옥으로 수 놓여 있다. 건물이 완성된 뒤 같은 솜씨의 건물이 이 세상에 존재할 수 없게 건축기사들의 손목을 잘라 버렸다는 사쟈한 왕의 탐욕, 그 비인간적인 광기가 결실해 놓은 신비한 건축미가 보는 사람들의 가슴 속에 묘한 파문을 일으킨다.

16세기부터 인도는 이슬람교의 지배를 받는 무갈 제국의 통치를 받는데, 그 무갈 제국의 5번째 왕이 바로 사쟈한(재위 1628－1658)이다. 30년의 통치기간 동안 무갈 제국은 문화의 황금기가 된다.

세련된 양식의 건축물을 만들어 재력을 낭비한 이 왕은 그의 아들 아우랑제브에 의해 유폐된다. 타지마할이 바라다 보이는 '아그라성'에 갇혀 눈물로 지내다가 죽은 뒤 '무 무타즈'의 곁에 안치된다.

현재 인도에서 이슬람은 약 14%정도이고 다른 나라의 이슬람에 비해 명상을 중시한다. 15세기에 힌두교와 결합된 이슬람은 시크교다. 그들은 두발과 수염을 깍지 않는데, 인도인 남자들이 즐겨 쓰는 터번의 고장이 이 편잡 주이고, 터번은 또 시크 교도를 상징하고 있다.

7. 간디와 아힘사 그리고 무소유의 정신

아힘사란 '상처나 해로움을 끼치지 않는 것'이 원뜻으로서 보통은 불상해나 불살생을 뜻한다. 인도에는 지금도 다수의 채식주의자가 있는데, 동물을 죽여 가면서까지 배를 채울 필요는 없지 않겠는가 하는 것이 그들의 주장인 것이다.

마하트마 간디의 아힘사운동도 이 정신의 연장선상에 위치하고 있다. 간디의 사상과 실천이 이해하기 어려운 것은 그것이 단순한 정치 운동이 아니라, 그 근저에 종교적인 자기심화와 그에 대한 실천을 개재시키고 있기 때문인 것이다.

간디는 무소유 계율에 근거한 청빈도 철저했다. 그의 청빈정신은 지나교단의 영향을 강하게 받았다고 한다. 그는 그와 함께 일하려는 젊은이들에게 청빈의 덕을 강조하면서 최저의 생활조건에도 흔들리지 않고 꿋꿋하게 자기가 맡은 의무를 다하라고 가르쳤다.

간디는 나체는 아니었지만 반라의 모습을 하고 영국 왕한테까지 알현했다. 아무 것도 가진 것 없이 홀랑 벗고 태어난 모습 즉 무소유의 모습이 하늘이 그에게 준 진실한 모습이라고 강조했다.

가난이 인도인들을 짓누르고 있는 실상을 직시한 간디는 가난한 민중 속에 함께 살기 위하여 스스로 가난해지기를 결심했다. 그리고 물질적 가난이 빚어내는 정신적 좌절을 중시했다. 그래서 그는 먼저 정신적 좌절에서 벗어나는 길을 인도 민중에게 가르치려고 했던 것이다.

그는 민중의 옷으로 갈아입고, 민중이 사는 오막살이에서 민중과 함께 민중의 음식을 먹으면서 인도의 농촌을 걸어 다녔다. 극심한 가난에 시달리며 살아가는 민중을 향하여 가난하다는 것은 결코 죄가 아니며, 따라서 가난을 부끄러워하지 말고 떳떳하게 살아가는 용기를 불어 넣었다.

부귀영화를 추구하는 서구문명과는 달리 이처럼 인도의 정신에서는 사람과 동물 등 살아있는 것을 헤치지 않으려는 아힘사와 필요이상을 소유하지 않으려는 무소유의 정신이 깔려있다. 그래서 그들에게는 가난이 결코 부끄러운 것이 아니고, 탐욕에 눈먼 자들이 오히려 부끄러운 것이다.

힌두교와 원시불교의 동이(同異)

서론

불교는 인도에서 발생하였기 때문에 불교 이전의 인도사상의 영향 하에 형성되었다는 것은 너무도 자명한 사실일 것이다. 인도의 사상은 다양하지만 그 다양한 가운데 통일성이 있으므로 인도사상 전체를 넓은 의미의 힌두교라고 볼 수 있다면, 불교는 힌두교적 배경과 무관하다고 할 수 없다.

그러나 좁은 의미의 힌두교라고 할 때는 베다경전을 가장 오래되고도 권위 있는 성전이라고 인정하는 인도의 종교만이 힌두교이며, 불교는 힌두교와 동일시 될 수 없다.

힌두교는 조직적인 종교라기보다는 오랜 인도의 민속의례였으나, 이슬람의 종교적 도전아래에서 비로소 자신의 정체성을 찾았다고 볼 수 있다. 이런 속성 때문에 힌두교는 인도의 오랜 습속이 카스트 제도를 벗어날 수 없었을 것으로 추정된다. 물론 이러한 인도 전래의 습속은 불교와는 무관한 것으로 고래의 카스트제도를 부정했기 때문에 인도를 벗어나 보다 보편적인 아시아의 종교가 될 수 있었다. 그러나 이것은 완전한 힌두교와의 결별을 뜻하는 것은 아니다. 예컨대, 힌두교적 업설 윤회설 그리고 해탈의 사상을 비롯한 주요한 불교의 교리는 곧 힌두교적 사유의 연장에 있는 것이다. 혹자는 붓다는 그 어느 것도 새롭게 말한 것이 없다고 주장하기도 한다. 동물을 도살하고 카스트제도에 엄격하고 브라만 지상주의의 베다적 의식을 메스꺼워 했지만 우파니샤드에 기초했다고 한다.[153] 혹자[154]는 불교가 우파니샤드의 영향 아래 있으며 베다에 근원한 것이라고 지적한다. 그들은 대승불교와 베단타는 지금도 두 가지가 반대되는 시스템이 아닌 동일한 우파니샤드의 사상의 발전에 있어서 다른 단계일 뿐이라고도 한다.

이러한 주장이 사실이라면 불교의 정체성은 어디에서 찾을 것인가? 카스트제도는 힌두교로부터 벗어난 불교특유의 사상이라고 한다고 십분 양보하더라도, 업과 윤회 혹은 해탈에 관한 불교의 교리는 힌두교와 무엇이 다른가를 정리하는 일은 불교의 불교다움을 알기 위해 찾아내야할 하나의 과제일 것이다.

1. 힌두교적 계급제도의 비판

인도적 종교성의 민족적 형태는 힌두교이다. '힌두'라는 표현은 이슬람교도들이 이민족지배를 시행했을 때 처음 사용한 것으로서, 이 말은 이슬람교로 개종하지 않은 토착 인도인을 의미했다. 인도인들은 힌두교라는 말로서 자신들의 종교적 소속감을 갖게 된 것이다. 이 말은 동시에 영국의 국세조사에서 인도인들의 종교 복합체를 지칭하는 공식 명칭이 되었다.

153 Chandradhar Sharma, A Critiacal Survey of Indian Philosophy. Motilal Banarsidass, India, p.333.

154 Arthur Wright, *Buddhism in Chinese History* 'Stanford Univ. 1959.(양필승 역, 『중국사와 불교』, 신서원, 1994. p.63.)

붓다는 카스트의 의미뿐만 아니라 브라만교의 신령들도 일단 도외시하는 입장이었다. 이것은 출생과 운명에 의해 인간의 분별되는 것이 아니라 오직 행실에 의해 평가되어야 한다는 붓다의 정신이었다.

막스베버는 고대 불교는 결코 비 특권층이 아닌 특권 누리던 계층의 산물이라고 한다. 그럼에도 군주들과 세습 귀족으로 하여금 불교교리에 공감하게 만든 것은 불교의 반사제적 특성, 곧 브라만이 가지고 있던 사상에 대한 평가절하라고 주장한다.[155] 신분적 분화 상태를 무시한 것은 비단 불교만의 독창적인 발상은 아니었으며, 이미 불교가 등장한 마가다 및 인접의 인도 북부지방은 브라만 계급의 세력은 상대적으로 취약했다고 한다. 이미 사성계급은 붕괴되었고 있었으며, '바이샤'는 전형적인 자유민으로서 상인들이었으며, 카스트 상호간의 종교적 폐쇄성은 이 지역에서는 겨우 그 시작 단계에 머물러 있었다고 한다.

이때 개인적 구도자들 '사문'(스라마나 Sramana)들은 베다 교육을 받은 사람들이었는데, 이들의 존재는 광범하게 확산되어 있었으며 그들의 계급은 붓다와 같은 세급 귀족인 크샤트리아였다고 한다.

이처럼 불교가 주도적으로 카스트 제도를 거부하고 사회개혁을 주도하지는 않았으며, 이미 사회적 환경이 브라만주도의 사회가 아니었다는 막스 베버의 주장은 일견 타당하지만, 그것이 오직 기존의 어쩔 수 없는 상황이었다고 보는 것은 타당치 않다.

그러한 환경 하에 불교나 자이나교는 강한 윤리적 합리성에 입각해서 반제사주의적 성격을 지녔고, 사회적으로는 초세간적이고 평등주의적 관점으로 인하여 바라문계급의 특권을 인정하지 않았던 것이다.

---

155 Max Weber, *Hindusimus und Buddhismus*, Sh J.C.B. Mohr, Tubingen, 1920(홍윤기 역, 『힌두교와 불교』, 한국신학연구소, 1986. p.14.)

붓다는 바라문교의 권위주의에 대해서 인정하지 않았고 사성계급 제도도 부당한 것으로 간주함으로써 인간 평등을 무엇보다 강조했다.

> "태어남에 의해서 천민이 되는 것이 아니다.
> 태어남에 의해서 바라문이 되는 것도 아니다.
> 행위에 의해서 천민이 되고
> 행위에 의해서 바라문이 된다."[156]

2. 업설

업(業)은 Karman 혹은 Karma의 번역어이다. 이 어원은 '하다', '완수하다', '준비하다', '만들다' 등의 의미를 가지고 있는 'kr'에서 유래한 것으로 일반적으로 일, 행동, 행위를 말한다.

힌두교의 사고방식에 따르면, 인간이 선하건 악하건 어떤 행위를 하면 그로 인해 어떤 잠재력과 여력이 남아있어, 그것이 그 행위를 한 사람의 다음 존재방식을 지해하는데, 이 힘을 업이라고 한다.

다시 말하면 업이란, 인간이 한 행위의 성질에 따라 그에 상응하는 상태가 되도록 하는 힘이다. 인간의 생활은 시시각각 새로운 행위를 하지 않을 수 없고, 살아있는 한, 늘 새로운 업을 짓게 된다. 이 업 사상은 자칫하면 숙명론으로 받아들여진다. 현재의 존재가 오직 과거의 업에 의한 결과라면, 현재의 상황을 타개하려는 노력은 무의미해지기 때문이다.

156 숫다니파타

우파니샤드에서는 업에 대해서 다음과 같이 말한다.

> “업은 새로운 생을 위한 동력이고 재료이다. 새로운 생은 전적으로 업에 의존한다. 좋은 업을 가지고 있으면 좋게 되고, 나쁜 업을 가지고 있으면 나쁘게 된다.”

인간이 행한 행위는 뿌려진 씨와 같아서 반드시 그 열매, 즉 결과를 보고야 말며, 우리가 행한 무수한 행위는 그 결과가 현세에서 다 얻어지는 것은 어렵기 때문에 또 하나의, 혹은 하나 이상의 내세에서 그 결실을 맺게 된다는 것이다.

3. 윤회설

윤회, 곧 삼사라(samsara)라는 말은 sam은 ‘함께’라는 의미이고, sara는 ‘흐르다’ ‘움직이다’라는 뜻이다.

어떤 힌두교도도 힌두교적 종교서의 두 가지 기본 전제, 곧 윤회의 믿음과 거기에 의존하고 있는 업의 가르침은 결코 무시하지 않았다. 이 두 기본전제가 힌두교의 ‘교조적’인 교의인 것이다. 각 개인이 쌓아 놓은 미덕이나 혹은 과실은 일종의 상호계정 형식으로 측정되었다. 그 상호계정의 결과 남게 된 잔고는 환생을 맞이하게 될 경우 그 개인의 영혼이 처해야 할 앞으로의 운명을 불가피하게 결정한다. 인간이 맞이하는 인생의 운명전체는 각자의 업이다. 눈앞에서 목격하는 사실이 각자의 모든 인생살이를 관찰하고 보면, 전생의 미덕과 과실이 현생을 결정하고, 현생의 덕이나 과실이 다가올 미래의 인생에 대해 결정하는 것이라고 한다.

인간은 끊임없이 새로운 삶과 죽음을 무한히 지속하면서 오로지 자기의 행실을 통해서 그 운명을 결정해 나간다는 이 견해가 바로 업의 일관된 교리다.

4. 해탈과 열반

목샤(moksa)라는 말은 '놓아주다 · 해방하다, … 에서 벗어나다' 등의 의미를 가진 'mug'가 그 어근으로서 '해탈'의 의미를 가지고 있다. 인도인들은 전통적으로 인간이 마땅히 추구해야 할 4가지 가치를 말해 왔다. 즉 욕망, 부, 의무 그리고 해탈이다. 힌두교건 불교이건 모든 인도철학의 관심사는 무엇보다도 해탈의 추구에 있다고 할 수 있다. 즉, 어떻게 하면 인간이 고통스럽고 유한하고 속박된 삶을 초월하여 절대적이고 영원한 자유를 얻을 수 있는가 하는 것이 인도인의 철학적 사유의 배후에 깔려 있는 최대의 관심사이다.

인생의 목적은 해탈에 있고 그 해탈을 얻는 방법을 알고 실천하기 위하여 하는 철학이 곧 우파니샤드의 철학이고 또 그러한 철학이 곧 인도철학의 정통이고 전통이라고 하여도 좋을 것이다.

열반이란 '소멸'을 의미한다. 그것은 '불어서 끄다(吹消)', '(바람이) 불다'의 의미를 가진 어근 'va'에다 부정접두사 'nir'가 결합되어 이루어진 말이다.

『미린다왕문경』에서는 열반을 다음과 같이 묘사한다.

> "열반은 마치 마른 나뭇단을 많이 넣고 매우 뜨겁게 달군 큰 가마에서 불타고 있던 사람이 천신만고 끝에 거기에서 벗어나 시원한 장소로 도망쳐 나왔을 때, 그가 느끼는 최상의 안락과 같은 것이다."

“열반은 연꽃이 진흙물에 젖지 않는 것처럼 모든 번뇌에 물들지 않는다. 열반은 청량(淸凉)해서 마치 신선한 물이 열을 진정시키는 것처럼 모든 번뇌를 가라앉힌다.”

“열반은 절대로 태어나지도, 늙지도, 죽지도 않는다. 그리고 사라지지도, 재생하지도 않는다. 그것은 정복할 수 없다. 어떠한 도둑도 그것을 훔쳐 갈 수 없다. 그것은 아무것에도 매이지 않는다. 그것은 아라한들이 돌아다니는 곳이다. 아무것도 그것을 방해할 수 없다. 그리고 그것은 끝이 없다.”

이러한 표현들을 종합해 볼 때, 열반은 모든 세속적 고의 소극적 정지라고 할 수 있다. 대승불교의 경우에 소극적인 정지일 뿐만 아니라 실상이나 진여와 같은 적극적인 지복(至福)의 경로 승화시킨다.

대승경전인 『열반경』에서는 붓다는 원래 출생과 죽음을 초월한 영원한 존재이며, 그가 인간으로 태어난 것은 사람들에게 불도를 가르쳐 주기 위해서였고, 임종을 맞이한 것도 사람의 몸이란 잠깐 있다가 없어지는 물거품 같은 것이라는 것을 실지로 보여주기 위한 방편일 뿐이었다. 붓다는 죽는 것이 아니라 열반에 들어가 본래의 영원한 존재로 되돌아가는 것이다.

5. 자아와 무아

힌두교와 불교는 업과 윤회설 그리고 해탈의 사상에 있어서도 큰 차이가 없었다. 그러나 자아에 관한 문제에 있어서는 상당한 차이를 보인다. 자아를 인정하지 않았던 무아야 말로 불교의 가장 독특한 방법론이라 할 수 있을 것이다.

자아(아트만)는 본래 '기식(氣息)'을 의미하는 말이었다. 이것이 여러 가지의 생명의 주체와 '생기(生氣)' 심지어 '신체(身體)' '육체(肉體)'의 의미까지 있다. 아트만은 철학적 의미로는 '본체(本體)·본질(本質)·영혼(靈魂)·자아(自我)라고 보는데 우파시샤드에 있어서는 우주의 근본원리 혹은 절대자로까지 말하고 있다.

힌두교나 자이나교는 윤회할 수 있는 주체로서 이 자아(아트만)이나 명(命)을 인정한다. 그러나 불교의 무아는 윤회의 주체를 인정하지 않는다. 윤회의 주체를 인정한다는 것은 고정불변하는 실체적인 '나'를 인정하는 것이 되고, 결국 무아이론을 포기하는 것을 의미하게 되기 때문이다. 모든 것은 변화하고 변전한다. 인연에 따라 생멸하기 때문에 제행(諸行)은 무상(無常)하다. 이것이 우파니샤드에서 강조한 '상주설(常住說)'과 다르다.

그렇다면 불교의 무아설의 입장에서는 현재 삶 속에서 업을 짓고 윤회하는 주체로서의 나는 누구일까? 이 점에 대해 『미린다왕문경』에 잘 표현되는 것이 있다.

미린다 왕이 물었다.

> "만약 물질을 포함한 영원한 정신이 없다면, 누가 기도하고, 누가 의식주를 즐기고, 누가 정의로운 삶을 살아가는가? 누가 명상에 몰두하며, 열반을 얻는가?"

나가세나 존자는 이에 반문한다.

> "전차를 정의해 보자. 수레의 채가 전차인가? 굴대가 전차인가? 바퀴 혹은 바퀴살 혹은 골격 혹은 멍에 혹은 막대기가 전차인가?"

이것들의 하나하나는 전차는 아니라고 대답했다. 나가세나는 소위 자아는 덧없는 생각으로부터 떨어진 아무것도 없는 것이라고 말했다. 말하자면 '무아'라는 것이다.

결론

불교와 힌두교는 힌두교도들이 불교를 힌두교의 한 종파로 생각할 정도로 유사한 면을 보인다. 그럼에도 상호간에는 명백한 차이가 있는데 그 가운데 가장 중요한 것은 전통적인 인도의 카스트제도에 대해 불교는 부정적인 입장을 취한다는 것이다. 불교가 세계종교로 발전할 수 있었던 것은 힌두교의 좋은 점을 수용하고 나쁜 점을 극복한데서 가능했던 것이다.

그러나 불교는 힌두교적 업설과 윤회설을 그대로 수용한다. 이는 인도사상 전반에 걸쳐서 공통된 사상이라 할 것이다.

해탈과 열반의 주제도 대체적으로 힌두교적 전통과 큰 차이가 없다. 차이가 들어나기 시작한 것은 대승불교의 발전 이후이다. 해탈을 소극적인 욕망의 중지로 보았던 과거의 관점을 한걸음 발전시켜 욕망의 적극적 소멸인 열반을 강조했고, 더 나아가서는 불타의 열반이야말로 진여(眞如)를 구현하는 축복의 경지로까지 적극적 의미를 부여하는 것이 힌두교와 다른 불교의 열반 관이었다.

힌두교와 불교에 있어서 가장 큰 차이는 자아(自我)에 관한 것이다. 전통적인 인도사상은 자아를 형이상학적이고 영구불변한 존재로 의심 없이 수용하였다. 그 자아가 윤회의 주체이기 때문에 절대적인 것이다. 이에 반해 불교는 그런 고착적이고 영구불변한 자아를 부정한다. 그 어느 것도 절대적인 존재가 아니라 인연에 의해서 이루어지고 소멸한다는 연기설이 무아의 바탕이 되고 있다.

V

아시아 문화와 한국

화이관(華夷觀)에서 본 '한류(韓流)'

문명과 문명은 정체된 것이 아니라 쉬임없이 살아 움직인다고 본다면, 동서의 문화는 로 영향을 주고 서로에게 부지불식간의 변화를 자극했다. 동시에 과거의 문명과 야만의 패러다임이라고 할 수 있는 화이관(華夷觀)이 오늘날에도 자국민 우월의식(優越意識)의 형태로 여전히 남아 있다. 특히 대량전달수단을 통한 대중문화야 말로 소위 문화전쟁의 승부를 다투는 장으로 문명 간의 보이지 않는 충돌이 내재하고 있다.

이제까지 한국의 문화는 언제나 종속적이었다. 역사적으로 중화문명에 대해 종속적인 의식을 가지고 있었으며, 일제강점기에는 일본에 대해 그러했고, 해방이후는 미국의 대중문화에 대해 거의 무비판적으로 수용하는 형국이었다.

그런데 동아시아 사회에 더구나 과거 사대(事大)의 대상이었던 중국에서 한류(韓流)라는 용어가 생겼다는 것은 분명 역사적 의의를 가진 일이다. 사실 많은 한국인들은 아직도 종래의 소국의식과 같은 일종의 사대주의적 사고방식에서 자유롭지는 않지만, 오늘날에는 과거에 볼 수 없었던 한국인이라는 자긍심을 가진 것도 사실이다. 이것은 소위 월드컵 축구경기 등에서도 확인된 바 있다.

90년대에 들어서면서 한국인의 사랑을 받았던 TV 드라마나 댄스 음악 등이 한국의 국내에서 그치지 않고 동아시아의 대중들에게도 인기를 얻으면서, 이러한 한류(韓流)에 대해, 왜 이런 현상이 일어나게 되었는지 한국인 스스로가 경이(驚異)롭게 생각한다.

과연 전통적인 문명과 야만의 패러다임인 화이관(華夷觀)에서 보자면 한류(韓流)란 오늘날 동서 문명교류적(文明交流的) 관점에서 어떤 의미를 가질까? 이런 문제의식을 가지고 오늘의 동아시아에 있어서 한류를 분석해 보고자 하는 것이다.

이를 분석하기 위해 도대체 화이(華夷)의 개념이란 무엇이며, 그것이 문화의식에 어떻게 작용하고 있으며, 또 앞으로 어떤 의미를 가질 것인지를 한류(韓流)의 현상을 통해 진단해 보는 것도 적지 않은 의미가 있으리라고 본다.

1. 한류(韓流)란 무엇인가

1) 한류(韓流)의 내용과 현황

한류(韓流)란 중국에서 한국의 대중문화를 표현하는 말로 한국유행(韓國流行)의 줄인 말이라고 할 수 있을 것이다.[157] 그러나 중국만이 아니라 중화문화권인 대만, 홍콩, 싱가포르, 일본, 베트남 그리고 한국과 같은 얼굴모습을 지닌 몽골에서 유행하는 한국의 대중문화이다.

중국의 경우는 1997년 방영한 '사랑이 뭐 길래(愛情是什麻)'가 폭발적인 인기를 누려 한류의 중심에 있었다고 한다. 이 드라마는 연령과 소득 그리고 학력에 상관없이 중국 상해 지역을 중심으로 전국민

157 최근에는 한국의 TV드라마는 중국에서 韓劇이라고 한다. 韓流보다는 韓風, 韓瘋, 韓朝風, 韓潮라는 용어도 쓴다. 臺灣에서는 한국대중음악을 韓樂, 韓音이라고도 한다.

적 드라마로 호응을 받았다. 1999년도에도 '별은 내 가슴에'가 인기리에 방영되었으며 주인공 안재욱은 이른바 한류스타로 유명해지게 되었다.

대만에서는 한류 열풍은 주로 대중가요가 선도하였고, TV 드라마의 경우 1999년 이후 대만진출이 본격화되었다. 특히 '불꽃(火花)'과 '가을 동화(藍色生死戀)'가 다른 드라마들을 제치고 시청률 1위를 기록하면서 주인공이었던 차인표와 송승헌 역시 큰 인기를 얻게 되었다고 한다.

베트남의 경우 TV 드라마가 한류 바람의 주역인데, 1999년 베트남 전역에 방영되었던 '의가형제'가 히트를 한 이후 '모델', '별은 내 가슴에', '토마토', '보고 또 보고', '마음이 고와야지', '그대 그리고 나', '걸어서 하늘까지' 등의 한국 드라마가 크게 인기를 끌었다. 특히 '의가형제'의 주인공 장동건은 폭발적인 인기를 구가하고 있다.

홍콩에서는 1997년 스타TV를 통해 '별은 내 가슴에(星夢奇緣 혹은 星星在我心)'가 소개된 것을 시작으로 '젊은이의 양지', '그대 그리고 나(我最愛的人)', '가을 동화(藍色生死戀)' 등의 한국 드라마가 계속해서 진출하여 좋은 반응을 얻었다. 한류의 근원은 TV 드라마와 댄스가요라고 할 수 있고, 여기에서 지명도가 높아진 한국의 탤런트와 가수들이 한국의 이미지를 제고하고 있는데, 이러한 인기도의 양상은 나라마다 다소 차이가 있다.

동아시아에 있어서 한류는 1990년 후반 TV 드라마가 아시아 시장에 유통되기 시작하면서부터, 동아시아지역 대중들이 공유하는 문화적 감성이라든지 가치관 등의 유사성으로 그들의 호응을 받았다. 특히 한국 가요를 듣고 한국 TV 드라마를 보면서 한국에 빠져 버린 신세대 마니아 청소년들은 패션과 음식, 소비 패턴과 성형수술에 이르기까지 한국적 스타일을 따라 하기 시작했다.[158] 그래서 한류는 단지 드라마와 가요에 머물지 않고 다른 영역으로 확산된 것이다.

"한국 대중문화 곧 한류(韓流)는 댄스 음악과 드라마에서 시작해서 음반, 공연, 티셔츠, 잡지에서 패션, 게임, 커피 숍, 음식, 관광과 성형 수술에 이르기까지 광범위하게 번져가고 있으며, 새롭고 색다른 것을 열망하는 젊은이들을 매료시키는 복합문화현상으로 아시아의 풍경/일상을 바꾸어 내고 있다."[159]

한류 곧 한국의 대중문화는 뜻하지 않게 한국 국내뿐만 아니라 중화(中華)문화권의 대중들에게 호응을 얻음으로써 한국인들을 놀라게 하고 있다. 그리고 이것은 역사적으로 중화사상에 대해 언제나 소국의식에 젖어온 한국인들에게는 전례(前例)없는 일이다.

2) 한류(韓流)의 원인

한국의 대중문화인 한류가 동아시아 한자문화권과 몽고에서 유행을 하게 된 원인은 무엇일까? 여기에 대한 대답으로 우선 그의 고객을 만족시키는 우수한 상품성이라고 할 수 있을 것이다.

"한국 가수들이 보다 세련된 서구화된 춤과 의상, 무대 매너를 갖추고 청중들에게 나섰을 때 자연스럽게 사람들의 관심을 끌 수 있었고 짧은 시간 동안에 엄청난 인기를 얻을 수가 있었으며 한국 드라마의 스피디한 전개, 내용, 패션이 그들의 욕구를 충분히 만족시킬 수 있었던 데 기인한 것이다."[160]

중국의 한류를 보면, TV 드라마의 경우 사람들을 사로잡는 것은 "연예인들이 멋있다는 것이 가장 많았고, 줄거리의 전개나 대사가

---

158 The Korea Herald, 「Marketing Korean pop culture」, 2002. 8. 31.

159 조한혜정, 「동/서양 정체성의 해체와 재구성」, 『한국문화인류학』, 35－1, 2002. p.13.

160 이형호, 「韓流에 관하여」, 대외경제정책연구원. p.7.

자연스럽고 핍진(逼眞)하다는 것을 두 번째 이유로 들었다. 다음으로 배경이 멋있고, 배우들이 연기를 잘하고, 극중 인물이 부모에게 효경(孝敬)스럽다는 것을 들었다."[161]고 한다.

가요의 경우는 중화권(中華圈)의 대중음악의 주류를 형성하고 있는 차분하고 서정적인 홍콩, 대만의 발라드와 대비되는 신나고 역동적인 한국의 댄스음악이 중화권(中華圈)의 신세대들의 기호와 취향에 적합하여 열광하고 있다는 것이다. 한국 가요의 수준이 여전히 과거 7~80년대 정도의 수준이었다면 결코 동아시아 젊은이들을 매료시킬 수 없었을 것이다.

한류는 동아시아 대중들의 기호와 취향에 부응하는 질적인 우수성에서 기인한 것이며, 이 같은 우수성이란 한국 국내에서 세계최고 수준의 미국의 대중문화나 일본의 대중문화를 극복하고 안방을 석권한 한국의 드라마나 댄스음악과 같은 것이 높은 경쟁력을 가졌다는 것이다.

여기에다 중국의 경우처럼, 빠른 속도로 경제가 성장하게 되고 이에 따라 국민들의 문화적 욕구 역시 폭발적으로 증가하게 되었지만 자국 내의 문화 콘텐츠는 이러한 문화 욕구를 충족시켜 주기에는 질적으로나 양적으로나 충분하지 못하였다. 바로 이 문화적 진공 상태를 한국의 대중문화가 채우면서 한류의 열풍이 불게 된 것이다.

중국내의 경제성장과 개방이 없었더라면, 또는 중국 정부당국의 협조 내지 묵인이 없었더라면 아무리 한국 대중문화의 매력이 크다고 하더라도 혹은 한국 정부가 아무리 적극적으로 지원한다고 해도 별다른 성과를 거둘 수 없었을 것이다. 또한 다른 모든 조건이 갖추어졌다고 해도 시장개척을 위해 전력을 다하는 연애 기획자가 없었더라면 한류 바람이 시작되지도 않았을 것이다.[162]

161 이은숙, 「중국에서의 '한류' 열풍 고찰」, 『문학과 영상』, 가을, 2002. p.44.
162 김정수, 「한류 현상의 문화산업정책적 함의」, p.15

한류의 원인은 한국시장에서 곧 혹독한 자본주의의 경쟁체제하에서 대중문화도 상품화되고, 그 치열한 시청률 경쟁 속에서 까다로운 소비자의 기호를 자극해서 살아남은 상품인 것이다. 이것이 한국인 뿐 만 아니라, 유사한 가치관과 심성과 유사한 얼굴모습을 한 동아시아 대중들에게도 인기리에 수용되었다고 볼 수 있다.

3) 한류(韓流)의 한계

한편 자본주의 사회의 치열한 경쟁 속에서 이루어진 한류는 대중들의 감성에 호소하기 때문에 또한 상품이기 때문에 아무래도 자극적이고 선정적일 가능성이 있다.

베트남에서는 "베트남 내 방영되는 한국 드라마 대부분은 감각적인 것이 많아 청소년들에게 사치풍조, 향락문화, 권모술수 등 좋지 않은 영향을 줄 수 있다는 점에서 경계의 대상이 되고 있다."[163]고 한다.

그런 의미에서 한류는 본질적으로 우리의 문화가 아니라 미국 문화를 약간 손질한 것일 뿐이라는 비판도 있으며, 대도시의 일부 청소년들 사이의 '반짝 유행'에 지나지 않으며 이를 한국 문화의 우월성으로 보는 것에 대해 부정적인 지적도 있다.[164]

물론 한류가 동아시아 대중들에게 얼마나 유지될 것이지는 불투명하다.

"문화산업은 기본적으로 사람의 감성에 호소하는 것이다. 그런데 사람의 마음이란 참으로 변덕스러운 것이어서 언제 어떻게 변심하게 될지 알 도리가 없는 것이다. 예측이 가능하려면 논리성이 있어야

163 이한우, 「베트남에서의 "한류", 그 형성과 사회경제적 효과」, 『동아연구』 42집, 2002. p.105.

164 김정수, 앞의 논문, p.7.

하지만 인간의 감정은 논리적으로 설명될 수가 없다. 자기 부모나 자국의 정부도 어쩌지 못한 그들의 변덕스러운 마음을 우리나라 관료들이 좌우한다는 것은 도무지 불가능한 일인 것이다."[165]

대중문화라는 속성이 변화가 심하고, 스타의 인기는 언제 추락할지 모르는 기약할 수 없는 일시성의 유행인데, 그러한 것은 동아시아의 한류에도 적용될 것으로 본다. 예컨대, 한국 국내에서 H.O.T가 해체되었는데 다른 나라에서 영원한 스타로 각인될 수 없을 것이다.

또한 다른 동아시아의 국가의 대중문화 콘텐츠가 경쟁력을 갖추게 될 때는 얼마든지 한류에서 화류(華流)나 일류(日流)로 교체될 가능성이 있으며, 한국의 대중들도 더 재미있고 수준 있는 대중문화가 있다면 굳이 한국에 집착하지 않고 다른 나라의 것에 매료될 것이다. 그러므로 한류(韓流)가 고정적으로 대중문화시장을 얼마만큼 점유할지는 유동적이라고 할 수 있을 것이다.

2. 화이관(華夷觀)의 본질

1) 중국의 화이관(華夷觀)

소위 중화사상(中華思想)이라는 것은 고래(古來)의 한(漢)민족이 '하(夏)'·'화(華)'·'중화(中華)'·'화하(華夏)'·'중주(中州)'·'중토(中土)'·'중국(中國)' 등의 호칭으로 중화(中華)가 세계의 중심에 위치하고 문화가 발달했던 지역이라는 것을 과시하는 우월의식을 의미한다.[166] 중국역사에서 전국기(戰國期)에 이르면 마침내 중앙의 '제하

165 김정수, 앞의 논문, p.19.

(諸夏)'와 주변 '서방(四方)'의 이계(夷系) 제국(諸國)이라는 지리적 구조가 완성되어, '경사(京師)'의 '중국'이 아닌 '화(華)의 중방(中方)'을 의미하는 '중국'개념이 출현하고 그 상대 개념으로서의 '사이(四夷)' 개념도 아울러 나오게 된다.[167]

'경(京)'은 '중민(衆民)이 거주하는 곳' '사(師)'는 '중(衆)'으로 설명하고 있다. 또 다른 주석에 의하면 경사(京師)는 '중민(衆民)이 거주하는 지역'으로 해석하고 여기에서 '서울'의 뜻으로 사용되기 시작하였다고 설명하고 있다. 그리고 제임스 레그(James Legge) 같은 학자 역시 경사(京師)를 'Capital' 또는 'Center of Kingdom'으로 해석하여 위의 모든 해석에 동조하고 있다.[168]

이러한 중화(中華)에 대한 대립개념이 이적(夷狄)인데, 고대로부터 중국인들이 스스로를 타민족과 구별하여 '중화(中華)'라고 불러왔던 것이다. 거기에는 천하에서 문화가 가장 발달한 중앙의 지역이라는 의식이 근저에 흐르고 있다.[169]

이처럼 전통적인 화이관(華夷觀)은 중국의 지리적 중심과 문명성 그리고 주변의 편향과 야만성을 결정적이고 고정된 것으로 파악하는 경향이 많았다.

> "중국과 사방의 오랑캐를 합쳐서 오방(五方)의 백성들은 모두 그 독특한 성품이 있다. 동방은 이(夷)라고 하는데 머리를 풀어헤치고 문신(文身)하고 화식(火食)을 하지 않는 자들이 있다. 남방은 만(彎)이라고 하는데 이마에 먹물을 새겨 무늬를 새기고 두발의 발가락이 서로 향하게 하며(交趾) 화식을 하지 않는 자들이 있다. 서방은 융(戎)이라고 하는데 머리를 풀어헤치고 가죽옷을 입으며 곡식을 먹지 않는 자들이 있다. 북방은 적(狄)이라고 하는데 모피(毛皮) 혈거(穴居)하며

166 박지훈, 「송대 화이론 연구」, 이화여자대학교 대학원, 1989. p.100.

167 西順藏, 『中國思想論集』, 東京, 筑摩書房. p.338.

168 이춘식, 『中華思想』, 교보문고. p.145.

169 박지훈, 앞의 논문, p.2.

곡식을 먹지 않는 자들이 있다. 중국과 이만융적(夷·蠻·戎·狄)이 모두 편안히 사는 집, 조화된 맛있는 음식, 마땅한 의복, 용품 기구 등이 있다. 오방(五方)의 백성들은 말이 통하지 않고 기호와 욕망이 서로 같지 않다. 그 뜻을 전달하고 그 욕망을 통하려 하는 사람을 필요로 한다. 이 같은 사람을 동방에서는 기(寄)라하고, 남방에서는 상(象)이라 하고, 서방에서는 적제(狄鞮)라 하고 북방에서는 역(譯)이라 한다."[170]

지리적으로도 중국이 세계의 중심이며 중국의 주변국은 야만이라는 생각도 중국 중심의 화이관(華夷觀)이라고 할 수 있을 것이다. 하늘은 위에 있고 땅은 아래에 있는데 천지(天地)의 중앙에 있는 것이 중국이고, 천지의 구석에 있는 것이 사이(四夷)이니 사이(四夷)는 외(外)이고 중국은 내(內)라는 점에서 중(中)이란 지리적 문명적 중심을 뜻하고 있는 것이다.

한 걸음 더 나아가 세상에는 상대적인 것들이 있는데, 예컨대 선악(善·惡)이나 미추(美·醜) 혹은 정사(正·邪)와 같은 이분법적 가치관을 적용해서, 바른 쪽은 중국이고 잘못된 쪽은 주변국이라는 의식을 가지고 있다. "중국에 이적(夷狄)이 있는 것은 마치 낮에는 밤이 있고, 양(陽)에는 음(陰)이 있으며, 군자(君子)가 있으면 소인(小人)이 있는 것과 같다."[171]는 말은 중화사상과 주변국의 사상이 다르다는 의미로 해석할 수 있을 것이다.

"신이 듣기에, 군자는 양이고 소인은 음이니, 음이 양을 범하면 군자의 도가 소멸하며, 중국은 양이고 사예(四裔)는 음이니 음이 양을

170 『禮記』「王制」'中國戎狄五方之民 皆有性也 不可推移 東方曰夷 被髮文身 有不火食者矣 南方曰蠻 雕題交趾有不火食者矣 西方曰戎 被髮衣皮 有不粒食者矣 北方曰狄 衣羽毛冗居 有不粒食者矣 中國蠻夷戎狄 皆有安居和味宜服利用備器 五方之民 言語不通 嗜慾不同 達其志 通其欲 東方曰寄 南方曰象 西方曰戎鞮 北方曰譯'

171 范祖禹, 『唐鑑』 권6. 태종4. p.9. 『文淵閣四庫全書』 1157卷, '中國之有夷狄 如晝之有夜 陽之有陰 君子之有小人也'

> 범하면 중국의 세력이 약해진다 합니다. 그러므로 천하를 잘 다스리는 자는 양으로 하여금 음을 제압하도록 해야 되고 음이 양을 범하게 해서는 안 되는 것입니다."[172]

이처럼 전통적인 화이관(華夷觀)은 중화사상의 우월성과 주변국의 야만성을 인종적으로나 지리적으로나 문화적으로 동등하게 보지 않는 세계관이었다.

그러나 화이관(華夷觀)은 단지 지리적 인종적 개념에 머무는 것이 아니라, 문화적 개념으로 적용되어 유교문화권의 우월성의 논리를 제공하기도 한다. 특히 고정된 가치관을 탈피한 것은 송대(宋代) 성리학의 화이관(華夷觀)의 변화에서 읽을 수 있다. 성리학에서의 문명으로서의 중화(中華)와 야만으로서의 이적(夷狄)의 기준은 무엇인가? 그것은 우선 도덕성을 그 기준으로 삼는다. 중화도 도덕성을 잃으면 야만이 될 수 있으며, 이적(夷狄)도 도덕성을 갖추면 문명이 될 수 있다.

도덕성으로서 가장 강조된 개념은 '예'인데 선진 유가문헌에서 화이(華夷)의 차별은 종족적·혈족적인 성질보다도 오히려 '문화'적 개념을 기준으로 하였다는 점이 지적되고 있다. 그 문화의 내용이 바로 유가가 말하는 '예'라는 것이다.[173]

> "예를 한 번 잃으면 금수(禽獸)가 된다. 성인(聖人)은 사람이 금수(禽獸)가 되는 것을 두려워하였기 때문에 '춘추(春秋)'의 법을 지극히 근엄하게 하였다."[174]

---

172 袁燮, 『絜齋集』 권1. 「輪對陳人君用人箚子」 pp.8－9.'臣聞君子爲陽 小人爲陰足以于陽則君子之道消 中國爲陽四裔爲陰 陰足以于陽則中國之勢弱 是故善爲天下者 當使陽制陰而不當使陰于陽'

173 박지훈, 앞의 논문, p.107.

174 『二程全書』, 「元豊己未呂與叔東見二先生」臺北, 同文社, 影印本, 1975. 권2. 上(二程先生語錄).p.2.

이러한 이정(二程)의 관점은 공자가 지었다고 하는 『춘추』라는 고전적 역사서를 연구에서 나온 것이고, 그러한 역사연구의 성과의 하나로 대의명분·정통·중화사상 등이 크게 중시되었던 것이다.

> "『춘추』는 진실로 천자(天子)의 일이니, 화이(華夷)의 변별에 더욱 근엄하여야 한다. 중국이 중국으로 되는 까닭은 예의 때문이니 이를 한번 잃으면 곧 이적(夷狄)이 되고, 두 번 잃으면 금수(禽獸)가 되어 인류는 멸망한다."[175]

이런 도덕을 기준으로 화이(華夷)를 가늠한다면 반드시 중국주변의 소수민족과 종족 혹은 지리적 원근은 문제로 삼지 않고 오늘날 50개 이상의 소수민족을 포용하고 있는 중국의 정책과도 부합하는 것이며, 대체적으로는 중국우월주의가 아닌 유교문화를 바탕으로 한 다원(多元)주의적 경향이라고 볼 수 있다. 오늘날의 중국정부의 입장에서 보더라도 소수민족을 도덕성을 기준으로 화이(華夷)의 변별을 삼가고 가치다원주의를 지향하고 있음을 알 수 있다.

중국문화의 특징은 불사조와 같은 강인한 생명력에 있다. 5000여년의 긴 세월에 걸쳐 형성된 중국문화는 영광의 순간과 함께 긴 수난의 역사도 반복하였다. 미개·야만의 주변 이민족들로부터 끊임없이 무력적 침입과 약탈을 받아왔고 또 수차 정복당하여 장기간 통치를 받아왔다. 오호 16국 시대, 오대 10국 시대, 요(遙), 금(金), 원(元), 청(淸) 왕조의 길고 긴 이민족의 통치를 받아왔고 분열되어 왔으면서도,[176] 오늘날 50개 이상의 소수민족을 포용하면서 21세기의 주요문명권으로 부상하고 있는 것이다.

그 동안 열심히 서구문명을 흠모하고 배운 일본이나 한국은 경제

175 『胡傳』, 권12. '春秋固天子之事也 而尤謹於華夷之辨 中國之所以爲中國以禮義也 一失則爲夷狄 再失則爲禽獸 人類滅矣'

176 이춘식, 『中華思想』, 교보문고. p.138.

발전에 있어서 동아시아 제국의 견인차 역할을 했다. 경제에 있어서는 일본과 한국을 열심히 배우지만, 중국은 문화적 자존심을 견지하기 때문에 서구문명에 대해 일정한 거리를 둘 것으로 전망한다. 다시 말해서 같은 아시아가 아닌 서양에 대해서는 화이관(華夷觀)을 견지하는 것은 지극히 자연스러운 것이며, 여기에서 '화(華)'는 비단 중국만이 아니라 동아시아문화권을 의미한다고 해야 할 것이며, 이에 대한 타자는 서구문명 혹은 미국문화권은 곧 '양이(洋夷)'의 범주일 수밖에 없는 것이다.

2) 한국의 화이관(華夷觀)

한국은 역사적으로 중국의 문명을 적극적으로 받아들이고, 중국의 화이관(華夷觀)도 적극적으로 수용하였다. 특히 조선조의 성리학적 명분관(名分觀)에서는 더더욱 그러한 가치관을 가지고 한국은 이적(夷狄)이 아닌 문명국으로서의 '화(華)의 축'이었던 것이다.

따라서 중국의 주변국들을 개화되지 않은 이적(夷狄)으로 취급했다. 이러한 사실은 임진왜란이 일어나기 전에 일본을 방문하여 정세를 살피던 학봉(鶴峰) 김성일(金誠一; 1538－1593)의 경우에 분명히 잘 드러난다. 그는 우선 중국을 부모의 나라이며 아버지의 나라로 받드는 것을 의리라고 보았으며 그것은 대의명분으로 간주했다.

> "대명(大明)은 우리 조정에게는 부모의 나라이다. 우리 전하께서 하늘의 공경과 사대(事大)의 정성을 두려워함이 시종일관 일관되었다.....아, 군신(君臣)의 의는 천지의 떳떳한 법이니, 이른바 인륜이다. 사람으로서 이것이 없으면 의관(衣冠)을 하여도 새나 송아지와 같으며, 나라로써 이것이 없으면 중하(中夏)로서도 오랑캐이다. 그래서 대명과 조선 조정은 대의(大義)가 이미 정해져서 하늘과 땅이 자리를 바꿀 수 없는 것과 같으니 어찌 감히 두 마음이 있겠는가."[177]

여기서는 중국이 도덕성을 갖춘 나라이기 때문에 부모의 나라로서 자격을 가졌으며, 중국을 섬기는 것은 당연한 것이라는 주장을 읽을 수 있다. 그러나 일본은 일단은 비록 문명이 발전했다하더라도 본시 이적(夷狄)에 속하는 오랑캐의 나라라는 고정관념을 가지고 있었다.

> "일본으로 말하면 비록 오랑캐이지만 군신상하(君臣上下)의 구별이 있고 빈주(賓主)간에 접대한 예절이 있으며, 성질 또한 영리하여 남의 뜻을 잘 알아보니, 금수로 대접한 것이 아니다. 그러므로 우리조정에서 이웃 나라로 대우했고, 그 사신을 접대하는 예절도 북쪽 오랑캐에게 대접하는 것보다 더 월등했다."[178]

김성일은 이와 같이 문명국인 중국에 대한 사대(事大)를 인륜이며 도덕규범으로 인식하고 있었지만 일본의 경우는 그 반대였다.

그는 일본의 실체와 변화에 대해 민감하게 인식하기보다는, 화이관(華夷觀)을 바탕으로 해서 일본을 이적시(夷狄視)했다. 그는 일본이 조선을 침략하지 않으리라고 판단한 것은 그들이 이적(夷狄)이지만 군신상하의 구분이 있다는 인식을 가지고 있었기 때문에 사대(事大)·교린(交隣)을 인륜으로서의 군신관계로 얽매였기 때문에 일본이 명나라에의 침입 의도를 철회할 것이라고 생각한 것 같다.

이에 대해 혹자는 '그는 유교적 종법질서(宗法秩序)와 다른 신국

---

177 『鶴峰集』 卷5. 「擬答宣慰使平行長」, p.38. '而況 皇明乃我 朝父母之國也 我 殿下畏天之敬 事大之誠 終始不貳 故北望神京 ....豈不知我邦一家於 天朝乎 嗚呼 君臣之義 乃天之經 地之義 所謂民彝也 人而無此 冠裳而禽犢 國而無此 中夏而胡羯也 天朝我 朝 大義已定 猶天地之不可易位也 其敢有二心乎'

178 『鶴峰集』 卷5. 「與許書狀」p.18 '如日本者 雖曰夷狄 有君臣上下之分 有賓主交接之禮 性且伶利 善解人意 非可以禽獸待之 是故 我 朝待之以鄰國 館接之數 有加於北狄'

(神國)사상을 배경으로 동아시아의 패자가 되려고 한 도요토미 히데요시(豊臣秀吉)의 본의를 간파하지 못했던 것이다'.[179]고 하지만, 김성일이 히데요시(秀吉)의 야심을 읽지 못 했던 것보다는 그의 야심을 수용할 명분을 찾지 못했다. 그는 일본의 왕이 아닌 히데요시(秀吉)에게 왕의 예를 갖추는 것에 대해 큰 굴욕으로 생각했던데 주목해야 한다.[180]

특히 16세기 말 남쪽 오랑캐로 여겼던 일본과 17세기 초 북쪽 오랑캐로 인식했던 여진에 의해 40여 년 간격으로 임진왜란과 병자호란을 당하고 나자 조선후기 사회는 바로 이 화이론에 양란 극복의 논리를 도출하기도 했다. 화이론에서 화론(華論)이 중화문화 보존논리인 존주론으로, 이론(夷論)이 오랑캐 배척논리인 북벌론으로 전개되었다.[181]

조선후기의 실학자들은 중국 중심의 화이관(華夷觀)에 대한 종래의 관점에서 탈피한 것은 사실이지만 철저하게 화이관(華夷觀)을 벗어난 것은 아니었다. 예컨대, 실학자 홍대용의 경우 김종후와 화이관에 대해 논의하는 가운데, 명(明)이 멸하여 이적(夷狄)으로 있는 청(淸)이 중국의 땅을 지배하게 된 이후, 중화의 문명의 전통은 조선에 존재한다는 소위 소중화의식(小中華意識)을 받치던 종래의 화이(華夷)사상을 벗어나지만,[182] 그것은 중국문명을 멸시하고 근대를 추구

179 오바타 미치히로(小幡 倫裕), 「학봉 김성일의 日本 使行에 대한 사상적 고찰」『한일관계사연구』 10집, p.74. 참조.

180 『鶴峰集』 卷5. 「與許書狀」 pp.18－23. 日王이 아닌 그의 신하인 關白(豊信秀吉)에게 庭見해야하는 데 대해 고뇌하고 있는 鶴峰의 심정을 표현하고 있음.

181 정옥자, 『조선후기 조선중화사상연구』 1998. 일지사. p.209.

182 山內弘一, 「洪大容の華夷觀について」『朝鮮學報』 第159輯, 平成 8년, 朝鮮學會p. 72. 조성을, 제22회 한국고전연구 심포지엄 「담헌서의 종합적 검토; 홍대용의 역사인식－화이관을 중심으로」『진단학보』 79집, 1995. p.227. 여기서는 홍대용이 청나라를 방문한 뒤, 청나라를 보다 긍정적으로 평가하였다고 봄. 지리적으로 중국이 세계의 중심이 아니며 중앙이라는 것이 상대적인 개념임을 인식

하는 것은 아니다. 이들은 화이(華夷)의 구별, 사람과 이적(夷狄)의 구별, 중화문명의 유무(有無), 유교적인 가치관과 윤리관의 유무(有無)로 말하는 문화적인 측면을 구한다는 점에서 공통적이었다.

홍대용과 편지를 나눈 직재 김종후는 '아 가슴 아프다. 역사 이래로 흥하고 패하는 것이 무상하여 이적(夷狄)들이 중국을 쫓아낸 것이 많았다. 그러나 지금과 같이 오래감이 있지 않았다. 중국의 성현의 후예들로 하여금 편안히 익히도록 하게 이르러 화이(華夷)의 구별을 못한 것이니, 이는 지사(志士)와 인인(仁人)이 더욱 분통터지게 하는 까닭이다.'[183]라고 말하자 홍대용은 그의 말에 대해 공감하고 '오랑캐의 오랑캐 되는 까닭은 무엇인가? 어찌 예의가 없고 충효(忠孝)가 없는 것이 아니겠는가. 성품이 살벌(殺伐)을 좋아하고 행동하는 것이 금수(禽獸)와 유사한 것이다. 이는 아버지의 자식임을 거부하고 임금의 신하임을 거부하는 것이다.'[184]라고 하면서 청(淸)을 지적하지는 않았지만 청(淸)을 이적시(夷狄視)하는 내용을 쉽게 찾을 수 있다.

> '아! 중국은 천하의 큰집이며 중국인은 천하의 큰집사람들이다. 이제 황제는 위세를 잃고 시운이 어그러져서 삼대의 유민과 성현의 후예들로 하여금 머리 깎고 변발을 하게 하여 만주의 오랑캐들과 같게 하니 지금세상의 뜻있는 선비들이 비탄(悲歎)하는 근심이다.'[185]

했음을 지적하지만, 결론적으로 중국중심의 화이관의 큰 틀을 벗어나는 것은 아님.

183 『湛軒書』「內集」卷3. p.11.「直齋答書」'嗟呼痛矣 宇宙以來 廢興無常 而夷狄之攘中國 亦多有矣 然未有若今時之久 至使中國聖賢之遺裔 亦熟習安恬 不復知有華夷之辨者 此志士仁人所以愈益憤痛'

184 『湛軒書』「內集」卷3. p.14.「又答直齋書」'且夷狄之所以夷狄者 亦何哉 豈非以無禮義無忠孝 性好殺伐而行類禽獸哉 彼拒父之子 逐君之臣'라고 한다.

185 『湛軒書』「內集」卷3. p.15.「又答直齋書」'嗚呼 中國者 天下之宗國 華人者天下之宗人也 今上帝疾威 時運乖舛 使三代遺民 聖賢後裔 剃頭辮髮 同歸於滿㺚 則當世志士悲歎之秋'

서구와 일본의 제국주의의 세력 앞에서 한국은 존화론이 강조되었다. 여기서 화론(華論)에서 중화를 존중하는 논리라면 척사론은 이론(夷論)에서 말하는 이적에 대한 배척 논리에 근거하고 있다. 따라서 화이론은 '존중화(尊中華)'의 논리가 위정론(衛正論)으로 전환되었다면 '양이적(攘夷狄)'의 논리는 척사론(斥邪論)으로 진전되었다.[186]

조선이 바로 중화(中華)라는 조선중화의식으로 정신 무장하였던 이들에게 있어서 그 문화자존 의식은 쉽사리 서구문명권의 변방으로 전락할 수 없다는 자존심과 정신적 지주로 작용하였던 것이다.[187]

근대를 맞이하여 서세동점(西勢東漸)의 현상에 대해 일본은 서양을 적극적으로 수용했지만, 중국과 조선이 탄력적으로 대응하지 못하고 종래의 화이관(華夷觀)에서 정체되고 있었는데, 당시 조선의 지식인들 "결국 서쪽 오랑캐들도 만주족처럼 중화의 문물에 감동받아 우리 세계의 일부분이 될 것"이라는 낙관적인 '이적관(夷狄觀)'을 가지고 있었던 것이다.[188]

이처럼 한국에서의 화이관(華夷觀)은 단순한 지리적 개념으로서가 아니라 문화적 개념으로서 한국인들에게 자리 잡았으며 그것은 서구열강과 일본의 제국주의세력 앞에서도 한국인들의 저항의식을 불러일으킨 문화적 자존심의 근간이 되었다.

186 정옥자, 앞의 책, 1998. 일지사. p.237.
187 정옥자, 앞의 책, 1998. 일지사. p.275.
188 박노자, 『당신들의 대한민국』, 한겨레. p.274.

3. 화이관(華夷觀)에서 본 한류(韓流)

1) 화(華)로서의 '한류(韓流)'

중국에서 한류가 형성될 수 있었던 것은 역사적으로 중화문화의 배경 하에 생활방식, 가치 관념이 서로 통하는 성격을 갖고 있기 때문이다. 중국은 공산주의와 권위주의적 문화로 인해서 또한 서구사회와의 오랜 냉전의 여파로 서구로부터 대중문화를 직접 받아들일 방법이 없었으나, 한국의 대중문화는 서구문화의 융합을 거쳐 아시아적 취향에 맞게 개조한 것으로서 중국에 비교적 쉽게 받아들여질 수 있었다. 특히 TV드라마에 베인 가족적 가치관이 중국의 시청자들에게 공감을 주었다.

이는 중국인들은 한국의 기층문화가 유교문화권으로 중국문화와의 유사성을 들면서 생활양식과 가치관에 유사점이 많다는 점과 TV드라마 속에 등장하는 스타들이 친근한 외모 등이 인기를 끌고 있는 것이다.

"TV드라마의 경우, 서양의 선정적이고 폭력적이며 반윤리적인 내용보다 한국 드라마의 경우 비교적 가정적이고 윤리적인 면이 강한 것이 중국인들이 바라고 있는 그 무엇과 부합하고 있다"[189]

이것은 또한 중국뿐만 아니라 대만과 홍콩 그리고 베트남에 이르는 유교문화권의 문화적 유사성, 즉 생활양식과 가치관과 TV 드라마 속에 등장하는 스타들의 인종적 친근성이 한류의 매력임을 말해준다. 베트남의 경우도 베트남 사회가 한국과 동일한 문화적 특성을 가지고 있어, 공감하는 부분이 많다고 한다.

---

189 임진모, 「'한류경제학'이 가동되어야 할 시점」, 『문화예술』 p.36.

“베트남인들은 가정 내 가족들 간의 관계, 자녀교육방식, 연인들 간의 삼각연애관계 등을 다룬 내용에 동일한 정감을 갖는다. 특히 가족 드라마의 경우, 가풍중시, 경노효친(敬老孝親), 장유유서 등의 전통을 통해 가족들 간의 정을 진하게 느낄 수 있다는 점은 베트남인들에게도 공감을 일으킨다. 예를 들면, 문화방송 제작 ‘아들과 딸’은 1970년대 한국의 농촌을 배경으로 한 것이어서, 배경설정에서 현재의 베트남 농촌 풍경과 유사한 부분이 많았고, 이 드라마 가운데 남아선호사상, 고부관계, 시누이－며느리 관계 등 유교 문화적 요소들이 베트남 문화와 유사성을 나타내 양국 간 문화적 공감을 갖게 하여, 장년층에게도 인기를 얻었다. 또한 최근에 방영된 문화방송 제작 ‘보고 또 보고’도 가족 간의 갈등과 화해를 담고 있어 젊은 층뿐 아니라 전 연령층에 공감을 갖게 하였다. 그러면서도, 자립적인 생활, 유교적인 굴레로부터 벗어나려는 행동 등에 나타나는 바와 같이, 한국문화가 유교적 유산을 가지고 있으면서 동시에 이를 변용(變容)해 가는 특징을 나타냄으로써, 급속한 변화를 겪고 있는 베트남 사회에 전통과 현대가 잘 결합된 모형을 제시해 주고 있다는 점에서 한국 드라마는 주목을 끈다.”[190]

‘아시아적 가치’는 일본을 비롯한 동아시아 제국의 공통적 특성이 유교문화권이라는 데서 제기된 것이었는데, 이에 대한 평가는 아직도 논쟁중인 것이지만, 대체적으로는 서구의 인권이나 정의와 다른 아시아적 가족주의적 국가경영 시스템을 이야기하는 것이다.

이것은 다시 말해서 아시아의 권위주의적 정치체제가 야만이 아닌 문명으로서의 가치를 가지고 있다는 새로운 화이관(華夷觀)의 패러다임이라고 할 수 있다. 이제까지는 서구적 자유민주주의가 문명이고 그에 반하는 동아시아의 유교적 권위주의는 ‘야만’으로 인식했지만, 경제적 성장을 이룬 아시아에서는 더 이상 이런 서구중심의 문명관(文明觀)에 동의할 수 없음을 말하는 것이다.

한국은 전통적으로 뿌리 깊은 유교적 가족주의 전통을 가지고 있

190 이한우, 앞의 논문, p.102.

으며, 한국의 드라마는 한국은 물론 유사한 구조를 가진 동아시아사회에 공감을 불러일으키고 있다는 것에 유의해야 할 것이다. 한국의 대중문화는 일제강점기에 일본의 대중문화와 1950년대 이후 중화문화권을 탈피해서 서구문화로서의 미국대중문화의 강력한 영향 하에서 발전했다. 거의 무방비상태에서 수용된 일본문화와 미국문화를 극복하고 뿌리를 내린 것이, 역으로 동아시아의 대중들에게 매력적인 콘텐츠로 호소력을 가지고 있는 것이다.

이미 서구와 일본문화를 받아들인 대만이나 홍콩의 경우는 그 대중문화에 식상해 있는 시점에서 한국 대중문화가 신선한 충격을 줄 수 있었고, TV드라마 내용이 서양의 선정적 폭력적 반윤리적인 면보다도 상대적으로 가정적이고 윤리적인 점을 들 수 있을 것이다.

이는 한국의 대중문화와 서구적 자유와 평등의 가치를 가진 것이 아니라, 동아시아적 유교의 윤리가 들어있는 것으로 아시아적 가치와 문화를 배경으로 하고 있으며, 이러한 점은 서구의 선정적이고 상품화된 인간의 '이적(夷狄)'의 야만성을 극복한 새로운 중화문명의 리더로 부각한 것으로 해석할 수 있을 것이다. 한국에서 의도했던 하지 않았던 중화문화권에서는 그들과 정서적으로 조화되어 화(華)로 수용될 수 있었다.

2) 이(夷)로서의 미국문화를 극복한 한류(韓流)

한국의 대중문화는 일본과 미국의 영향 속에서 성장한 것이다. 일제강점기에 한국영화와 대중음악이 선을 보이게 되었고, 한국 전쟁 후 물밀 듯이 들어온 미국의 대중문화에 대해서 한국인들은 거의 무비판적으로 수용하였고, 과거의 화이관적(華夷觀的) 패러다임을 그대로 미국에 적용하여 사대(事大)의 대상인 화(華)로서 미국문화를 대접했다고 해도 과언이 아닐 것이다. 물론 해방 후 일본의 대중문화는 제한을 하였지만 한국의 TV나 가요가 일본대중문화를 복사한다는 소문은 심심치 않게 지적되어 왔으며 만화영화 등 애니메이션의 경우는 일본에서 제작된 것이면서도 일본문화를 인식하지 못한 상황이었다.

오늘날에도 여전히 전 세계의 영화, TV, 비디오 산업에서 미국의 장악력은 미국이 항공 산업 분야를 지배하는 수준을 뛰어넘는다. 한국의 경우는 미국적 문화제국주의를 흔쾌히 받아들였지만 그러한 가운데 영화계 등에서 쉬임없이 자국 문화의 건강한 생존을 위한 치열한 노력이 있었다. 말하자면 미국과 일본의 거대한 시장 메커니즘 속에서 용케 한류는 생존을 모색했으며 나름대로의 영역을 확보할 수 있는 경쟁력을 키운 셈이다.

이처럼 적극적으로 미국문화나 일본문화를 음으로 양으로 수용하여 경쟁력을 키워온 한국대중문화는 다른 아시아문화에 대해서는 거의 무관심했다고 해도 과언이 아닐 것이다. 그런 점에서 보자면 오히려 한자문화권을 화(華)가 아닌 이(夷)의 개념으로 무시했다고도 볼 수 있는 것이다. 더욱이 과거 냉전시대의 공산권이었던 곳에는 분명한 이(夷)의 개념이 적용되었다.

이것은 한국인들로서는 인식하지 못하지만 한국의 문화를 깊이 이해하는 이방인의 눈에는 이런 화이관(華夷觀)이 일종의 아시아를 멸시하고 백인을 추종하는 사대주의로 변질되어 나타난 것으로 파악하기도 한다.

> "1950년대의 반식민지 남한의 엘리트는 원망스러우면서도 두려운 '백인'들에게 상당한 열등감을 느끼기 시작했다. 할리우드의 '백인' 배우들이 한국 남녀의 육체미 기준이 돼버린 것은 바로 그때가 아닌가 싶다. . . .본국보다 '선진'으로 생각되는 사회에 대한 흠모나 선망이야 어디까지나 전근대 한국 사회의 '중국 컴플랙스'이던 소위 '모화사상'의 패러다임을 크게 벗어나지 않는다."[191]

한국에서의 화이관(華夷觀)의 다시 말해서 모화사상의 패러다임은 그대로 남아있는 셈이다. 문명국으로서의 백인종, 비문명국으로서의 유색인종의 인종주의적 편견도 고스란히 한국인의 의식을 사로잡고 있으며 그런 의식 속에서 '한류(韓流)'는 형성되었다는 것은 부정할 수 없다. 말하자면 한국은 미국의 대중문화를 이(夷)가 아닌 화(華)의 개념으로 수용했다.

알고 보면, 1950년대부터 1960년대 전반기까지, 한국에는 미국의 대중문화가 무비판적으로 수용되고 선호되었다. 중국문화권이 중국은 오히려 한국에게는 이적(夷狄)이 되어 '중공 오랑캐'로 취급받았으며, 일본의 대중문화는 왜색문화라고 하여 이적시(夷狄視)되어 철저히 발을 붙일 수 없게 되었다. 그런데 이 미국의 대중문화는 선망의 대상이 되고, 우리영화보다는 미국의 할리우드영화가 우리 음악보다는 미국의 팝송이 한국의 대중문화의 모델이 되면서, 한국은 중화문화권을 탈피하여 서구문화권으로 편입된 것이다. 이런 과정 속에서 한국은 근대화 산업화에 성공했고 동시에 자본주의 사회가 앓고 있는 병리현상도 함께 가지게 되었다.

그러한 자본주의 문화 중 하나가 물질만능의 소비주의일 것이다. 이런 소비주의는 인간과 인간의 관계도 치열한 경쟁관계로 몰아넣고 인간을 상품화하는 지경에 이르고 있다.

박정희 시대의 "잘살아 보세"라는 구호는 물질적 경제적 부유를 의미했으며 베트남에 참전한 한국군 병사들은 동아시아의 한자문화권에 속하는 월맹군과 베트콩을 '이적(夷狄)'으로 타도의 대상으로 삼았고, 비 중화권인 미국을 '중화(中華)'와 같은 개념으로 생각했다.

한국과는 달리 중국은 그런 점에서 한국을 미국문화의 아류(亞流)로 간주했을 것이며, 그 한류(韓流)의 본류라고 할 수 있는 미국문화

191 박노자, 『당신들의 대한민국』, 한겨레. p.295.

는 더더욱 수용할 수 없었을 것이다. 그들에게는 한국과는 달리 미국의 대중문화는 이(夷)이며 그를 한국적으로 변용한 한류는 화(華)에 해당하는 것이라고 할 수 있다.

러시아를 위시한 과거 공산권의 개혁개방은 서구문화에 대한 개방을 피할 수 없도록 한 것이다. 그렇다고 중국이 21세기 문명의 중심국으로 부흥할 그들의 라이벌인 미국문화의 문화제국주의를 경계하지 않으면 안 되기 때문에 화(華)로서의 중국문명을 수호하고 이(夷)로서의 미국문명을 극복해야 한다는 난제 앞에 있는 상황이다.

중국인의 전통적인 이(異)문화에 대한 통치방식은 '오랑캐의 장점을 배워 오랑캐를 제어하는 것'(夷之長以制夷)이었다. 또한 서양문화 수용도 "중국을 바탕으로 하고, 서양학술을 도구로 삼는 중체서용(中體西用)의 정신이다. 아직은 세련되지 못한 중국의 대중문화로는 미국문화를 극복하기 어렵고 내키지는 않지만 그들에게는 중화문화권이라고 할 수 있는 한국이나 일본의 대중문화를 통해 미국문화를 제어할 필요를 느낀 것이다.

한류 곧 한국의 대중문화는 같은 동양의 유교 사상적 배경을 갖고 있으면서도 미국적 색깔을 지니고 있다. 한국의 대중문화는 자본주의적 경쟁으로 단련된 미국식 대중문화이면서, 동시에 동양적 정서를 가진 동서양 융합의 성격을 가지고 있다.

중화사상의 패러다임을 가지고 있는 중국은 한국이나 일본과 달리, 영어문화권에 대해서 결코 열등의식을 갖지 않는다. 그들은 다른 동아시아 국가들이 영어를 그대로 음역하는 것과는 달리 서구에서 들어온 최첨단 기술에 대해서도 중국어로 표현한다. 예컨대 컴퓨터를 '전뇌(電腦)' 텔레비전을 '전시(電視)' 또는 인터넷을 '강망(綱網)'이라고 하는 것도 대국적 사고방식의 일단이라고 볼 수 있을 것이다.

실용주의의 노선에 따라 중국은 자본주의적 경쟁을 받아들이기는 했지만, 철저한 자본주의사회는 아니다. 그들은 어쩔 수 없이 개혁개방을 통해 자본주의적 요소를 받아들이지만 미국문화에 대한 경계를 늦추지 않는다. 더구나 선정적이고 상업적인 미국의 대중문화에 대해서는 일정한 통제를 한다는 것을 짐작할 수 있다. 대중과 청소년들의 기호는 자유분방하고 흥미로운 자본주의이 대중문화로 이끌릴 것은 말할 나위조차 없을 것이다. 그러나 공산주의적 관점에서 보면 그것은 통제불능의 상업주의 혹은 퇴폐풍조로 가게 하는 양이(洋夷)의 문명인 것이다. 그에 대한 대안이 미국문화의 압도적인 영향 하에서 생존한 한류인 것이다. 곧 그들에게 있어서는 미국이나 일본의 대중문화는 양이(洋夷)의 야만문명이고 한류(韓流)는 중화(中華)의 문명적 배경을 가지면서도 미국이나 일본이 가진 흥미 있는 대중문화라고 할 것이다.

한류는 미국의 자본주의적 상업주의와 치열한 미국식 시스템에 의해 성장하고, 일본대중문화의 복사도 마다하지 않을 만큼 일본의 영향도 받으면서 성장한 것은 사실이지만, 더 이상 미국대중문화나 일본대중문화의 종속에 머물지 않았다. 이러한 변화는 박정희 정권이 무너진 1980년대 이후부터 불어 닥친 강력한 민주화운동으로 미국에 대한 인식이 바뀌지기 시작했으며, 1988년 서울올림픽 등을 성공적으로 치러 내면서 한국의 문화적 자존심은 과거의 열등의식을 떨칠 수 있게 된 하나의 계기가 되었다. 결국 '한류'의 근원도 경제적 풍요와 더불어 정치적 민주화 그리고 한국 문화의 정체성을 찾으려는 시민적 운동과도 궤를 같이 하는 것이다.

민족적 주체성과 민주화의 고난을 감내한 '한류'는 더 이상 미국문화의 복제품이 아니라, 그를 극복한 고품질의 문화상품인 것이며, 이러한 콘텐츠가 미국문화를 견제하는 동아시아의 대중들에게 호소력을 가진 것은 당연하다고 할 것이다.

"한류는 단순한 거품이 아니라, 제공자인 한국이나 수용자인 이웃나라에서 공히 동시대를 대표하는 하나의 문화임이 분명하다. 우리시대의 인재들이 부단한 노력과 모색 끝에 창의적으로 생산해낸 대중문화인 것이다. 초현대적 기술 집약, 최첨단적 매체집약, 신선한 감각집약, 평균적 삶의 내용집약, 가격 및 장소상의 구매편의의 집약 등을 동시에 관철한 대중문화라고 할 수 있다."[192]

한국의 젊은이들이 월드컵 경기 때 유럽의 강호들을 이기는 한국 축구팀을 응원하면서 "아시아의 자랑"라고 외치면서 열광했다. '한류'는 사실 미국문화가 아니라 그와 같은 '아시아의 자랑'이라고 하는 그런 자부심이 깔려있다.

그러므로 '한류'는 문화의 뿌리가 없는 구미(歐美)문화의 복사판에 안주하지 않고 미국과 서구 그리고 일본을 넘어서서 그 스스로의 독특한 내용을 형성한 대중문화인 것이다. 중국을 비롯한 중화문화권이 '한류'를 수용하는 것은 오히려 구미(歐美)문화의 경계심에서 온 대안의 하나로 수용할 수 있는 근거는 바로 이러한 서구문화를 극복한 점에 있음은 물론이다.

결 론

한류(韓流)란 중국을 비롯한 한자문화권에서 일어나고 있는 한국 대중문화현상을 일컫는 말이다. 한국의 경제적 성장과 궤를 같이하는 이러한 문화현상은 과거에 볼 수 없었던 일로 주목을 받고 있다.

한자문화권인 동아시아 사회는 전통적으로 중국 중심의 가치관을 있었으나, 서양의 등장과 일본의 성장으로 그런 세계관은 무너졌다.

192 서영호, 「한류 · 한국붐의 의의와 아시아 시대의 우리문화」, 『문화예술』, p.13.

특히 한국의 경우는 일제강점기와 한국전쟁이후 미국대중문화의 커다란 영향 하에 한류(韓流)가 형성된 것이다. 말하자면 새로운 미국중심의 세계에 적응하면서 발전된 한국의 대중문화인 것이다.

그러나 전통적인 문화의식으로서의 화이관(華夷觀)에서 볼 때는 기본적인 패러다임이 한류 속에 함축되어 있다. 중국을 문명의 선진국인 화(華)로 보고 그 밖의 주변국을 야만상태인 이(夷)로 보았던 것처럼, 한류는 일제강점기과 남북분단 상황 하에서 미국을 문명의 선진국인 화(華)로 보고 그 밖의 주변국 특히 동아시아문화까지도 야만 상태인 이(夷)로 보면서 급속히 경제발전을 이루었고 그 부산물로 대중문화인 한류는 형성되었다.

그런데 이러한 서구화와 탈 아시아적 현상은 1980년대 이후 치열한 민주화를 거치면서 다시 수정되어 왔다. 곧, 미국중심의 사대주의적 소국의식의 패러다임이 깨지면서 동시에 한국 내에서의 치열한 자본주의적 상품으로서의 대중문화가 뿌리를 내릴 수 있었고, 한류는 탈 미국화의 길을 걷고 독특한 한국적 대중문화로 정착할 수 있게 되면서 한류가 형성된 것이다.

이러한 한류는 전통적인 한자문화권의 대중들에게 공감을 불러일으켰으며, 미국문화에 일정한 거부감을 갖는 중국을 비롯한 동아시아 대중들에게 열풍을 일으킨 것으로 본다. 물론 대중문화의 속성상 한류는 어디까지나 대중의 기호를 따르는 상품의 성격을 갖기 때문에 유동적이라는 한 한계를 가지고 있지만, 동서 문화를 융합한 한국 대중문화의 높은 경쟁력을 보여주고 있다.

한류는 분명 백인 우월주의적 서구문화에 대한 동경과 모방의 산물이기는 하지만, 1980년대 이후 거기에 머물지 않고 한국특유의 문화적 콘텐츠를 발전시킴으로써 절묘한 조화를 이루었다. 비록 한국의 대중문화가 미국을 비롯한 서구문화를 화(華)로 보고, 아시아적 문화를 이(夷)로서 무시하면서 성장했던 것이지만, 중화문화권에서는 이러한 한류를 화(華)로 수용하고 미국을 비롯한 서구문화를 '양이(洋夷)'로 견제하고 있다.

일본의 아스카문화와 백제

한일 고대사를 연구하고 있는 동경대학교 하니하라 가주로 교수는 '한반도를 경유한 아시아대륙인'이라는 그의 저서를 통해 '인류학적 시각에서 고찰해보면 한반도를 통해 일본으로 건너온 이주족들과 일본 원주족의 비율은 대략 85%대 15% 정도라고 주장하고 또 이주족들은 나라시대까지도 한복을 입고 한국음식을 먹었으며 심지어는 한국말까지 사용했는데 고사기나 일본서기, 만엽집 등에 아직 조작되지 않은 부분은 한국어의 한국식 한자용어가 남아있다' 고 주장하여 황국사관에 추종하는 학자들의 입을 다물게 했었다.

충분히 그러했다고 생각되면서도 우리는 일본고대문화와 한반도의 관계를 객관적 자료없이 논할 성질은 아니다. 객관적으로 승인하고 있는 역사적 사료를 통해 고대일본과 백제문화와의 관계를 조명해 보자.

1. 왕인과 한자

서기 404년에는 아직기가 오오진(應神) 태자의 스승이 되었으며 1년 후인 405년에는 아직기가 왕인을 천황에게 천거하여 그들에게 글자를 가르쳐 결국 아스카문화를 꽃피웠던 것이다. 오사카에서 교토로 가는 중간지점인 히라카타에는 왕인공원이 있고, 그 뒤에는 왕인박사의 묘가 있다. 일본에서는 왕인을 와니라고 부르며 고사기와 일본서기에도 그렇게 표기되어 있는데 일본 문화의 시조로 숭앙받고 있다.

왕인 박사묘 근처에 있는 백제사적 공원은 백제 무령왕의 자손인 다카노 니이카사의 일본의 제 50대 칸무 천황의 생모라고 그곳에서 발간된 안내책자에 나와 있다. 허허 벌판이 된 채 백제사지라는 푯말만 서 있는 이 터에는 1970년대에 이 지방 유지들의 헌금으로 백제왕신사라는 훌륭한 신사를 건립했다.

고대 일본 땅의 야마토 조정은 아직기 선생과 뒤이은 왕인 박사에 의해서 왕실의 각종 관공문서가 기록되기 시작했고, 왕실에는 전적 등 글을 가르치게 된 것이다. 하지만 왕인 등에 관한 한국의 사료는 없다. 오늘날의 전남 영암 등의 왕인사적은『일본사기』나『고사기』그리고 구전설화를 통해 사적지를 만든 것이다.

2. 아스카(飛鳥)문화와 백제

우리나라의 문화가 본격적으로 전해져서 일본 문화의 꽃을 피운 시대가 '아스카 시대'이다. 이 시대란 야마토의 도읍이 나라분지의 아스카 지방에 있었던 시기이다. 보통 추고 천황이 즉위한 서기 592년부터 645년까지를 말한다. 그리고 이 시대의 문화를 일컬어 일본 최초의 '아스카 문화'라고 부른다. 그러니까 성덕 태자가 섭정하던 시대가 중심이 된다고 본다.

더 쉽게 말해서 일본이 고대 한국의 문화를 본격적으로 받아들여서 가장 많이 배운 것이 바로 아스카 문화이다. 나라의 아스카 지역에서 법흥사라는 일본 최초의 큰 절을 지은 것은 서기 596년의 일이다. 법흥사의 통칭은 아스카사이다. 그 당시 일본은 백제에서 사원 건축 기술자들을 모셔갔다. 그것이 서기 588년의 일이다. 법흥사를 착공한지 5년 만에 사리탑이 세워질 때 일본 왕실의 장관들이며 고관대작들 모두가 백제 옷을 입고 봉안식을 도열했다는 사실이 일본의 고대 역사책인 『부상략기』에 기록되어 있다.

아스카사의 본존 대불이 '아스카대불'로서 이름난 큰 불상이다. 이 불상을 만든 사람은 백제인 사마달 등의 손자 지리불사이다. 절의 공사는 백제에서 초청해 온 기술자의 지도 아래 행해졌다. 아스카사 창건 당시의 기와에 찍혀 있는 문양은 백제의 부여 땅에서 발견된 기와 똑같이 닮아 있었다. 또한 절의 동남쪽 언덕비탈에 매몰된 기와를 굽던 기와가마터 역 부여에서 발견된 기와가마터와 똑같은 구조이다.

이 아스카사 옆에 당시의 권세가였던 소아마자의 탑이 있다. 그는 외척으로서, 천황가의 내부에 강한 발언권을 확보하고 또한 수구파인 대련 모노베 씨를 쓰러뜨린 사람이다. 소아마자를 통해 비공인 상태였던 불교를 받아들이는 입장을 획득한 것이다.

아스카문화의 중심을 이룬 것은 사천왕사·법흥사·봉강사(광륭사)·반구사(법륭사)·원흥사·금강사와 많은 문화유산들이다. 특히 아스카문화의 정화의 극치인 회화는 백제뿐만 아니라 고구려인의 문화가 어려 있는 유산들이다. 추고조가 불상의 조영에 착수하자 고구려 영양왕이 황금 300냥을 보냈다. 영양왕은 또한 아스카문화의 건설을 미술 방면에서 돕기 위하여 후세에 그 이름을 빛낸 고승 담징을 보냈다.

일본이 세계에 자랑하는 백제 관음상과 광륭사의 미륵상은 조각예술의 원숙함을 엿볼 수 있게 한다. 백제의 아좌태자가 그린 성덕태자 상은 일본 최초의 우수한 초상화로 유명하며, 고구려 승 담징이 그린 법륭사 금당벽화와 약사상·석가삼존상은 한국 경주 석굴암의 불상 및 중국 운강의 석상과 함께 동양 3대 예술품의 하나로서 세계에 알려져 있다.

3. 칠지도의 내용

현재 일본의 국보로 되어 있는 이소노가미신궁의 백제의 칠지도는, 백제왕이 왜왕에게 하사한 칼로서 유명하다. 이 칠지도는 역사상 백제만이 가진 주술적인 무기이다. 이 칼은 일본 학자들이 해석하는 것처럼 백제왕이 왜국왕에게 바친 것이 아니라, 백제왕이 그 번국의 왜왕 지(旨)에게 하사한 것이다.

칠지도에 새겨진 내용은 다음과 같다.

> "태화 4년 ..월 16일 병오, 백련검 칠지도를 만들었다. 마땅히 각 후·왕·군과 장군에게 공급하여야 할 것이다. . . .선세이래로 이러한 칼은 없었다. 백제국에 경사가 있었으므로 왜 旨를 위하여 이를 만들었다. 후세에 영원토록 이를 전하라"

조공이란 일종의 무역인데 큰 나라에서는 큰집 형님이 동생들에게 선물을 하듯 물질적으로는 손해를 보는 입장이었다. 바친 자니까 약자가 아니라 그 반대의 입장이었던 것으로 볼 수 있다.

4. 다카마쓰(高松)의 고분

아스카촌에 있는 다카마쓰총 고분은 지금은 대나무 숲으로 우거져 있지만 1973년 발견 당시만 해도 늙은 소나무 한그루가 높이 서 있어 다카마쓰(高松), 즉 다카마쓰총이라 부르게 되었다. 이 고분의 석실 벽에는 중국과 한국에서 옛 부터 임금을 상징해온 사신도(四神圖)인 청룡(동쪽 벽), 백호(서쪽 벽), 현무(북쪽 벽)가 각각 그려져 있다. 그런데 남쪽 벽의 주작도는 도굴 당할 때 훼손되어 없어지고 말았다.

동서 양쪽 벽 청룡, 백호의 윗 쪽에는 금박과 은박으로 해와 달의 모습을 담은 일상(日像)과 월상(月像)이 그려져 있고 좌우 양쪽 벽에는 네 사람씩의 여자군상과 남자군상이 각각 그려져 있다. 그리고 천정에는 북두칠성 등 20개의 별자리를 그린 성좌도가 그려져 있으며 도굴 때 훼손된 남쪽 벽의 주작도를 제외하고 모두 아홉 점의 그림과 한 점의 성좌도가 그려져 있는 셈이다.

고구려 고분의 벽화에는 피장자가 왕인 경우와 단순히 지배계층인 경우 두 가지가 있다. 왕의 벽화에는 천정에 성좌도가 있으며, 사방 벽에 청룡. 백호. 주작. 현무 등의 사신도가 그려진다.

이 고분은 곽의 크기가 1.03미터 길이가 2.65미터, 높이가 1.14미터에 불과하여 한국 내에 있는 고구려의 횡혈식 석실 고분과는 비교가 되지 않을 정도로 작은 것이다. 이 고분의 벽화는 5−6세기경의 고구려 화법이라는 것이 학계의 일치된 견해이다.

5. 정창원의 보물관리

나라의 동대사에 있는 정창원의 보물들 중에는 신라, 백제, 고구려 등 헤아릴 수 없이 많은 고대 한국 보물이 들어 있다. 백제 악기로서 유명한 백제금인 공후며, 신라금이라고 부르는 가야금, 그리고 고구려 피리인 횡적 등등, 그 옛날 우리 한국 3국시대의 귀중한 악기들이 보존되고 있다. 그리고 고구려 가면무에 썼던 탈이 171점이나 있다.

그러나 정창원 그 외관 관람도 일반 공개는 제한되어서 1년에 2번뿐이다. 지금까지 1천 2백여 년간, 한 번도 화재를 만나지 않은 귀중한 목조건축인 만큼, 화재나 파손을 극히 경계하는 것이 비공개의 이유다.

사실 고구려 승려 담징이 그린 금당벽화는 세계적으로도 진귀한 보물로 인정받고 있었는데, 1300여 년 동안이나 아무 탈 없이 잘 보존되어 온 벽화가 1949년 1월 내부공사를 하던 중 전공의 어처구니없는 실수로 전기합선을 일으켜 화재를 당해 거의 다 타 버렸던 것을 생각한다면 이해가 되는 조치이기도 하다.

나라박물관에서의 정기적인 정창원전에는 대체로 80점 정도의 보물이 전시된다. 그래서 정창원의 보물을 모두 전시해서 끝내는 데는 100년으로는 부족하다. 이들 보물 모두가 8세기 이후 오늘에까지 전해지고 있는 전세품이기에 그 존귀함을 새삼스럽게 재인식할 필요가 있다.

돈황의 석굴의 가치를 모르고 외국인들에게 헐값에 내준 중국과 비교할 때 오랜 문화유산을 지극정성으로 보호하는 일본의 분위기는 큰 차이가 느껴진다.

6. 일본문화정책에 대한 소감

현대 아스카문화유산이 밀집되어 있는 아스카촌은 일본에 널리 알려진 명소이며, 관광지가 되었다. 일본 최초의 절이라고 할 수 있는 아스카사에서는 백제를 통해 최초로 기와를 제작하는 기법을 배웠으며 백제 도래인들의 도움으로 아스카문화가 이루어졌다는 것을 밝히고 있다.

오사카시립박물관등에서도 고대문화를 왜곡 없이 발굴하고 한반도와의 문화적 접촉에 대해 적극적으로 연구하고자 한다. 특히 오오사카부의 히라카타 시에서는 엄청난 예산을 투입하여 백제관련 연구를 진행하고 있다. 그 시에서 벌리는 백제관련 문화강좌는 1회에 1000명 정도를 수용하며 각 대학의 전문교수들을 통해 다각적으로 고대 히라카타에서의 백제문화 등을 심층적으로 연구하고 시민들에게 홍보한다. 아마도 이것은 일본문화정책을 국제화하려는 그런 큰 프로젝트의 일환으로 보인다.

히라카타시를 방문하여 자료협조를 요청할 때 그곳의 공무원들은 매우 정중하고 친절하게 그들의 정보를 제공했고, 지금까지도 서로 백제관련 자료를 교환하고 있다.

교토의 광륭사에 있는 일본의 국보 제1호 미륵반가사유상은 한반도에서 건너간 적송으로 제작되었으며 그 기법은 삼국시대의 조형으로 여겨진다. 그러나 더욱 구체적인 자료가 없는 한 그들은 한국산이라고는 하지 않는다.

법륭사의 백제관음도 분명히 백제관음이라고 표기하고 있으면서도 한국에서 제작된 것이 아니라 백제인이 일본에서 제작한 것이기 때문에 한국의 문화재로 보지 않는다. 비록 한반도로부터 문화를 수입한 것이라 할지라도 자신들이 지키고 가꾼 일본의 문화라는 논리다.

히라카타에는 백제사적공원이 있다. 여기는 본래 초등학교가 있었던 자리인데, 거기서 문화재들이 발굴되자 학교를 옮겼다. 익산의 미륵사지와 유사한 백제 식 옛 절터의 공간을 그들은 큰 가치를 부여하고 있다.

거기에는 과거 피식민지였던 조선이라는 사실은 의식하지 않고, 고대 한반도와의 문화적 교류를 했던 그런 역사적 사실을 간직하려는 배려가 보였다.

일본인들은 동양문화 곧 실크로드의 종착점이 그들의 나라라고 자부한다. 백제에서 수입하여 깨진 기왓장 하나가 그들에게는 귀중한 보배이기도 하려니와, 동서양의 훌륭한 문화를 갈고 닦아 세계문화를 이룬 일등국이 되었다는 그들의 자신감의 표현일 것이다.

동아시아의 차(茶)문화

차는 단순한 음료가 아니다. 차는 단순한 약제도 아니다. 차는 음료이기도 하고 건강에 좋은 약제이기도 하지만 차의 차다움은 차를 마시는 법도와 품격 그리고 차를 마실 수 있는 여유가 필요하다. 이 여유야 말로 가장 중요한 차의 차다움이며 다른 음료와 비교할 수 없는 문화적 매력을 가진 것이다.

1. 차는 마음의 여유를 가져야 하므로, 황망한 현대인에게 휴식을 줄 수 있다.

현대의 생활은 경쟁이 격렬하고, 속도가 빠르고 사람들은 전에 비해 훨씬 바빠지고 있다. 과거 농경사회처럼 천천히 느긋한 풍류를 즐길 만한 여유를 점점 잃어가고 있는 것이다. 그 결과 경쟁에서 이긴 사람이건 경쟁에서 탈락한 사람이건 모두 긴장감을 가지고 있을 뿐만 아니라 다른 사람을 잠재적인 경쟁자로 보는 은근한 적대감을 가지고 있으며, 한편으로는 자신의 욕망이 채워지지 않을 때 때로는 울분의 마음을 가지며 때로는 낙담과 우울증을 가지기도 하다.

일에 바쁘고 조급해 있는 사람에게는 음식도 인스탄트화되고 마시는 것도 기계를 통해서 빼먹는 소위 페스트 푸드(Fast Food)를 즐긴다. 차 역시도 캔Can)이나 패트병에 만들어진 상품으로 팔리고 있어서 페스트 푸드(Fast Food)의 한 종류가 되기도 한다. 그러나 차의 차다움은 페스트 푸드(Fast Food)로서는 곤란하다고 하지 않을 수 없다. 차의 정신은 조급함이나 긴장이 아니라 여유와 조화인 것이다. 현대인들은 정신건강을 위해서 페스트 푸드(Fast Food)가 아닌 슬로우 푸드(Slow Food)로서의 차가 필요한 이유라고 할 수 있다.

차의 정신을 이야기 하는 사람들은 대체적으로 차의 정신을 "맑음(淸) · 고요함(寂) · 깨끗함(廉) · 아름다움(美) · 검소함(儉) · 모범(法) · 본성(性) · 어울림(和) · 공경(敬) · 융화(融) · 가지런함(理) · 윤리(倫) · 건강 등으로 묘사했다. 가장 중요한 것은 고요함(靜) · 어울림(和) 그리고 고상함(雅)이다."[193]

고요함(靜)이란 차의 성품이며, 어울림(和)이란 차의 영혼이고, 고상함(雅)이란 차의 운치인 것이다.[194] 이것은 차라고 하는 식품의 성질이 고요하고, 어울리고, 고상한 맛이라는 뜻도 될 뿐만 아니라 차를 마시는 분위기가 응당 이러해야 함을 지적하는 것이라고 할 수 있다.

차를 통해서 덕성을 기를 수 있고, 건강한 아취를 누릴 수 있으며 사람들과 조화할 수 있으며 사람들과 좋은 인간관계를 맺을 수 있는 매체가 된다는 것을 이야기하는 것이다.

일찍이 차의 애호가였던 송나라의 휘종(徽宗)은 차를 마실 수 있는 분위기는 황망하고 조급한 인품으로는 즐길 수 없으면 차를 마시는 조건은 고요하고 조화로운 마음상태에서 비로소 가능해 진다고 말한다.

"차라고 하는 것을 말하자면 오로지 온주(甌; 溫州)나 복건성의 빼어난 기운과 산천의 영기(靈氣)어린 선물로, 흉금을 털고 엉김을 씻어 맑고 깨끗함과 온화함으로 이끄는 것이다. 비루한 사람과 어린이는 알 수 있는 것이 아니다. 담담하고 간결하며 고아한 운치와 청정에

193 陳文華, ≪中國茶文化學≫. 中國農業出版社, 2006. p.10.

194 陳文華, 앞의 책. p.10. "靜是茶之性, 和是茶之魂, 雅是茶之韻."

이르러야 하는데 허둥대고 급하고 바쁠 때는 이를 얻어 즐기고 좋아 할 수 없는 것이다."[195]

현대인들은 송 휘종이 말하는 허둥대고 급하고 바쁜 사람들이 많다. 그런 사람들은 비루한 사람이나 애송이와 같아 차의 즐거움을 즐기기 곤란하다고 할 수 있을 것이다. 이를 역으로 말하자면 진정으로 차를 즐길 수 있다면 허둥대고 급하고 바쁜 사람을 조용하고 조화로운 사람으로 만들 수 있다는 이야기가 되는 것이다.

일본의 다도에서 걸출한 난보 쇼우묘(南浦 紹明, 1235－1309)[196]는 1259년 중국 송나라에 들어와 유원보(劉元甫)가 호북(湖北)이 개설한 다선(茶禪)도량 곧 송도암(松濤庵)의 다도의 종지(宗旨)를 수용하여 차의 정신을 "어울림(和)·공경(敬)·깨끗함(淸)·조용함(寂)"이라고 요약한 것도 같은 맥락이다.[197]

차는 시끄러운 마음을 조용해서 마치 은둔자와 같은 마음으로 마셔야 하는데 가장 중요한 것이 고요함(寂)이며 깨끗함(淸)이다. 이것은 선(禪)에서 추구하는 고요한 마음이기 때문에 불안한 마음을 진정시킬 수 있는 것이다.

그래서 마음을 수련하는 이들이 차를 마신다는 것은 오랜 전통이다. 좌선을 하는 동안은 또렷한 정신을 지녀야 하는데 차의 효능 가운데 가장 중요한 효능이 마음을 맑게 하는 작용이므로 중국과 일본은 물론 한국의 경우도 명산대찰(名山大刹)의 주변에 차를 재배하고 차를 마신 전통이라는 것은 널리 알려진 사실이다.[198]

---

195 宋徽宗 ≪大觀茶論≫ "至若茶之爲物, 擅甌閩之秀氣, 鍾山川之靈禀, 祛襟致靜, 則非庸人孺子可得而知矣 中澹閑潔 雲高致靜 則非遑遽之時 可得而好尙矣."

196 가마쿠라시대의 임제종(臨済宗)의 스님이다.

197 陳文華, 앞의 책. p.246. 劉元甫 ≪茶堂淸規≫, 劉元甫曾在湖北黃梅 五祖山開設 茶禪道場. 名爲松濤庵, 并確立了 "和·敬·淸·寂"的 茶道宗旨.

일본의 다도를 정립한 센리 큐(千利休, 1522－1591)는 도요토미 히데요시(豊臣秀吉)의 호화찬란하며 눈부신 것을 추구하는 성향과 달리 소박간결하고 자연미를 바탕으로 하는 다도를 정립했다. 오늘날 일본의 다도는 이러한 간결한 장식을 통해 다도가 물질적인 풍요로움과는 거리를 두고 정신세계를 추구하는 것이라는 것을 알 수 있다. 다도는 물질주의 향락주의 그리고 술을 마시는 것과 거리를 두는 조용함과 깨끗함과 고아한 정신을 중시하는 것에 있음을 알게 하는 것이다.

중국의 문인 가운데 명말청초(明末清初)에 활동한 두릉(杜凌)은 차의 정신을 "담담함(澹)·조용함(幽)·총명함(靈)·심오함(遠)"이라고 정의했다. 이를 통해 자기의 타고난 기량을 깨끗이 해주고, 슬기로운 뜻을 아름답게 하며, 견문을 고치고, 우매함을 반성하게 해준다고 말한다.[199]

중국과 일본의 다도와 마찬가지로, 한국에서도 본격적으로 다도를 즐긴 이들은 권력과 물질을 추구하는 사람들이라기보다는 은자적인 한가함을 즐기면서 정신적 안심입명(安心立命)을 추구했던 초의(草衣, 1786－1866)나 다산(茶山, 1762－1836) 혹은 추사(秋史, 1786－1856)와 같은 다인들은 물질주의와 향락주의 술 문화에 대해 거리를 두고 그들의 학문과 예술을 빛냈다.

이런 맥락에서 보자면 차를 마시는 일은 단지 음료나 약제를 마시는 것과는 현대의 신속한 문화, 소위 한국의 "빨리 빨리" 문화와는 달리 오히려 느림에 가까운 것을 격(格)이 있는 인품수양으로 찬미하는 것임을 알 수 있다.

198 中國의 경우 杭州 龍井茶는 龍井寺, 湖北省當陽의 玉泉寺의 '仙人掌茶, 南昌眞如禪寺의 "雲霧塵" 등.

199 杜凌; ≪變雅堂集≫ 詩卷3, 光緒甲午爍仲黃崗沈氏藏本)≪茶喜≫ "夫子論茶四妙: 曰湛, 曰幽, 曰靈, 曰遠. 用以澡吾根器, 美吾智意, 改吾聞見, 導吾杳冥."

진정으로 차를 사랑하는 사람이라면 응당 이러한 차의 정신을 이어받아 검소하고 소박하면서도 고요하고 깨끗한 생활을 이끌 수 있을 것이다. 이것은 오늘날 무한경쟁 중에서 긴장하고 시기하고 조급해 있는 현대인들에게 바쁜 마음을 쉴 수 있게 하는 촉매가 될 수 있을 것이며 육신을 건강하게 함은 물론 우울증과 울분 등으로 고통받는 사람들에게 그 증세들을 진정시킬 수 있는 길을 제시할 수 있다.

2. 차의 성분이 실제로 마음의 평안을 가져오는 치료적 효과가 있다.

차가 주는 분위기가 성급한 현대인들에게 마음을 진정시켜준다고 하는 것은 다소 애매한 이야기가 될 수도 있다. 좀 더 구체적인 차의 정신건강상의 치료적 효능에 대해서 알아 볼 필요가 있을 것이다.

차의 치료적 효능을 언급 최초의 문헌은 육우의 ≪다경≫에서 언급한 "신농이 백가지 풀을 맛보았는데 하루에 72가지가 넘는 독성이 있는 풀을 맛보았고, 그것을 해독하기 위해서 차를 마셨다."[200]라는 언급일 것이다. 차가 해독작용을 하는 치료효과가 있음을 언급한 것이다.

당나라 시대의 유진량(劉眞亮)은 차(茶)의 10가지 공덕을 다음과 같이 말했다.

1. 답답한 기운을 푼다.
2. 비린내를 몰아낸다.
3. 생기를 기른다.
4. 전염병을 제거한다.

200 "神農尝百草, 日过七十二毒, 得茶而解之."

5. 예의와 인자함을 증진시킨다.
6. 경의를 나타낸다.
7. 좋은 맛을 본다.
8. 신체를 기른다.
9. 고상한 뜻을 기른다.
10. 도를 행한다.[201]

여기에서 정신건강을 이야기한 것은 "답답한 기운"을 풀어주는 것, "예의 인자함"을 증진시키는 것, 경의를 나타내는 것, 고상한 뜻을 기르는 것 그리고 도를 행하는 것이니 차를 마시는 공덕가운데 정신건강에 좋은 것이 절반이다. 특히 첫 번째의 "민기(悶氣)"는 "욱기(郁氣)"라고도 하는데 오늘날의 우울증을 말할 것이다. 나머지는 신체의 치료와 건강을 이야기 하는 것이다.

중국에서 가장 최초에 발행된 동한(東漢)시대의 의학서에서는 차의 효능에 대해서 "사유에 도움을 주고, 잠을 적게 하고, 몸을 가볍게 하며, 눈을 밝게 한다."[202]고 언급하고 있다. 신체건강에도 해당되겠지만 몸이 가벼워지고 눈이 밝다고 하는 것은 정신의 밝음을 말하는 것이다.

명나라 시대의 의사 이시진(李時珍)은 ≪본사강목(本草綱目)≫에서 차를 다음과 같이 설명하고 있다.

> "차(茶)는 쓰고 차(茶)며, 음(陰)가운데서도 음(陰)에 속한다. 가라앉고 내려가게 하는 것이다. 최고의 기능은 화(火)를 가라앉히는 것이다. 화(火)는 모든 병의 원인이 된다. 화(火)가 내려가면 맑음이 올라오

201 劉眞亮, ≪茶十德≫ "以茶散悶氣, 以茶驅腥氣, 以茶養生氣, 以茶除疠氣, 以茶利禮仁, 以茶表敬意, 以茶尝滋味, 以茶養身體, 以茶可雅志, 以茶可行道."

202 ≪神農本草經≫中也稱: "茶味苦, 飲之使人益思, 少臥, 輕身, 明目."

는 것이다. ....사람들로 하여금 정신(情神)상 협소한 마음을 열게 하고 혼침을 없애며 잠을 없애는 것이 차(茶)의 공덕이다. ...만약 허하고 차가운 사람이나 빈혈이 있는 사람이 마시기를 오래하면 비위에 오한이 생기고 원기가 감퇴한다. ....진짜 차(茶)는 드물고, 잡스러운 차(茶)는 많은 것이 우려되는 것이다."[203]

3. 차(茶)는 혼자 마시기도 하지만 인간의 연결시키는 의례적인 것으로, 좋은 분위기에서 좋은 인간관계를 형성하는 화합의 정신을 중시한다.

차(茶)가 건강에 좋다는 것은 여러 문헌을 통해서 확인할 수 있으며, 특히 정신건강에 좋다는 것을 확인할 수 있었다.

한편 차(茶)라는 것은 술과 더불어 의례를 위해서도 쓰였고, 오늘날에도 손님을 접대하는 데는 차(茶)는 중요한 도구라고 할 수 있다. 그래서 강조되는 차(茶)의 정신이 다름 아닌 "화(和)"라고 할 수 있는데, 이것은 상대를 존중하고 배려하는 경(敬)과 더불어 아주 중요한 접대의 원리라고 할 수 있다.

현대인들은 속도가 빠르고 조급한 면이 많고 거기에 따라 자신의 욕망이 채워지지 못하면 울분 혹은 우울증 등에 빠지기 쉽다. 특히 오늘날 인터넷, 휴대폰, 고속(高速) 열차 등 모든 것이 마음먹은 대로 빠르게 해결되는 사회에서 이 조급증은 정신건강상 매우 해롭다고 볼 수 있다.

중국의 절강성 영파와 소흥 지방에서는 음력 3월 19일에 관음랑랑에게 다례를 올렸고, 8월중에는 월광(月光)랑랑에게 다례를 지냈는데, 차(茶)를 세 잔 올리고 술을 여섯 잔 올리는 의례를 했다.[204] 중국

203 "茶苦而寒, 陰中之陰, 沈也降也 最能降火, 火爲百病, 火降則上淸矣.....使人神思闿爽, 不昏不睡, 此茶之功也...若虛寒及血弱之人, 飮之旣久, 則脾胃惡寒, 元氣暗損....況眞茶的少, 雜茶更多, 其爲患也..."

에서와 마찬가지로 한국의 차례(茶禮)도 차(茶)만 올리는 것이 아니고 술을 올린다.

그런데 차(茶)를 통해서 누군가를 대접하고 함께 마신다는 것은 나의 이익에 앞서 상대를 배려하는 마음이다. 상대를 배려하고 편안하게 하는 것이 자기중심이 아닌 '화(和)'의 요채이기 때문에 의례에서 차(茶)를 사용했던 것이다. 한국에서는 설과 추석과 같은 명절에 조상에게 제사를 올리는 명칭을 '다례(茶禮)를 지낸다.'고 말한다. 비록 세상을 떠났지만 나와 인간관계를 맺은 조상에게 음식과 술 혹은 차(茶)를 올려서 대접하는 의례인 것이다. 물론 그 음식은 살아있는 사람끼리 나누어 먹는데, 이를 음복(飮福)이라고 말한다.

한국 초의선사의 ≪동다송(東茶頌)≫에서는 한국의 토산차를 찬미하고 한국 차(茶)의 정신을 '중정(中正)'정신이라고 했다. "중정(中正)"이란 다름 아닌 "중화(中和)"이고 화해(和諧)인 것이다. 그는 실제로 불교가 열악한 위치에 있을 때 화목하고 좋은 인간관계를 맺어 한국 다도(茶道)를 재건하고 문화인으로서 역량을 발휘했다. 이것은 동양의 중요한 정신이기 때문에 보편성을 갖는 것이다. "화(和)"는 차(茶) 정신 가운데 가장 뛰어난 것이다. 왜냐하면 그것은 인간과 자연에, 인간과 사회에 그리고 인간과 인간의 관계에 적용되기 때문이다.[205]

돌아가신 분에게도 음식과 차(茶)를 올려 배려하는데, 살아있는 손님을 홀대할 수 없는 것이다. 그래서 '차례(茶禮)를 올리는' 것과 마찬가지로 아는 사람들에게 차(茶)를 대접하는 것은 소중한 인간관계의 훈련이 될 수 있는 것이고, "화(和)"의 정신을 구현하는 것이다.

---

204 陳文華, 앞의 책, p.179. "浙江寧波, 紹興地區 3月8日 19日 祀觀音娘娘, 8月中奉祀 月光娘娘, 祭祀時除各種食品之外, 還置杯9个, 其中三杯茶, 六杯酒, 謂之"三茶六酒"."

205 將忠良 外, ≪中國世界차(茶)文化≫ 時事出版社, 2005. p.1. " "和"是茶文化主體精神之一, 所謂'和'是强調人與自然 人與社會 人與人之間和諧統一."

차(茶)는 물론 하나의 상품으로서 캔이나 패트로 파는 인스탄트의 음료이기도 하다. 차(茶)는 음료이기도 하고 값비싼 호사품이기도 하지만, 차(茶)의 차(茶) 다움은 차(茶)를 마시는 법도와 품격 이 중요하고 가장 중요한 것은 마음의 여유라고 할 수 있다. 이 성급함이 없는 차분한 여유야 말로 차(茶)의 맛을 맛볼 수 있게 하며 다른 음료와 비교할 수 없는 문화적 매력이며 정신적 안정을 줄 수 있는 것은 당연하다.

유배지에 꽃핀 차와 시와 그림

1. 다산 정약용과 강진

다산은 영조 38년(1762년) 진주목사 정재원의 넷째 아들로 경기도 광주 마현에서 태어났다. 그의 어머니는 해남에서 살던 윤선도의 6대손이며, 또 화가로 유명한 공재 윤두서의 손자인 윤덕렬의 딸이기도 하다.

그의 본가가 외가가 모둔 남인에 속했고, 아버지는 남인의 마지막 영의정이던 채재공과 친교가 깊어 딸을 번암의 며느리로 시집보낸다. 다산은 말하자면 당대의 영의정과 사돈 간이었던 것이다.

1783년 다산의 매형 이치훈의 형인 이승훈이 북경에 갔다 돌아오는 길에 천주교의 세례를 받고, 또 수십 권의 천주교 책을 가지고 왔다. 하느님의 세계를 찬양하기도 했다.

다산의 형 약전, 약종, 그리고 다산의 외종 윤지충의 옥사가 벌어지고야 말았다. 그러나 정조와 영의정 채제공의 사랑을 받던 다산가문은 이때에는 다행히 무사했다. 그러나 1799년 채제공이 죽고, 이듬해 정조마저 승하하게 되자 다산의 가족은 신유사옥에 연루되어 불행이 시작되었다.

다산이 강진에 유배되어 가장 관심을 가진 독서는 주역이었다. 그의 생활의 대부분은 오로지 주역이었다고 하니 스스로의 운명을 주역을 통해 점쳤던 것인지 모른다. 마침내 그는 주역을 통해 천명에 따를 길밖에 없음을 깨닫는데 그사이 4년이 지난다.

을축년(1805)가을, 다산은 시골 노인을 따라 모처럼 도암면의 백련사에 나들이를 갔다.

백련사는 동백 숲과 차 나무에 에워싸인 조용한 절이었다. 당초에는 감시도 엄하고 문밖 출입도 여의치 않았을 것이다. 정순대비가 승하한 탓인지 이때에는 당국의 단속이 다소 늦추어져 군내의 나들이만은 허용이 되었던 것이다. 다산은 백련사에 그해 봄부터 와 있던 혜장이란 스님이 제법 아는 것이 많은 스님이라는 소문을 들었다. 그래서 다산을 혜장을 만나서도 짐짓 시치를 뚝 따고 반나절 동안 서로 이야기를 주고받다가 대흥사의 북암으로 떠났다. 그런데 저녁 해질 무렵에 혜장이 헐레벌떡 북암으로 쫓아왔다.

뒤늦게 다산임을 깨달은 혜장은 밤낮으로 선생님을 그리워하고 있었다고 고백하고 북암의 승방에서 밤을 지새며 두 사람은 백년지기와도 같이 이야기의 꽃을 피웠다. 두 사람의 이야기는 주역을 에워싼 토론이었다.

혜장은 주역에 통달한 스님으로 소문이 나 있었다. 다신이 '주역을 잘안도 하던데…' 하고 말머리를 꺼내기 무섭게 혜장은 정자, 주자의 글을 줄줄 외워가며 주역에 대한 박학한 지식을 털어놓았다. 이때 다산의 나이 44, 혜장 34세 때의 일이다.

이듬해 1806년 혜장이 보은산방으로 찾아왔다. 다산의 이때 아호는 탁옹이라 불렀다.

혜장은 이날 술을 들고 왔다. 두 사람은 함께 술을 마시며 주역 감괘의 6.4운을 놓고 둘이 시를 주고받았다. 그러나 주목할 것은 이 무렵부터 혜장이 술을 마시기 시작했다는 사실이다.

둘 사이의 교유가 깊어지면서 다산은 혜장에게 당초 연파(蓮坡)로 불렀던 법호를 아암이라고 고쳐 부르도록 했다.

백련사 넘어 초당에 살면서 다산은 어느 정도 마음을 안정하고, 유배생활에서 생산적인 저술활동을 할 수 있게 되었다. 그때 그에게 마음을 안정을 주었던 것은 무엇보다도 다도를 했다는 것이다. 다산은 초당 뒷편 바위 틈을 파서 약수터를 만들고, 그 이름을 약천(藥泉)이라고 했다. 또 초당 앞뜰에는 크고 널찍한 바위를 옮겨다 놓고, 그 바위에서 차를 끓였다. 그 바위 이름이 바로 차조이며 그 앞으로 대나무가 무성하고 소나무 사이로 남해 바다가 건너 보인다고 했다.

차 생활에 대해 그는 이렇게 노래했다.

> 흙벽돌을 쌓아 만든 차 부뚜막은 주역의 이화손풍의 형상인데
> 차를 끓고 산동은 조는 곳 간드러진 연기만 스스로 푸르네.
>
> 고기는 자연을 즐기고 늙은이는 자연을 관조하네
> 또한 연못의 빛깔을 사랑하니 그윽히 돌난간에 기대어 섰네
>
> 아곡의 세차가 처음으로 복스럽게 피었는데
> 마을사람들의 호의로 한포를 얻었네
> 길러온 샘물이 어찌나 맑은지
> 한가로이 은병에 좀 넣어 맛을 시험하네

다산은 1812년 9월 22일 백운동(강진 성전)의 무위사에 소풍을 갔다. 때마침 무위사에 와 있던 초의는 다산을 만나자 반색을 했다. 그는 화선지를 펴놓고 백운도 한 폭을 그렸다. 아마 초의가 제영을 부탁했으리라. 다산은 기꺼이 12승사지역을 지어 초의에게 주었다.

그 뒤 초의는 자주 다산을 왕래하면서 유학과 시를 공부했다. 그의 시 솜씨는 처음 대흥사에서 만났을 때 지은 '봉정탁옹선생' 시에도 잘 나타나 있지만 다산으로부터 직접 지도를 받으면서 당대의 대가들 사이에 명성이 자자할 만큼 뛰어난 시재를 갖기에 이르렀다.

2. 추사 김정희와 초의선사

추사 김정희는 박제가를 통하여 청조문화와 연경 학계의 소식을 듣고 항상 동경해 오던 김정희는 생원시에 장원급제한 24세에 연경에 다녀옴으로써 식견이 더욱 넓어져 경학과 서예에 이미 일가견을 이루고 있었다.

추사가 초의와 인연을 맺게 된 것은 시와 차를 통해서였다. 제주의 귀양길은 해남을 거쳐 도로 건너가 배편으로 가게 되었다. 때마침 일지암에 있던 추사는 그의 귀양길을 도와주고 또 배소에서 마실 차도 보내주곤 했다.

그는 유배지인 제주도에서 9년의 세월을 보냈다. 그는 그동안 적적한 마음을 달래기 위해 학문과 서도 연구에 몰두하였으며, 그 결과 섬 안의 인문이 크게 열려 원근에서 많은 사람들이 그에게 글을 배우려고 모여들었다.

그가 적소에서 남긴 많은 작품 가운데서 특히 세한도(歲寒圖)는 그의 기백과 절개를 가장 잘 나타낸 대표작으로 신품이라 할 만하다.

이 작품은 일본인에게 소장되어 있었는데, 진도출신의 손재형씨가 2차대전때 폭격도 아랑곳 않고 90일 동안을 하루도 빠지지 않고 일본인집에 문안을 되풀이했다. 90일째 문안을 하던 날 그 일본인이 아들을 불러, “내가 죽거든 손재형 선생께 세한도를 내어드려라”고 했다. 그 일본인은 결국 손재형씨에게 세한도를 주면서 말하기를 ‘내가 세한도를 다시 조선으로 보내는 것은 첫째 소전이 조선의 문화재를 사랑하는 성심에 감탄함이며, 둘째로 그대가 이것을 오래오래 간직하리라 믿기 때문입니다. 내가 돈을 받고 세한도를 내놓는다면 지하의 완당선생이 나를 뭘로 치부하겠소? 더구나 우리는 그분을 사숙하는 동문아닙니까?’라고 하며 선선히 내어 주었다고 한다. 소전 손재형은 업자를 시켜서 그댁 정원에 콘크리트 지하실을 지어 그의 망한려에 있는 수많은 소장품을 옮겨 주고 귀국하였다고 전해진다.

추사도 제주의 유배생활의 시름을 시와 차로 달래었다.

> 고요히 앉아 있는 곳 차를 반쯤 마신 뒤 향불 처음 피우니
> 묘하게 쓸데 물은 흐르고 꽃은 피도다

그리고 그 시와 차로 교유하는 벗이 초의선사였다. 청조문화(淸朝文化)를 우리의 것으로 소화하고 실학사상을 구현하려는 깐깐한 천재와 불문에 귀의하여 시문·서화·다도에 일가견을 세운 도승이 서로의 정신적인 내면을 살찌우기 위하여 결합한 것이었다.

해남의 일지암은 초의가 차를 즐겼던 암자다.

근래 다도와 함께 재조명된 그는 참선이나 설법을 통해서가 아닌 차와 시와 서화를 통해 서 그 이름이 빛난 분이다. 일지암은 말 그대로 초라한 가지에서도 즐기는 새처럼 인생을 즐긴다는 청빈을 상징하는 이름이다. 1979년에 차를 즐기는 이들의 성금으로 초가는 복원되었지만 일지암으로 가는 길을 가파롭다.

초의가 자랑했던 유천의 물맛도 옛과 같지 않다. 물을 받으려고 둔 수곽에는 낙엽이 쌓여있어서 을씨년스럽기만 하다. 연못가 바위에 새겨진 차합(茶盒)이라는 음각이 초의의 자취를 말해준다.

초의는 당대의 명사들과 두루 교유했다. 다산 정약용을 위시해서 완당 김정희·홍현주, 홍석주형제·윤정현·권돈인·신관호 등과 사귀었다. 초의가 서울의 청량사에 머물고 있노라면 장안의 명사들이 사오십 명씩 몰려들었으며, 모였다 하면 시회와 다회로 날이 가는 줄 몰랐다한다.

그는 우석 신관호와도 각별한 우정을 맺는다. 그것은 추사의 소개

로 이루어진 것 같다.

신관호는 해남 우수영에 전라도 우수사로 있을 때 자주 초의에게 편지를 띄어 시를 보내고, 초의로부터 화답한 시를 얻곤 했다.

조주다의 공양을 받아 마시고 난 뒤
화류계와 상관함이 더욱 허물이되네

이에 대해 초의는 다음과 같이 화답하면서 그의 일지암 생활을 노래했다.

나는 본시 맑고 아름다운 것을 사랑하는데
청산을 두고 어찌 속세에서 놀리요
소박하고 그윽한 곳에 먼저 가고
떠들썩한 영화스러운 곳에서 더디가야 하는 것
개천길 깊고, 물줄기 소리 멀며
솔바람 소리 가늘고, 차 끓이는 연기 솟는 곳
이곳에서 속세의 인연 모두 끊나니
호화스런곳 어찌 이곳에 견주랴

3. 소치의 남종화

초의는 해남 연동의 고산 윤선도의 고택과도 인연을 가지고 있었다. 초의의 스승인 다산 정약용은 공재 윤두서의 외증손이므로 해서 다산이 강진 귤동에 유배되었을 때 연동과 귤동 30리 길에서 내왕이 빈번했고 초의는 다산을 추종하면서 더러 연동의 녹우단을 찾았던 터였다.

그 녹우단에는 예나 지금이나 고산의 수많은 문화재와 함께 조선조 3대 명화의 한분인 공재와 그의 아들 낙서 윤덕희 또 그의 아들 청고 윤용의 수많은 그림들이 고이 간직되어 있다. 그 그림들은 3대에 걸친 명품들이다.

일지암에 그림을 배우러 온 진도출신의 소치 허유는 도시락을 싸들고 일지암과 연동 사이의 30리 길을 매일 왕복하였다. 그러니까 하루 60리 길을 걷는 고역이 계속되었지만 그게 조금도 괴롭지 않았다.

이후 소치는 자연스럽게 초의의 소개로 완당 김정희의 문하에서 그림수업을 받게 된다. 말하자면, 소치는 조선 후기의 다인(초의 장의순·추사 김정희·위당 신관호)들의 총애를 받은 가운데 그 그림으로 이름을 떨치게 된다. 소치의 아들이 미산 허영이며 그의 손자가 남농 허건이다.

또한 무등산 춘설차와 남종화로 유명한 광주의 의제 허백련은 미산 허영에게서 그림을 배웠다.

강진과 해남에서 터 잡은 19세기 선비들의 고아한 문화는 지금도 그 일맥이 계승되고 있다. 현대시인인 김현승의 무등차에도 그런 문화적 배경이 깔려있다.

> 가을은 술보다 차 끓이기 좋은 시절
> 갈까마귀 울음에 산들 여위어 가고
> 씀바귀 마른 잎에 바람이 지나는 남쪽 11월의 긴긴 밤을
> 차 끓이며 끓이며 외로움도 향기인양 마음에 젓는다.

조선후기 유배지였던 땅에서 다산의 실학이 추사의 금석학이 그리고 소치의 남종화가 불후의 위업을 이룬 것이다. 초의는 근세 불교계에서 역시 우뚝 솟은 거목이다. 정쟁이 치열하던 당시 각파의 정치

인들과 차별 없이 골고루 교제하면서 그들을 화합의 길로 인도해간 그의 드높은 식견이 유배라는 절망의 시간을 극복하게 했던 것이 아닐까.

문인화의 한중교류
-천심죽재(千尋竹齋) 민영익(閔泳翊)의 경우

한국의 아름다운 서예를 서양(西洋) 사람들에게 소개하면서, 민영익이라는 사람의 난초와 대나무 그림에 적지 않게 경탄(驚歎)했다. 도대체 누구이며 어떤 사람이기에 이런 그림을 그릴 수 있을까 하고 말이다. 그래서 관심을 가지게 되었다.

그런데 그는 말년을 한국에서 보내지 않고 상하이에서 보낸 것이 특이했고, 왠지 조선의 전통을 고수하는 사람처럼 느껴졌다. 그래서 내가 상하이에 방문교수로 오면서 자연스럽게 그에 대한 의문들을 가지고 그의 자취를 찾아보고 싶었다.

우선 그와 접촉한 상하이의 사람들은 거의 서화가(書畵家)들이었다는 것을 알았다. 가장 중요한 인물은 오창석(吳昌碩)이며 그 다음이 포화(蒲華)라는 인물이었는데 이미 상하이에 오기 전부터 교류를 했고 상하이에서는 매주(每週) 서로 만났는데 만난 장소는 민영익이 살았던 천심축재(千尋竹齋)였다고 한다. 천심죽재의 소재는 알 길이 없는데, 마침 오창석기념관은 쉽게 찾을 수 있어서 동방명주탑 아래에 있는 기념관을 찾았는데 바로 그 기념관의 전시물의 대표작이 '민씨 천심죽재(閔氏 千尋竹齋)'여서 그만 깜짝 놀랐다. 실상 오창석이 전각한 민영익의 낙관은 300개였으니 오창석의 최대의 작품이 민영익에 의해 나온 것임을 알 수 있는 것이다.

민역익의 난초 그림에 시를 쓰고 품평을 한 인물은 포화(蒲華)인데

술을 잘 마셨으니 아마도 민영익과 짝이 어울린 술친구이기도 했을 것 같다. 오창석과는 달리 일찍 세상을 떠났다. 어쨌든 이들이 어울렸던 공간이 천심죽재(千尋竹齋)의 천상적 공간은 어디에 있을까? 궁금한 것은 바는 바로 상하이의 천심죽재인데, 누구도 모르고 있다는 사실이다.

그는 누구인가?

천심죽재(千尋竹齋) 민영익(閔泳翊)은 1860년(庚申年, 哲宗 11년 4월 29일) 서울 매동(梅洞)에서 부친 민태호(閔台鎬)와 모친 진천 송씨(鎭川 宋氏) 사이에서 태어났다. 그의 집안은 노론(老論) 집안으로 전형적인 양반가문이라고 할 수 있다. 민영익(閔泳翊)은 전형적인 선비와 관료집안의 출신답게 유학(儒學)을 배웠다.

14세 때부터 유만주(兪萬柱) 선생의 문하에 나아가 수업을 받았다. 전형적인 한학자로 보수적인 학자였지만 개화(開化)에 대해서 부정적이지 않았다. 아버지의 지인이기 때문에 인연이 된 것이다.

1877년 문과(文科)에 급제하여 관직(官職)에 등용되었고, 고모인 명성왕후(明聖王后)와 고숙인 고종(高宗)의 깊은 신뢰를 받고 나라의 일에 대해 정성을 다해 일했다. 조선은 세계정세의 주변 강대국 속에서 정책결정에 어려움이 많았다. 중국의 청나라는 오랜 이웃이지만 과거와 같은 힘을 갖추지 못했기 때문에 청나라에 의존할 수 없었고, 일본은 그야말로 욱일승천(旭日昇天)의 기세로 조선에 영향력을 갖기 위해 온 힘을 기울이고 있었고, 일부분은 그러한 일본을 배워야할 나라로 생각하고 있었다.

국내의 정세는 안정되지 못했다. 민영익(閔泳翊)은 개화를 시대의 추이(推移)로 생각하고 일을 추진했지만 개화를 반대하는 수구(守舊) 세력들은 위협적이었다. 임오군란(壬午軍亂)은 수구적인 군대에 의해 일어난 사건이며 그들은 그의 집을 불태울 정도로 반감을 가지고 있었다. 별기군(別技軍)의 교련소 당상관으로서 임오군란(1882. 7) 때가지 별기군의 실무책임자 역할을 하였다.

1882년 군란이 진압된 후, 일본이 입은 피해에 대하여 사죄사절로 박영효(朴泳孝)가 파견될 때 김옥균(金玉均)과 함께 비공식 사절로 동행하여 3개월간 일본에 머물면서 신진개화문물을 견학하였다. 이 방문은 일본의 실력을 알기에 충분한 여행이었다.

이듬해인 1883년 6월에 민영익(閔泳翊)은 보빙사(報聘使)의 정사(正使)로 임명되어 친선사절로서 미국을 방문하였다. 이 방문단에는 홍영식·서광범·변수·유길준 등 소위 개화파 인물이 수행하였다. 민영익은 미국의 아서(C. A. Arthur) 대통령을 예방하고 양국 간의 우호와 교역에 대하여 논의하였다.

이때 민영익은 관복(官服)을 입고 미국 대통령을 예방하였는데, 미국인들은 그 복식은 미국에서는 매우 기이한 것이었고, 한국의 전통예절인 큰 절도 기이한 것이어서, 세계에 부응하기 위해서는 우리가 그동안 실시한 의관(衣冠)을 바꿔야겠다는 생각을 했다. 이 의관은 중국의 영향을 받은 것으로 이웃인 일본에서도 모두 현대의 복식으로 바꾸는 것을 감안하자면 버려야 할 것이었다. 그러나 서구 문물을 접하지 못한 국내의 유생(儒生)들은 전통적인 것에 대해 강한 집착을 함으로 이는 만만하게 개혁되지 않았다. 이것이 하나의 좌절감이라고 할 것이다.

미국의 선진 문물을 견학하였는데, 세계박람회·시범농장·방직공장·의약제조회사·병원·전기회사·철도회사·소방서·육군사관학교·해군연병장 등을 시찰하였다. 워싱턴의 내무성 교육국장 이튼(J. Eaton)을 방문하여 미국의 교육제도를 소개받고, 교육국사(敎育局史)

와 연보를 기증받았다. 그 밖에 우편제도, 전기시설, 농업기술에 특별한 관심을 가지고 관찰하고, 우리나라에서 우정국(郵政局), 경복궁의 전기시설, 육영공원, 농무목축시험장 등을 신설하는 원동력이

미국대통령에게 큰절하는 사절단

되었다. 후에 육영공원(育英公院 – 최초의 근대식 관립학교)을 설립하고 미국공사 푸트를 통해 이튼 교육국장의 도움으로, 미국 신학생 출신인 헐버트(H. B. Hulbert), 번커(D. A. Bunker), 길모어(G. W. Gilmore) 3명을 교사로 초빙하게 되었다. 한·미간 문화교류 활동으로서 스미스소니언(Smithsonian) 박물관에 조선 약용식물 표본을 기증하였고, 귀국시에는 타작기·벼 베기·저울 등 농기구를 가지고 왔다. 귀국시 유럽을 경유하여 유럽 문화를 견학하고 돌아왔다(1884. 5).

이 일 년 동안에 걸친 여행은 그에게 희망을 주기 보다는 좌절감을 안겨 주었다. 민영익은 김옥균이나 이동인과 같은 개화파들의 생각을 이해하고 지지했지만, 급격한 변화는 국가의 혼란을 가져온다는 생각으로 일정한 거리를 두었다. 이것이 또한 개화파의 반감을 사게 되어 거의 갑신정변(甲申政變 1884. 12)에서 죽을 뻔한 테러를 당했다. 다행히 미국인 선교사 알렌(H. N. Allen)의 도움으로 신속히 치료를 받아 다시 살아났지만 당시의 정세의 혼란상을 말해주는 사건들이라고 할 수 있다.

이런 신변의 위협 때문에 그가 안전하게 살아갈 안가(安家)가 필요했으며 그곳이 다름 아닌 상하이였다. 이때는 1885년경이며, 중국의 부인 사이에 아들 정식(貞植)이 태어났다.

민영익은 청나라에 대해 우호적인 생각을 가지고 있었지만 믿을 수 없었고, 일본에 대해서는 신뢰하지 않았기 때문에 조선의 독립을 유지하기 위해서는 러시아의 후원이 필요하다고 생각했다. 이러한 반일 친(親)러시아 정책은 고모인 민비의 무참한 살해사건과 무관하지 않다. 1895년 10월 8일 서울의 한복판인 경복궁에서 일본인 자객들에 의해 고모는 무참히 살해되었으며 시신조차 불에 태워졌다. 천인공노(天人共怒)할 이런 만행에 대해 조선은 억제할 수단을 가지고 있지 못했으며, 그 어떤 나라도 이런 일본을 견제할 수 없었다. 이것이 그의 좌절(挫折)이다. 어찌할 수 없는 좌절·운명과 같은 것 말이다. 민영익은 이 사건으로 인해 무한한 죄책감과 좌절감으로부터 벗어날 수 없었다.

조국에 대해 그가 기여할 수 있는 길이 너무 제한되고 막막했을 때 그가 살아가는 유일한 의미는 예술이었다. 그는 서화(書畵)를 통해 좌절에서의 해탈을 꿈꾸었다.

천심죽재(千尋竹齋)란 무엇인가?

상하이는 베이징(北京)과 달리 서양의 문물이 들어오고 사람들이 도덕적 틀에 얽매이지 않고 비교적 자유롭게 살아가는 도시였다. 서양의 밝은 분위기에 경탄했던 그에게 상하이는 단순한 동양이 아닌 새로운 자유의 도시였다. 또 거기에는 그와 예술적 영혼이 부합하는 서화가(書畵家)들이 있었다.

가장 오랜 중국의 벗은 오창석(吳昌碩)이다. 그는 전각(篆刻)의 명인(名人)이다. 그 아름다운 전각을 바라보는 것은 그의 삶의 기쁨중의 하나였다. 서울이건 상하이이건 대나무와 난초를 기르고 그리고 그 아름다움을 그려보는 일이 없었다면 그의 삶은 아무 의미를 찾지 못했을 것이다. 그의 거처는 대나무 숲으로 둘러싸인 천심죽재(千尋竹齋)였다. 천심죽재는 대나무가 있는 거처라는 뜻이다. 민영익은 매동(梅洞)에서 태어나 죽동(竹洞)에서 살았다. 매화와 대나무 그리고 난초는 군자를 상징하는 아름다운 식물들이다. 민영익은 비록 관직으로 바빴지만 항상 서화가들과 교류했다. 추사(秋史) 김정희 선생의 제자인 허련을 서울로 초대해서 그의 사군자(四君子)를 감상했고 자신이 그려보면서 벼슬살이의 시름을 달래곤 했었다.

상하이에서 오곡상(吳穀祥 1848~1903)이 세상을 떠나기 전 천심죽재에 와서 그린 ≪죽림서실도(竹林書室圖)≫가 있다.

千尋脩竹圍幽室
萬卷詩書坐詠吟
壬寅四月四日 秀水吳穀祥寫於千尋竹齋

키 큰 대나무 숲에 둘러싸인 조용한 집에서
만권 되는 책을 조용히 읽고 있네
임인년(1902년) 4월4일 수수 오곡상이 천심죽재에서 그리다

죽림서실도(竹林書室圖)
1902년 吳穀祥의 그림

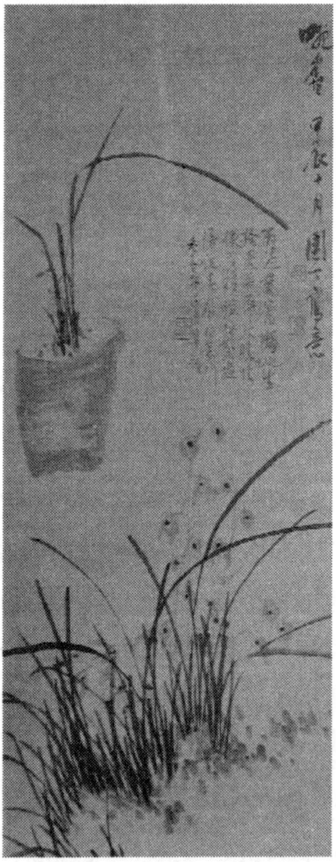

1904년 민영익(閔泳翊) 그림

이 그림은 대숲에 둘러싸인 서옥(書屋)에서 책을 읽는 선비의 고고한 모습을 옅은 먹색의 갈필(渴筆)로 담담하게 묘사한 작품으로 먹의 짙고 옅음의 농염(濃淡) 변화를 잘 표현하였다. 전체적으로 차분한 느낌을 준다. 고국은 일촉즉발(一觸卽發)의 위기 속에 놓여 있을 때, 민영익은 상하이에서 세월을 보낸 것은 생각해 보자면 대단히 미안할 일이지만, 그가 할 일들이 더 이상 남아있지 상황에서 어떤 정치적 의도를 가지고 활동한다는 것은 대단히 위험한 일이기 때문에 그의 모든 정치적 활동은 이미 좌절되었기 때문에 스스로 체념할 수밖에 없었다.

위의 그림들은 상상속의 그림이 아니라, 그가 사는 공간을 그린 것이다. 대나무와 물이 있는 천심죽재의 정경이며, 천신죽재에서 실제로 기르는 향기로운 난초의 실사인 것이다.

1905년 조선은 일본과 을사보호조약을 맺었다. 이제는 가고 싶어도 갈 수 없는 입장이 되어 상해에 그대로 정착했다.

1906년 [園丁生于梅洞長于竹洞]

1909년 10월 26일 안중근(安重根; 1879－1910)이 을사보호조약(乙巳保護條約)의 원흉인 이토 히로부미를 만주 하얼빈 역에서 쏘아

죽이고 여순 감옥에 갇혔다는 소식을 상하이에서 들었다. 민영익은 즉각 거금 4만원을 쾌척하여 러시아와 프랑스인 국제변호사를 사서 안중근 구출운동에 나섰지만, 일본의 거부로 끝내 법정에 설 수 조차 없었다. 민영익은 조국을 잃은 망명객 신세가 되었지만 어떻게 그리운 조국을 잊을 수 있을 것인가.

1910년 8월 29일 한일합방조약(韓日合邦條約)이 공표되었다. 더 이상 희망은 없게 되었다. 할 수 있는 일은 그림을 그리는 일이며, 친구들과 어울려 술을 마시는 일이다. 그것이 시름을 달랠 수 있는 희망이자 생존의 산소통이었다. 1911년 세상을 떠난 포작영(蒲作英)은 그의 둘도 없는 술친구였다. 그는 그의 문인화를 세상에서 비교할 수 없는 신품으로 알아주는 이였다.

"海內畵蘭人少 當於海外求之 君家能悟其諦 墨香露葉風枝" 丙申五月 作英題句

상하이는 세상에서 가장 멋진 신세계이다. 여기는 밝은 문명이

있고, 예술의 진수를 아는 서화가들이 있고, 사랑스런 아내와 자식이 크는 그리고 예술을 사랑하는 사람들이 모인 자유와 해탈의 공간이었다.

잃어버린 천심죽재(千尋竹齋)

따지고 보면 민영익의 정치적 역량은 미흡했다. 그는 테러의 위협에 시달렸고, 새로운 세대의 비전을 가질 만큼의 정보력도 없었고, 의지도 없었다. 그러므로 국정 전반에 걸친 치밀한 계획을 수립하고 이를 참모들과 논의하고 반대파를 설득하고 때로는 처단하고 때로는 포용하는 그런 문무겸전(文武兼全)의 대담한 행동을 하기 에는 역부족이었다. 개인역량도 역량이거니와 오랜 왕조문화의 시스템에서 나온 수동적인 공무자세, 보신주의 등이 그럴 수밖에 없도록 했을 것이다. 그러므로 그의 정치적 꿈은 애초부터 실현하기 어려웠고 좌절될 수밖에 없는 운명이었을 것이다.

다만, 그의 예술적 역량은 훌륭했다. 비교적 안전한 상하이에서 호젓한 공간을 두고 세상에 벗어난 사람처럼 그림을 그렸고, 거기에 한국과 중국의 문화교류가 이루어졌으니 소위 예술세계에 있어서 한중합작을 이룬 셈이다. 그의 한국화에서의 영향력은 지대한 것이며 불후의 것이라고 말할 수 있다.

유감스러운 것은 오창석의 기념관의 민영익의 낙관에 '민영익'이라는 한국인에 대한 소개가 빠졌다는 사실이다. 또 상하이 예술가들의 공간이 '천심죽재'의 흔적도 찾을 수 없다는 것이다. 예원 옆의 대나무숲이 있는 고성공원(古城公園)을 거닐면서 상하이의 전형적인 죽림(竹林)인 이곳이 천심죽재의 터가 아니었을까 상상해 볼 따름이다.

의도인(毅道人) 허백련의 다도(茶道)

광주에는 무등산이 있다. 무등산으로 가는 주요 도로가 두 개가 있는데 하나는 증심사로 가는 길이요 다른 하나는 원효사를 통해 가는 길이다. 의재의 자취가 있는 무등산은 증심가로 가는 길에 있다. 예전에는 광주의 부자 현준호씨 집 입구였던 학동을 지나 증심사로 가는 길에 춘설헌이 있고 최근에는 의재미술관이 개관하여 의재의 동양화를 감상할 수 있게 되었다.

나는 의재 선생을 뵐 수 있는 기회는 없었지만, 많은 사람들을 통해 그분의 인품과 실력을 들었을 뿐만 아니라 그 작품을 가까이서 보고, 또 그 자취를 쉽게 접할 수 있었다. 특히 해방 후 서구화의 소용돌이 속에서 평생 한복을 입고 생활하신 것이나 우리차를 생활속에서 마셨다는 것과 단군신전을 무등산에 건립하려던 의지를 가지고 사셨다는 것은 이 어른을 단순한 화가가 아닌 도인(道人)으로 보는 이유다.

1. 차나 한잔 드시지(喫茶去)의 생활공간속의 차

1958년에 의재화실로 춘설헌이 개축되었다. 실내는 검소하고 간결하게 구성되어 몇 권의 화집(芥子園畵傳과 南畵大成 등)과 전적류가 다구(茶具)와 함께 놓여 있었다. 이곳에서 춘설차의 다향과 묵향이 어우러지고 있었다.

춘설헌의 춘설은 초의스님의 동다송에서 "한 사발의 춘설이 제호보다 낫다"는 구절에서 연원한 것이라고 한다. 그의 남종화가 초의와 추사 등에서 연원하듯 그의 차 역시 일지암의 초의나 강진에서 머물렀던 다산의 차정신에게 유래한 것이다.

> '정다산 선생님 알제. 해남 대흥사에 초의 시님하고, 친하셨거든, 그 다산선생님이 '차먹는 국민은 흥하고 고춧가루 먹는 국민은 망하느니라.'는 말씸을 늘 하셨다고해. 처음에 나도 그 얘기를 듣고는 웃었어. 그런디 그 뒤로 일본놈들이 나라를 삼켜버리지 않던가. 그래서 선생님 말씸이 거짓말이 아니었구나 생각을 하게 됐어. 차는 마음이 열리고 부지런해지는디. 고춧가루는 기가 열려 나른해져 버린단 말이어! 사람이 게을러져 버리제. 술을 마시면 미쳐버리니 말할 것도 없고.....'

의재의 차는 별다른 격식을 차리지 않는 손님을 편안하게 하는 다법(茶法)이었다. 차를 전혀 모르는 사람에게도 차를 권하면서 자연스럽게 차의 좋은 점을 이야기하곤 하였다. 춘설헌을 찾았던 최남선은 의재의 다도가 초의와 추사에게 유래했음을 다음과 같이 노래했다.

무등차 - 춘설차(春雪茶)

천고의 무등산이 수박으로 유명터니
홀연히 "증심춘설" 새로 고개 쳐들었네
이 백성 흐린 정신을 행여 밝혀 주소서

차먹고 아닌 먹은 두 세계를 나눠보면
부성(富盛)한 나라로서 차 없는데 못 불러라
명엽(茗葉)이 무관세도(無關世道)라 말하는 이 누구뇨

해남변(海南邊) 초의석(草衣釋)과 관악산하 완당노(阮堂老)가
천리에 우전차로 미소주고 받던 일이
아득한 왕년사(往年事)러니 뒤를 그대 잇는가.

초의와 추사의 차와 그림은 소치를 이어 미산에게 그리고 의재에게 이어진 것이다. 그것은 조주선사의 '차나 마시고 가게'(喫茶去)의 담담한 선(禪)의 정신과 일미(一味)인 것이다. 보통 다도(茶道)라고 하면 특별한 다실(茶室)을 마련하고 엄격한 절차와 의례에 따르는 것을 연상한다면 의재의 다도는 생활과 유리된 공간이 아니라 그의 생활공간 속에서 자연스럽게 우러나온 것이다. 그에게 있어서 다도(茶道)는 차를 마시는 격식보다는 오히려 차를 우려내는 방식에 있었다. 초의선사의 법손인 응송스님 역시 격식에 구애받지 않았음으로 보아 의재의 다법은 초의차의 계승이라고 해도 무리가 없을 것이다.

2) 차의 정신

의재는 기거가 불편하여 누워있으면서 인터뷰한 내용이 있다. 거기에서는 차 한 잔의 향기만큼 내 인생이 향기로웠을까 하고 반성하는 대목이 나온다. 그에게 있어서 차는 단순한 건강음료가 아니라 맑은 기운을 상징하는 정신적인 의미도 있었다.

> "나를 따르던 제자들은 철을 가리지 않고 병든 나를 찾아와 준다. 그들은 춘설헌 남향방에 누운 나를 보고 나는 그들에게 춘설차를 한 잔 권한다. 나는 차를 마시고 있는 그들을 보며 내 한평생이 춘설차 한 모금만큼이나 향기로웠던가를 생각하고 얼굴을 붉히곤 한다."

의재는 평소에 자신이 병없이 장수하는 비결을 차생활 때문이라고 말하고 했다.

> '차를 마시면 머리가 맑아지네, 잠도 적게 오고......, 옛날 중국에서는 도인들이 마셨거든....., 몸이 가벼워진다고 해'

건강의 비결을 묻는 사람이 있으면(의재는 1978년 87살의 고령으로 세상을 떠났다)

> '그게 차 때문이제. 차를 마시면 병이 안 생겨. 병이 안생기면 오래 사는 것 아니어? 사람이 건강해야 마음도 곧고 올바른 사람이 되는 것이여' (최계원: 15)

우선 의재의 차에 대한 애호는 그것이 무엇보다도 머리를 맑게 하고, 몸을 가볍게 할 뿐만 아니라 병을 예방하는 실제적인 효능 때문이라고 말한다. 그리고 차와 다른 자극적인 음식이나 술은 사람을 해롭게 한다고 말하는 그에게는 차가 자신의 장수를 도운 것임을 확신하고 있다.

그 다음은 차의 맑고 곧은 성향에 대한 애찬을 들 수 있다.

> '차나무는 여자와 같다고 해. 차나무는 외뿌리 인지라 옮겨 심그면 죽거든, 그렇게 옛날 사람들은 신부가 시집가면 시댁 사당에다 차를 올리고 인사드렸다는 것이여. '나도 차나무같이 이집에서 살다가 죽겠습니다.'라고 맹세를 하는 것이제. 조상께 제사를 올릴 때도 차를 올렸제. 그래서 차례라는 말이 있지 않은가'

> 의재는 춘설헌을 찾는 젊은 사람들에게도 언제나 손수 차를 따라주면서 '차라는 것은 참 좋은 것이어. 차에는 다섯 가지 맛이 있거든. 달고·쓰고·시고, 떫고, 맵단말이어, 이것이 잘 어울러지니께 얼른 모를 뿐이어'(최계원: 15)

라고 말했다. 의재는 이처럼 차를 마시는 격식에서 화(和)를 찾았을 뿐만 아니라 차의 맛이 화(和)를 상징하며, 마시는 격식에서 경(敬)을 찾은 것이 아니라 차의 정신이 잡스럽고 삿되지 아니한 곧음(敬과 상통)의 정신임을 강조했으며, 차의 격식에서 청(淸)을 찾은 것이 아니라 차의 향기가 맑음을 강조했다. 또한 차를 마시는 격식에서 적(寂)이 아닌 차 맛의 담담함(寂과 상통)을 이야기한 것이다.

한국의 다도는 다산초당을 다실로 만들어 차생활을 한 다산, 일지암을 다실로 만들어 차 생활을 초의 그리고 추사 등에 의해 빛이 났으며, 그들의 차 생활은 마시는 격식에서 도를 구했다기보다는 차라고 하는 성향에서 화(和) · 경(敬) · 청(淸) · 적(寂)의 정신적 의미를 찾았다고 할 수 있다. 그리고 의재는 그러한 선학들의 다도를 계승하여, 일본식이나 왜식이나 하는 차에 대한 폄하에 아랑곳 하지 않고 자신의 생활 속에서 차를 이야기하고 차를 보급했다.

무등산 작설차를
곱돌설에 달여내어
초의(草衣)의 다법(茶法)대로
한 잔 들어 맛을 보고
다시 한 잔 맛을 보고
다도(茶道)를 듣노라니
밤 깊은 줄 몰랐구나

무등산에 초현대식 자연친화적 의재미술관이 들어섰다. 어떻게 보면 소박하고 검소한 선생의 생활과는 무관하게 자로 잰 듯한 기념관에서 소박하게 차를 마시며 유유자적 자신의 삶을 사셨던 선생의 자취와는 모순되는 듯한 초현대식 빌딩이다.

그러나 선생이 평소 쓰던 문방구와 다구가 전시되어 있어 의재를 기리는 후학들에게 보여줄 수 있으니 다행스러운 일이다. 말없이 무등산의 가을이 깊어가지만 의재가 있었기에 무등산은 더욱 아름다운 것이다.

이희재

광주대학교 외국어학부 교수
철학박사
한국공자학회 회장 역임

저서

『박세당-탈주자학적 실학의 선구자』 성균관대학교 출판부
『한국의 예와 윤리』 한국학술정보 외

동아시아 문화론

초판 1쇄 발행 _ 2012년 8월 30일
3쇄 발행 _ 2023년 2월 22일

저　　자 • 이 희 재
발 행 인 • 정 현 걸
발　　행 • 신 아 사
인　　쇄 • 대명프린팅
출판등록 • 1956년 1월 5일(제9-52호)
주　　소 • 서울특별시 은평구 통일로 59길 4 (2F)
전　　화 • (02) 382-6411 팩스 (02) 382-6401
홈페이지 • www.shinasa.co.kr
E-MAIL • shinasa@daum.net

ISBN 978-89-8396-780-0(93380)

정가 *15,000* 원